重庆市教育委员会人文社会科学研究项目
（项目编号：21SKGH218）

数学文化与数学学习兴趣

MATHEMATICAL CULTURE AND
MATHEMATICS LEARNING INTEREST

付天贵●著

MATHEMATICAL
CULTURE

经济管理出版社
ECONOMY & MANAGEMENT PUBLISHING HOUSE

图书在版编目（CIP）数据

数学文化与数学学习兴趣 / 付天贵著. -- 北京 ：
经济管理出版社，2024. -- ISBN 978-7-5243-0097-7

Ⅰ . G623.502

中国国家版本馆CIP数据核字第2024T4L694号

组稿编辑：张馨予
责任编辑：张馨予
责任印制：许　艳
责任校对：陈　颖

出版发行：经济管理出版社
　　　　　（北京市海淀区北蜂窝 8 号中雅大厦 A 座 11 层　100038）
网　　址：www. E-mp. com. cn
电　　话：（010）51915602
印　　刷：唐山昊达印刷有限公司
经　　销：新华书店
开　　本：720mm × 1000mm/16
印　　张：17.25
字　　数：338
版　　次：2025 年 3 月第 1 版　　2025 年 3 月第 1 次印刷
书　　号：ISBN 978-7-5243-0097-7
定　　价：98.00 元

序

文化是一个国家和民族的灵魂，是社会持续发展的精神源泉。五千年来，中华民族生生不息，积淀成了中华文化，凝聚成了中华民族的精神。中华民族生生不息，最根本的原因在于它所形成的家、国、天下的文化品格和价值体系，这种文化品格和文化价值的追求，是国家和民族发展的强大精神动力。没有文化的兴盛，就没有国家的繁荣。弘扬中华文化，传承中国精神，凝聚中国力量，是实现中华民族伟大复兴的必由之路。

不同的文明孕育了不同的数学文化，数学文化与一定的社会政治、经济和一般的文化紧密相连。纵观人类数学发展史，可以明确区分出数学发展的两种观念：一是中国传统数学，以算法见长；二是西方传统数学，以理性为基础。中国传统数学与实践紧密联系，崇尚适用，以实际问题的解决为基础。数学源于生活，生产实践中的问题为数学的发展提供了源源不断的动力，因此，在相当长的一段时间里，中国数学一直走在世界前列。与中国传统数学不同，西方传统数学崇尚理性，公理化思想是其显著特征，它从定义、公设和定理出发进行逻辑推理，从演绎数学的典范《几何原本》的诞生到漫长的中世纪，近两千年西方数学几乎停滞不前。随着资本主义生产关系的产生和发展，西方数学在关注问题时，不得不关注生产实际中的问题，与此同时，中国数学也开始关注西方数学的发展，这两种数学发展观念逐渐融合。当前，随着科学技术的进步，生产实践中的问题和数学内部的问题，共同推动着数学的发展。

数学文化深深地影响着人们的习惯、行为和思维方法。学校教育是数学文化传承发展的重要形式。受考试"指挥棒"的影响，在相当长一段时间里，国内各阶段的升学都需要通过考试去选拔，而数学是必考学科。分数成为了数学学习的唯一追求，学校教学、家庭教育、社会培训等都追求分数的提高，认为数学学习就是纯粹的数学知识积累，形成了数学就是解题的普遍观念，数学学习中出现了"高分低能""中国学习者悖论"等现象，不少学生对数学学习产生了负面的情感，甚至部分成绩优异的学生亦是如此。数学教学实质上是数学文化的教学，它是数学知识传承和创新的过程，在知识积累过程中，不能忽视创新和数学的情感。数学知识、数学方法、数学思维、数学应用意识以及与数学相关的活动都是数学文化的内容。数学文化作为一个开放的系统，不仅是知识的学习传承，数学活动中表现出的思想方法和应用意识更需要关注。文化价值本来就在于人的心性品格、行为习惯和思想方式，这正如瑞士心理学家荣格所言：一切文化都沉淀为人格。

兴趣是个体探究某种事物的认识倾向，它是一种积极向往的心理倾向。人们常说，兴趣是最好的老师。如果一个人对某件事物感兴趣，就会对其特别地注意，对该事物就会观察敏锐、记忆牢固、思维活跃、情感深厚。反之，如果一个人不喜欢某一事物，就不会主动去认识了解，只能被动接受。兴趣在个体认识体验中起决定性作用。教学中如果只强调知识的学习，忽视对学生情感态度的培养，学生对学习就会缺乏主动性，更不会创造性地学习，就会逐渐失去兴趣，失去创新性。创新是一个民族进步的灵魂，是一个国家兴旺发达的不竭动力，它是新时代的主旋律。必须培养学生的创新能力，这是时代的要求，为此，必须关注学生学习兴趣的培养。

理想的教育一定是基于学生的兴趣，使其有兴趣去学。随着基础教育数学课程改革的深入，如何培养学生的兴趣，成为数学课程改革关注的问题之一。《义务教育数学课程标准（2011年版）》指出，数学文化作为教材的组成部分，应渗透整套教材，帮助学生了解人类文明中数学文化的作用，激发学习数学的兴趣，感受数学家治学的严谨，欣赏数学的优美。数学课程改革把数学文化作为培养学生数学兴趣的抓手，小学数学教材编写注重了数学文化的整合融入，各地也积极开展小学数学文化实践活动，探索数学文化促进小学素质教育的教育活动。在此背景下，在笔者的导师和西南大学数学教育团队的帮助下，本书开始了数学文化对小学生数学学习兴趣影响的测评的研究。

人是理性思考的存在，会不断反思。研究过程中总是不断问自己，如何构建兴趣导向下的数学课程？本书对这一问题进行了阐述，需要指出的是，兴趣导向下的数学课程建设活动是数学课程文化观念的转变，它本身就是数学文化的内容，它的建设是一个系统的、渐近的、长期的数学课程改革的过程，需要所有数学人的努力，甚至几辈人的努力。数学课程改革的过程本质上是一个文化自觉活动的过程，改革的最终目的是建设起适应新时代发展需要的先进的数学文化，实现中华民族的伟大复兴。在此过程中，希望所有数学人都能充分认识数学文化的价值，走向数学文化活动自觉。

本书是在笔者的博士论文基础上补充修改而成的，若有读者偶然翻阅此书，并能从中获得一些启示，那本书的任务便已完成，但究竟能否完成该任务，或者在多大程度上完成了该任务，只能留给读者自己判断。至于书中存在的不足或错漏，也请读者批评指正。

是为序。

付天贵
2024 年 8 月

前　言

文化是一个国家和民族的灵魂，是社会持续发展的精神源泉。数学是人类文化的重要组成部分，它的内容、思想和方法，深刻地影响着社会的进步。建设富强、民主、文明、和谐、美丽的社会主义现代化强国，实现中华民族的伟大复兴，必须建设起先进的文化，尤其是数学文化。《义务教育数学课程标准（2011年版）》指出，数学文化作为教材的组成部分，应渗透整套教材，以激发学生的数学学习兴趣。

数学学习兴趣是学生对数学课程和数学学习具有的积极情感。受考试文化影响，长期以来我国数学教育存在重视知识训练、忽视情感培养的现象，这使得不少学生即使取得了良好的成绩却对数学有着负面的情感。中小学生解题能力强，但数学课业负担重，从而产生了数学兴趣不浓厚，创新思维不足的现象，有的学生甚至从小学就开始讨厌数学。培养学生的数学学习兴趣是解决这些问题的关键。

新课程标准的小学数学教材改变传统教材编写形式，以"你知道吗""数学的应用""数学阅读""数学万花筒"等形式把数学文化渗透在教材中，其目的就是激发学生的数学学习兴趣。新课程标准实施以来，小学数学课堂教学中加强了这部分内容的教学，但如何测试其对小学生数学学习兴趣的影响的相关研究却十分缺乏。

基于这样的现实，本书围绕数学文化对小学生数学学习兴趣影响的测评这一主题，主要对三个方面的问题进行了研究：

问题1：数学文化的形态与特点是怎样的？

问题2：小学生对数学文化的呈现方式是否接受？

问题3：如何测评数学文化对小学生数学学习兴趣的影响？

这些问题相互关联，层层递进，存在这样的逻辑关系：数学文化要融于小学数学教材，这要求授课教师必须深入认识数学文化的形态特点及价值，这是研究的起点；学生是否接受这些数学文化内容的呈现方式？如果小学生对这些数学文化课程的形态特点是抗拒的，则后续研究价值不大，问题 2 是问题 3 的基础，问题 3 是问题 2 的深入研究。如果数学文化促进了小学生的数学学习兴趣，数学活动中学生就会主动参与、乐于动手、勤于探究，即学生数学文化学习的行为活动可以间接反映出数学文化对学生数学兴趣的影响。

现代信息技术的发展，为数据处理提供了方便，同时也为从教育统计的角度定量地、深入地认识教育现象提供了可能。本书数学文化的调查和数学学习兴趣的测量以及模型的构建都是从教育统计的角度分析数学教育中的现象。针对不同的问题，本书采用了不同的研究方法，以下是研究的主要过程与结论：

（1）构建了数学文化原始形态、课程形态、学习形态的关系模型图。采用文献法对问题 1 进行了研究，通过文献的分析、归纳与总结，阐述了原始形态、课程形态、学习形态这三种数学文化的形态、特征，构建了这三种数学文化形态关系的模型图。

（2）小学生对数学文化的接受度较高。纯文本形式、情境图形式、连环画形式是小学数学教材数学文化编写的主要形式，遵循定量与定性相结合的原则，采用问卷调查、访谈等方法研究了小学生对数学文化呈现方式的接受度。研究过程中，在对问卷进行定量统计的基础上，采用等距原则对接受度进行等级评定，就小学数学文化的呈现方式接受度而言，连环画形式的接受度等级评定为 D，情境图形式和纯文本形式等级评定为 C，小学生连环画形式的接受度高于其他两种形式。研究过程中还发现，兴趣性、形象性、可读性和连贯性是影响学生接受数学文化的主要因素。

（3）构建了数学文化对小学生数学学习兴趣影响的测评模型。借鉴数学教育研究领域中测评模型构建的思路和方法，编制问卷对小学生数学文化和数学学习兴趣进行了测量，构建了数学文化对小学生数学学习兴趣影响的测评模型。研究结果显示，数学知识与方法对小学生数学学习兴趣的影响是积极的、正向的；数学活动对小学生数学学习兴趣的影响是积极的、正向的；数学应用意识对小学生数学学习兴趣的影响是积极的、正向的；数学思维对小学生数学学习兴趣的影响是积极的、正向的。

（4）教师对数学文化学习的引导参与会提高学生的数学学习兴趣。实验不但在一定程度上对所构建的模型进行了验证，而且探索了数学文化促进小学生数学兴趣的策略，实验结果说明，教师组织一定的活动引导参与学生的数学文化学习会提高学生的数学学习兴趣。

本书共有八章，第一章是导论，由研究背景、研究问题与意义两部分组成。第二章是文献综述，从数学文化研究、学习兴趣研究、数学文化对数学学习影响研究等方面对相关研究进行了梳理，明确了数学文化、学习兴趣的内涵以及已有相关测量工具。第三章是研究设计，包括研究的理论基础、核心概念界定、研究思路与方法、研究内容与重点、研究框架与假设、研究工具和调查对象等内容。第四章是预测问卷的分析与处理，包括预测问卷编码、预测问卷统计结果与分析、修订后的研究框架等。第五章是数学文化的形态特点与接受度，论述了原始形态、课程形态、学习形态的特点和关系，阐述了数学文化在小学素质教育中的价值；采用调查与访谈的方法研究了学生对数学文化的接受度。第六章是数学文化对小学生数学学习兴趣影响的测评模型构建，在测量基础上，采用探索性因子分析、验证性因子分析等统计方法，构建了数学文化对小学生数学学习兴趣影响的测评模型。第七章是数学文化对小学生数学学习兴趣影响的实验，采用实验的方法在一定程度上对模型进行了检验，结合观察和访谈等方法，在一定程度上实证了数学文化对小学生数学理解的影响。第八章是结论与思考，主要是研究结论、不足、研究的展望。

本书的研究创新之处在于：第一，构建了数学文化对小学生数学学习兴趣影响的模型，从已收集的文献来看，这在相关研究中尚属首次。第二，编制了数学文化和小学生数学学习兴趣问卷调查工具，采用测量的方式实证了数学文化对小学生数学学习兴趣的影响。

由于数学文化测量极具挑战性，所以本书也只能算是大胆尝试，研究过程中存在诸多不足：第一，问卷调查只限于重庆市，调查范围有待扩大。第二，实验过于局限，需要扩大实验范围。第三，通过观察在一定程度上发现了数学文化对小学生数学理解的影响，但研究还不够深入，这些不足和存在的问题都有待后续继续研究。

总之，必须关注数学文化对小学生数学学习兴趣的影响，具有文化自觉意识，主动进行数学文化实践，从而逐步建立起符合新时代要求的、先进的数学文化。

目　录

第一章　导论

文化是社会持续发展的精神源泉，也是一个国家、一个民族的灵魂。数学是人们认识自然、改造自然的工具，它的内容、思想和方法深刻地影响着社会的进步。因此，要实现中华民族的伟大复兴，就必须先建设起先进的文化，尤其是数学文化。小学阶段是学生人生观、数学观形成和发展的重要时期，要推进素质教育持续发展，就必须充分认识数学教育中存在的问题并进行研究。

第一节　研究背景

一、数学教育中存在的问题

20 世纪 90 年代以来，我国学生在一些国际性数学竞赛或测试中取得了比预期要好的成绩。1991 年，我国 13 岁年龄组学生参加了美国教育测试服务中心（Educational Testing Service，ETS）组织的第二次国际教育评估调查的数学和科学测试，1992 年，国际教育成就评价协会公布的研究数据表明：我国学生数学答题正确率名列第一。[①] 在国际数学奥林匹克（International Mathematical Olympiad，IMO）竞赛中也常常取得好成绩。OECD（2013）公布了全球 65 个国家和地区2012 年 PISA 的测试结果，排名前五位的国家和地区在数学成绩、阅读成绩和科学成绩的统计如表 1-1 所示。[②]

[①] Lapointe A E, Others A. Learning Mathematics [Z]. Center for the Assessment of Educational Progress, Educational Testing Service, 1992.

[②] 国际学生评估项目 [EB/OL]. https://baike.baidu.com/item/PISA/10644776.

表 1-1　2012 年 PISA 测试成绩情况（前五位）

国家和地区	数学成绩	国家和地区	阅读成绩	国家和地区	科学成绩
中国上海	613	中国上海	570	中国上海	580
新加坡	573	中国香港	545	中国香港	555
中国香港	561	新加坡	542	新加坡	551
中国台湾	560	日本	538	日本	547
韩国	554	韩国	536	芬兰	545

从表 1-1 可以看出，我国上海学生数学、阅读、科学测试成绩均位列第一，这使其成为世界关注的焦点。从公布的 2015 年 PISA 测试成绩来看，我国上海仍然获得第一。不可否认的是，多年的发展使得我国基础教育取得了巨大的进步，但现实中仍存在一些问题与不足。

我国学生在国际数学竞赛和测试的优异表现，使得国内外研究者把目光转向我国基础教育。Ginsberg（1992）认为，我国教学的特点是典型的传输知识教学。[①] 也就是常说的灌输式教学。在西方学者的视野下，我国的教学模式普遍落后，属于传统的"传授—接受型"。就城市学校而言，普遍还是大班授课，每个班学生人数较多，有时候一个班多达 70 余人，教师没有办法关注到每一位学生，学生大多是被动地进行学习。以此推断，学生是不太可能取得好的成绩的，但根据多项国际性教育测试结果却推翻了这一推断，由此引发了所谓的悖论问题："似乎是在并不理想的学习环境下，中国学习者在国际中学生能力水平测试中超过西方。"[②] 这种现象被一些学者称为"中国学习者悖论"。[③④⑤] 数学教育改革中这种矛盾现象经常存在，如美国就用"危机犹存"来描述 20 世纪 80 年代美国的数学教育。[⑥]

国际教育测试的结果从侧面反映了我国基础阶段数学教育取得了显著成就，

①　Ginsberg E. Not just a matter of English［J］. HERDSA News, 1992, 14（1）: 6-8.

②　Biggs J B, Watkins D A. Insight into teaching the Chinese learner［M］//Watkins D A, Biggs J B. Teaching the Chinese learner: Psychological and pedagogical perspectives. Hong Kong: CERC and ACER Publication, 2001.

③　郑毓信 . 中国学习者悖论［J］. 数学教育学报，2001，10（1）: 6-10.

④　张奠宙 . 学科教育：教育发展的战略重点［J］. 教育科学研究，2011（8）: 5-9.

⑤　顾非石，顾泠沅 . 诠释"中国学习者悖论"的变式教学研究［J］. 课程·教材·教法，2016，36（3）: 86-91.

⑥　王桂 . 当代外国教育——教育改革的浪潮与趋势［M］. 北京：人民教育出版社，2001.

因此，测试结果被国内数学教育研究者广泛认可、赞同并展开研究。[1][2][3] 从 2012 年 PISA 测试成绩情况可以看出（见表 1-1），我国上海学生数学测试成绩比第二名新加坡学生高出 40 分。然而，高分下却潜伏着危机，现状是我国学生的动手能力差，创新思维不足。[4] 一方面学生在国际测试中取得了较好的成绩，另一方面普遍认为学生缺乏创造能力，正因为如此才有"为什么我们的学校总是培养不出杰出人才"的"钱学森之问"。[5] 另外，教育部基础教育司 2000 年的调查显示，从小学四年级后学生对数学学习的兴趣降低，从小学四年级上学期的 72%以上下降到初中毕业班的 27%[6]。后期一些研究者关于学生数学学习兴趣的调查研究也证实了同样的事实。学生对数学缺乏兴趣是当前中小学数学教育所面临的主要问题。

二、数学文化在课程改革中受到重视

"中国学习者悖论"一提出就引起了数学教育界的广泛关注和讨论，讨论的重点最后集中到课程与教学，课程内容没有关注学生生活，未能很好地反映现代社会和科技的发展。课程内容繁、难、偏、旧。[7] 数学教学过于注重知识的传授，太过强调结果，忽视学生数学情感的培养，数学课程未能很好地帮助学生形成良好的数学观念，因此学生对数学缺乏兴趣。

因此，必须认真思考学生对数学缺乏兴趣这一现象，分析原因，提出解决办法。教师和学生是教育中人的因素，两者直接相互作用，学生的学受教师教的影响，而教师的教受制于教材，教材一方面直接与学生联系，另一方面通过教师的教学与学生间接联系。教材内容改革一直被认为是基础教育改革的关键。[8] 不同时代和不同文化背景的人都需要通过教育获得生活的能力，以实现人的潜质发展。现代教育的梦想是"战胜那些无法改进或不能教育的方面，目的是改进和完善个体"。[9] 数学教育不仅是数学知识的学习，更重要的是为"思维活动开辟渠道"。[10] 如果数学教学活动只是被动练习，就很难激发学生的兴趣。学校不应墨

① 王林全.2021：对我国义务教育数学课程及数学教育的展望［J］.中学数学月刊，2014（7）：1-3.
② 康世刚.中国西部地区中学生数学素养现状调查研究［J］.数学教育学报，2014，22（5）：36-41.
③ 张佳，彭新强.上海 PISA 夺冠与课程改革之间的关系［J］.复旦教育论坛，2015，13（2）：25-31.
④ 臧雷.数学教育改革的国内透视［J］.数学教师，1994（2）：1-3+13.
⑤ 靳晓燕."钱学森之问"引发的思考［N］.光明日报，2009-12-05（1）.
⑥⑦⑧ 数学课程标准研制组.全日制义务教育数学课程标准（实验稿）解读［M］.北京：北京师范大学出版社，2003.
⑨ 克里斯托夫·武尔夫.教育人类学［M］.张志坤，译.北京：教育科学出版社，2013.
⑩ 菲利普·W.杰克森.什么是教育［M］.吴春雷，马林梅，译.合肥：安徽人民出版社，2012.

守成规，应该防止精神和思想上的僵化①。如果学生对数学课程具有负面的情感态度，则课程育人目标根本没有办法实现。数学是人类积极探索、创造和积累的结果。"数学文化作为教材的组成部分，应渗透在整套教材中……激发学习数学的兴趣……"②我国传统的小学数学课程对数学文化重视不够。

美国、日本、韩国等发达国家都非常重视数学文化在课程中的渗透，并编写了大量有关数学文化的图文并茂的连环画，有的甚至从幼儿园一直连续编写到小学和中学。如《美国经典幼儿数学游戏》③设计了针对各个年龄段的幼儿数学游戏。根据 3~6 岁学龄前儿童特点，采用连环画形式编写，图文并茂、生动有趣，内容涵盖数、形、量和生活实践应用。英国针对 7~10 岁的儿童编写了《可怕的科学：经典数学系列》丛书④，包括《你真的会＋－×÷吗》《玩转几何》《超级公式》《代数任我行》《要命的数学》《特别要命的数学》《绝望的分数》《测来测去——长度、面积和体积》《逃不出的怪圈——圆和其他图形》《寻找你的幸运星——概率的秘密》《数字——破解万物的钥匙》《数学头脑训练营》12 册。韩国作者郑延京和朴在姬（2011）针对 3~10 岁儿童编写的绘本《从小爱数学》⑤，成为韩国儿童数学启蒙和小学数学课外必备用书；韩国作者金容国和金荣云（2012）针对 7~10 岁小学生编写了数学科普读物《有趣的数学旅行》丛书⑥，包括《数的世界》《逻辑推理的世界》《几何的世界》《空间的世界》四本，是韩国数学类的畅销书。此外，日本、墨西哥等国家都编写了适合中小学生阅读的数学文化读物。

我国基础教育数学课程改革强调加强数学文化教学。比如，普通高中数学课程选修课程 D 类课程包括美与数学、音乐中的数学、美术中的数学、体育运动中的数学四个专题。⑦其中美与数学专题包括美与数学的简洁、美与数学的对称、美与数学的周期、美与数学的和谐等内容；音乐中的数学包括声波与正弦函数、乐器中的数学、乐曲中的数学等内容；美术中的数学包括绘画与数学、其他美术作品中的数学、美术与计算机、美术家等数学思想。义务教育阶段数学课程

① 怀特海.教育的目的［M］.徐汝舟，译.北京：生活·读书·新知三联书店，2014.
② 中华人民共和国教育部.义务教育数学课程标准（2011 年版）［M］.北京：北京师范大学出版社，2012.
③ 美国经典幼儿数学游戏［M］.张元哲，译.南宁：接力出版社，2012.
④ 卡佳坦·波斯基特.可怕的科学：经典数学系列［M］.刘阳，张乐，曹飞，等译.北京：北京少年儿童出版社，2010.
⑤ 郑延京，朴在姬.从小爱数学［M］.白丽娜，李舟妮，王伟，等译.长沙：湖南少年儿童出版社，2011.
⑥ 金容国，金荣云.有趣的数学旅行［M］.杨竹君，译.北京：中国城市出版社，2012.
⑦ 中华人民共和国教育部.普通高中数学课程标准（2017 年版）［M］.北京：人民教育出版社，2018.

也一样，强调要把数学文化整合于数学课程，把数学文化与学生的学习活动联系起来。因此，国内正在实施的小学数学教材，如人教社版、西师版、苏教版、山东版、北师大版等小学数学教材纷纷以"你知道吗""数学家的故事""数学广角"等为栏目标题设置了数学文化专题内容。

三、小学数学文化的实践

2014 年，西南师范大学出版社出版了《小学数学文化丛书》。① 该套丛书包括《自然与数学》《科学与数学》等 10 册。2015 年该出版社针对小学阶段各年级出版了《数学文化读本》。丛书和读本受到国内数学教育专家和小学数学教师的好评，有专家在丛书题词说："丛书有利于激发小学生数学学习的兴趣，有利于拓宽小学生的数学视野，有利于促进小学数学文化的传播，也有利于在家庭教育中更好地实施素质教育……"②

2015 年起，西南大学在重庆、贵州等地开展了小学数学文化实践，探索数学文化促进小学素质教育的活动。2015 年 6 月，"首届全国'小学数学文化'教学观摩研讨会暨小学数学文化优质课大赛"在重庆举行，本次文化活动课程内容打破了传统小学数学课程界限，如果按照丛书分册归类，本次文化活动课程内容归类统计如表 1-2 所示。

表 1-2　首届全国小学数学文化教学观摩内容

项目	内容
自然与数学	向日葵的秘密
健康与数学	人体体温的秘密
经济与数学	风险投资——买股票，牵动老百姓的 CPI
生活与数学	起床后的学问，猜猜我的生日是几号
游戏与数学	有趣的数字谜，挖宝藏，揭穿算命先生的把戏，扑克魔术：心心相印
历史与数学	曹冲称象，鸡兔同笼，古今中外的数字
艺术与数学	千手观音的震撼——摄影中的数学
数学家与数学	杨辉和纵横图
其他	李白买酒，一笔画，π 的传奇，奇妙的图形，数字起源，分数的由来，奇妙的回文数

① 宋乃庆，等.小学数学文化丛书［M］.重庆：西南师范大学出版社，2014.
② 宋乃庆，等.数学文化读本［M］.重庆：西南师范大学出版社，2015.

　　小学数学文化实践得到全国多个地方的响应，2016 年 5 月在重庆举行了"第二届全国小学数学文化优质课大赛暨课堂教学观摩研讨会"，南开大学顾沛教授、北京师范大学曹一鸣教授、内蒙古师范大学代钦教授应邀参加并做主题报告，全国 17 个省份 2000 多位一线教师参加了该研讨会，有 70 余位小学数学教师参加了数学文化说课，近 40 位教师参与数学文化讲课，课程内容非常丰富。本次小学数学文化实践活动内容统计如表 1-3 所示。

表 1-3　第二届全国小学数学文化实践活动教学内容

活动形式	内容
讲课	玩玩一笔画，图灵的秘密，"24"点大挑战，田忌赛马的策略，有趣的进制，挖宝藏，苏步青巧解相遇问题，毕达哥拉斯的故事，涂色的正方体，小小鞋码大学问，巨人来访，绵延不绝的图案，神奇的莫比乌斯带，华氏算法，鸡兔同笼，一封读不懂的信，货比三家不吃亏，归纳推理不陌生，西方数学的传播者——利玛窦，科克雪花，香烟危害知多少，扑克魔术，围篱笆的学问，食虫植物——猪笼草，π 的传奇，有趣的数学诗，圆的魅力，小标签大学问
说课	奇妙的循环小数，一封读不懂的信，雾霾知多少，魔法幻方——九宫图，创意图案设计，秦始皇统一度量衡，"24"点大挑战，揭穿算命先生的把戏，蒙娜丽莎之美，标签大反转，奇思妙算，草原上的蒙古包，由兔子与草原的故事想到的数学问题，人民币的变迁，格子乘法，勤洗手防腹泻，微笑天使与运动达人，短信陷阱，小数点惹的祸（神奇的小不点），最炫民族风，舒适的小区环境，神奇的莫比乌斯带，编码的奥秘，从锯子的发明谈起，有趣的数学诗，白色血液，数学家杨辉与纵横图，分数的由来，我是家务能手，敲破数阵图，博士的生日，保护东北虎，日历中的秘密，神奇的人造卫星，温度的奥秘，人民币的变迁，涂色正方体，一共订了几种杂志，破译美的秘密，玩玩一笔画，怎样兑换才合算，有趣的数学诗，生活中的推理，计量单位的统一，别具一格的数学符号，走进华罗庚，巧用体积，田忌赛马的策略，中国历史名题——鸡兔同笼，有趣的铺地锦，古人记数，司南与指南针，动物中的数学"天才"，挖宝藏，负数的认识，货币的起源——物物交换，探寻标志的数学美

　　此后，2017 年、2018 年、2019 年分别在贵阳、杭州、青岛举行了第三届、第四届、第五届全国小学数学文化优质课大赛暨课堂教学观摩研讨会，同样吸引了全国各地数学教育工作者和小学数学教师参加。人是理性的存在，也是反思性的存在。[1] 人也是作为文化的存在而存在。[2] 我们必须研究数学文化课程的设置是否达到了其目的，学生对数学文化的接受度如何？它是否激发了学生的数学学习兴趣？是否有利于培养学生对数学的积极情感？这些问题都有待深入研究。

---

[1]　衣俊卿.文化哲学十五讲［M］.北京：北京大学出版社，2004.
[2]　石中英.教育哲学［M］.北京：北京师范大学出版社，2013.

近年来，西南大学数学教育团队不仅组织和参与了数学文化促进小学素质教育的实践活动，也加强了这方面的研究，据不完全统计，2014 年以来承担的与数学文化相关的省市级以上的数学文化课题有 10 余项，发表论文 20 余篇，西南大学数学教育和教育统计方向研究生还以数学文化为主题完成了多篇硕士论文，就数学文化教学与实践、数学文化对学习的影响、数学文化对抽象素养的影响等进行研究。①②③④⑤⑥

第二节　研究问题与意义

任何研究，必须明确研究的问题和意义，只有研究问题明确，研究指向才清楚，同时研究必须具有意义，无论是理论意义还是实践意义。

一、研究的问题

本书研究的总问题是：如何测评数学文化对小学生数学学习兴趣的影响？以这一问题为统领，包括了以下三个具体问题：

问题 1：数学文化的形态与特点是怎样的？

这一问题看上去似乎与本书研究不直接相关，因为它不直接回答总问题，但它回答的是总的研究问题的一个支撑。几千年积累了丰富多彩的数学文化，数学课程标准强调要把数学文化融于教材，必须深入研究数学文化的形态特点与价值。

问题 2：小学生对数学文化的呈现方式是否接受？

数学课程标准只是强调把数学文化整合于教材，并未对其内容做出明确规定，各版本教材也是根据编写者的经验选择数学文化有关内容。这些数学文化内容成为学习对象后，学生是否接受？是否认同？这需要深入研究。

问题 3：如何测评数学文化对小学生数学学习兴趣的影响？

针对数学教育中存在的所谓"中国学习者悖论"问题以及学习中存在的死记硬背、机械学习、高分低能、创造性思维缺乏等现象，数学教育工作者都在探寻

①　熊妍茜.数学文化在小学数学课堂教学中的实践探索［D］.重庆：西南大学，2016.
②　徐冉冉.数学文化对小学生数学学习兴趣的影响研究［D］.重庆：西南大学，2017.
③　王继楠.小学数学文化主题式教学研究［D］.重庆：西南大学，2017.
④　王晓杰.数学文化教学对小学生数学抽象素养的影响研究［D］.重庆：西南大学，2017.
⑤　周彦池.数学文化教学与小学生几何直观能力的相关性研究［D］.重庆：西南大学，2018.
⑥　优丽吐孜·阿力木.数学文化在南疆初中数学教学中的现状及对策研究［D］.重庆：西南大学，2019.

原因，寻找解决办法。研究者发现，即使学生取得了良好的成绩，但学生的数学学习兴趣不浓厚，课程是影响学生数学学习兴趣的关键因素。因此，无论是高中数学课程还是义务教育阶段课程都强调把数学文化纳入课程，把它作为培养学生学习数学兴趣，发展学生数学素养的一个抓手，如何构建数学模型测评这种影响需要进行深入研究。

这三个问题不是独立的，它们之间相互关联，层层递进，问题间有这样的内在逻辑关系：义务教育数学课程标准强调要把数学文化融于小学数学教材，这要求必须深入认识数学文化的形态特点及价值，这是研究的起点；学生对这些课程形态数学文化是否认同呢？接受度如何？如果小学生对这些课程形态数学文化是抗拒的，则后续研究价值不大，因此，问题 2 是问题 3 的基础，问题 3 是问题 2 的深入和继续，是研究的主要问题。

二、研究的意义

小学数学课程改革的现状要求我们必须加深对数学文化价值的认识，理解它对小学生数学学习的意义，从而在实践中加强对学生数学学习兴趣的培养。本书希望构建起数学文化对小学生数学学习兴趣影响的测评模型，以定量研究认识数学文化对小学生数学学习兴趣的影响。本书有利于推动小学阶段数学课程改革以及推进小学数学素质教育的发展，也有利于促进小学数学文化活动走向自觉。

（一）现实意义

（1）促进数学教育观念的转变。到底应该怎样把知识呈现给学生？持不同观念的教师其教学方式不同。[1] 教师的教学观念不但决定着自己的教学行为，并且通过教学影响着学生的观念。[2] 传统教学方式受学科知识中心论的影响，在考试"指挥棒"下组织实施，存在重训练和单纯追求升学率的现象，课程改革强调以学生为中心组织实施课程，研究对转向以学生兴趣发展为中心的教育教学观念有着积极的意义。

（2）促进小学数学课程的建设。现代科学技术的发展使得数学渗入社会生活的各个方面，数学广泛应用性的特点比以往任何时候都更加凸显。现行各版本小学数学教材以不同形式设置了数学文化内容，本书对小学生数学文化接受度的调查研究有利于加深对数学文化的认识，也有利于促进数学课程的建设。

（3）促进数学文化活动自觉。数学课程改革强调以学生为中心，为此必须从

---

① 黄毅英.数学观研究综述［J］.数学教育学报，2002（1）：1-8.
② 黄毅英，林智中，黄家鸣，等.香港教师数学观的研究［J］.数学教育学报，2003（2）：2-9.

知识中心的课程取向转向以学生为中心的课程取向，建设起以学生为中心的课程文化。本书对数学文化形态特征的认识有助于加深对数学文化的理解，本书对引领小学数学文化实践活动、促进数学文化活动自觉有着积极的意义。

（二）实践意义

（1）促进数学文化自身的实践。作为一种文化，无论是数学家的数学研究还是课程专家的课程设计，无论是教师的教学还是学生的学习，数学活动就其过程来看是社会性的，是一种文化的传承与创造，本书有利于加深对数学文化自身价值的认识，从而有利于数学文化系统自身的建设。

（2）促进小学生数学学习兴趣培养实践。把数学文化整合于课程、渗透于课堂，一方面，可以改变传统只注重知识传授的课堂形式，有利于实现课堂教学的多样化。另一方面，适合小学生阅读的形式多样的数学文化读物，可以把课内学习与课外阅读结合起来，也可以把学校教育与家庭教育有机结合起来，从而促进数学学习兴趣的培养、实践。

（3）促进小学生数学核心素养发展实践。发展学生的数学核心素养，既是为今后的继续学习奠定基础，也是为未来适应社会生活做准备。本书直面学生取得良好的数学成绩却有着负面的情感这一现实问题，探讨学生数学兴趣的培养。这里存在这样的逻辑，如果学生对数学学习有兴趣，就会积极思考，主动探索，这有利于学生数学核心素养的发展。

（三）理论意义

（1）丰富数学学习兴趣理论。本书要回答小学生对数学文化是否接受或认同，数学文化是否激发了小学生数学学习兴趣等一系列问题，定量分析和探讨小学生的数学学习兴趣，这不仅丰富了小学数学学习理论，同时丰富了小学数学学习兴趣理论，也丰富了数学学习兴趣测评理论。

（2）丰富数学文化测评理论。数学文化对人的影响是显而易见的，但如何测量一直是教育中的难点。构建数学文化对小学生数学学习兴趣影响的测评模型是一项极具挑战性的工作，它对定量测评数学文化对学生学习的影响有着重要的意义。本书不仅丰富了已有文化测量理论，同时也对数学文化测量提供一种新的视角。

随着现代信息技术的发展，出现了 SPSS、AMOS 等多种统计软件，不但为数据处理提供了方便，同时也为从教育统计的角度定量地、深入地认识教育现象提供了可能。本书研究的数学文化的测量和数学学习兴趣的测量以及模型的构建都是从教育统计的角度去分析数学教育中的现象。

第二章 文献综述

文化一词，古已有之。文化一词的含义有一个从古代到当代、从混沌到明朗的发展过程，在这个发展过程中，其内涵、外延得到深度扩展。必须明确文化以及数学文化的含义，了解相关研究的内容和方法，为本书研究奠定基础。

第一节 数学文化研究述评

一、文化的含义

文化一词的基本含义是"以文教化"，也就是用人文礼仪道德去教化人。英语的"Culture"和德语的"Kultur"都来自拉丁语的"Cultura"，其最基本的意思是耕种，逐渐演变指向精神生产活动。文化一词虽古已有之，但对文化问题的系统研究却较晚，直到 1871 年英国人类学家泰勒才在其研究中给出了文化的定义："所谓文化或文明乃是包括知识、信仰、艺术、道德、法律、习俗，以及包括作为社会成员的个人而获得的其他任何能力、习惯在内的一种综合体。"泰勒对文化的定义影响深远，后续对文化的研讨几乎都会述及。文化现象自身的复杂性和广泛性使研究者可以从多角度去认识文化，这样在揭示文化本质、界定文化概念时存在视角区别，因而文化的定义层出不穷，不同的学者从不同的角度去定义文化一词。据 Kroeber 和 Kluckhohn（1952）的统计，1871~1951 年，文化的定义多达 160 余种，他们把这些定义总结归纳为六种类型，以期望通过归纳分类解析去理解文化的含义。但即便是分类，意见也并非统一。[①] 曹锡仁（1992）就从文化

---

① Kroeber A L, Kluckhohn C. Culture: A critical review of concepts and definitions [M]. New York: Kraus Reprint Co, 1952.

成果、文化能力、文化精神、文化行为等方面分为四类①，而胡潇（1991）则将其分为现象描述性定义、价值认定性定义等七类。②换言之，依据不同的分类标准，文化分类有不同的分类。

怀特海说："文化是思想的活动，是对美和高尚情感的接受。"③文化有内隐和外显之分，或者说文化的另一种分类形式是把它分为内隐的文化和外显的文化。Kroeber 和 Kluckhohn 在对文化的定义进行了比较分析后认为文化由外显的和内隐的行为模式构成。外显的文化通过物化的象征性符号获得或传递，如书籍就是一种物化文化，而文化的核心部分是传统的观点，尤其是它携带的价值。文化一定是社会活动的产物，这是物的外在文化，同时文化也是进一步活动的决定因素，这由内在的价值确定。如百合花是纯洁、清白的象征，也可以是歌颂爱情的。年少时看《岳家小将》，后来老师教唱《小百合花》这首歌："小百合花呀长在南方，小百合花呀开在田野上……请你莫要离开我，我爱你的洁白芬芳。"可能是觉得电影主人翁银铃公主不应该是这样的结果，每次听到这音乐或是看见山野里盛开的百合花，在哼唱这首歌时总是莫名地惆怅与伤感，这也许就是文化内在的价值，或如怀特海所说的思想的活动。在伯麦和西尔尤思的著作中，百合花是天国圣洁的象征。④当然，百合花还有其他的象征意义，具体事物背后的思想情感才是文化的核心。"文化是一种想象和意义的结合"。⑤2016年第7版《现代汉语词典》对文化的定义是"人类在社会历史发展过程中所创造的物质财富和精神财富的总和，特别指精神财富"。⑥文化有广义和狭义之分，有内隐和外显，文化现象的复杂性使其难以找到一个适合所有学科和角度的文化的定义的。上述有关文化文献综述有助于理解文化的本质，可以看到文化的重要特征：一是群体性，针对一定群体而言；二是传统性，指已有的行为习惯、态度观念、精神价值等，它决定群体所特有的生活和行为方式。

二、数学文化的内涵

数学对象并非物质世界中的真实存在，而是人类抽象思维的产物，因此，无论广义上还是狭义上，数学都是一种文化。柏拉图提出了数学与善的命题，后来

① 曹锡仁.中西文化比较导论：关于中国文化选择的再检讨［M］.北京：中国青年出版社，1992.
② 胡潇.文化现象学［M］.长沙：湖南出版社，1991.
③ 怀特海.教育的目的［M］.徐汝舟，译.北京：生活·读书·新知三联书店，2014.
④ 《世界文化象征辞典》编写组.世界文化象征辞典［M］.长沙：湖南文艺出版社，1994.
⑤ 杰夫·刘易斯.文化研究基础理论［M］郭镇之，任丛，秦洁，等译.北京：清华大学出版社，2013.
⑥ 中国社会科学院语言研究所词典编辑室.现代汉语词典（第7版）［M］.北京：商务印书馆，2016.

怀特海在《数学与善》一文里阐述了数学同善的概念联系。[①] 在柏拉图和怀特海这里，善是指真、善、美，是一种理想的东西，具有无限的性质。[②] 善与理想相联系，是个体意识，都与文化联系在一起。怀特认为文化对个体意识起决定性作用，并认为意识变化是超机体的，是文化传统的函数。[③] 显然，无论是怀特海还是怀特，在他们看来数学是一种文化存在。大家都认可数学是一种文化，但对数学文化的系统研究却较晚。自 20 世纪初围绕数学的哲学基础问题进行的不同探讨形成的逻辑主义、形式主义和直觉主义三大学派以后，数学哲学基础问题的研究一直停滞不前。1931 年，苏联著名物理学家赫森在伦敦举行的第二届国际科学技术史代表大会上阐述了科学思想之社会根源。[④⑤⑥] 这在西方科学界和思想界产生了热烈反响和争论，数学教育研究者意识到"必须同时把数学看成既是一个知识系统，又是一个社会实践领域"。[⑦]

受科学思想之社会根源争论的影响，数学家和数学教育工作者逐渐认识到数学是一个开放的文化体系。数学家怀尔德较早地提出了数学文化观。他认为数学活动就其过程来看是社会性的，因此数学是一种文化传统。他阐述了数学文化系统的有关理论，论述了数学文化系统发展的动力，还列举了影响数学发展的 11 种力量，后来他总结了数学发展的 23 条规律。[⑧] 在怀尔德提出数学文化系统观以后，数学文化逐渐成为热门话题，被认为是 20 世纪 30 年代以来出现的第一个成熟的数学哲学观。[⑨] 数学是一种文化这一观点被国内外广泛接受和认同。

虽然数学是一种文化的观点被广泛认同，但对于什么是数学文化也如什么是文化一样，很难有统一的答案。克莱因认为，"在西方文明中，数学一直是一种主要的文化力量……一种理性的精神"。[⑩] 在克莱茵看来，数学是一种精神信念，这种精神信念不仅影响着个人的生活，也影响着社会物质生活和道德行为。怀特

---

① ② 邓东皋，孙小礼，张祖贵 . 数学与文化 [M]. 北京：北京大学出版社，1999.

③ 怀特 . 文化科学——人和文明的研究 [M]. 曹锦涛，等译 . 杭州：浙江人民出版社，1988.

④ B. 赫森，池田 . 牛顿《原理》的社会经济根源（一）[J]. 山东科技大学学报（社会科学版），2008，10（1）：6-17.

⑤ B. 赫森，宋芝业 . 牛顿《原理》的社会经济根源（二）[J]. 山东科技大学学报（社会科学版），2008，10（2）：1-7.

⑥ B. 赫森，王彦雨 . 牛顿《原理》的社会经济根源（三）[J]. 山东科技大学学报（社会科学版），2008，10（3）：1-9.

⑦ 孙杰远 . 现代数学教育学 [M]. 桂林：广西师范大学出版社，2004.

⑧ 张俊青，郭燕霞 . 数学：开放的文化系统——怀尔德论数学发展的动力和规律 [J]. 长治学院学报，2006，23（2）：22-25.

⑨ 张维忠 . 论数学的文化价值 [J]. 西北师范大学学报（社会科学版），1998（3）：36-41.

⑩ M. 克莱因 . 西方文化中的数学 [M]. 张祖贵，译 . 上海：复旦大学出版社，2005.

海在他的演讲《数学与善》中就明确指出这是关于数学学科一般性质的哲学分析。① 换一个角度，他阐述的数学同善的概念一样，属于哲学分析，当然，他是从文化角度认识到数学对一个人观念的影响。

国内学者张奠宙、方延明、郑毓信、张维忠、顾沛、代钦等对数学文化进行了深入研究。张奠宙（2003）认为，要借助社会文明阐述数学的文化含义，同时，他认为"只有当我们真正把数学文化的魅力渗入教材，到达课堂，融入教学时，数学就会更加平易近人"。② 方延明（1999）是这样理解数学文化的，他说他把数字作为一种文化去研究，此时它表现出一种前所未有的探索精神和创新精神。③ 这也就是从文化的价值取向上去认识数学文化。郑毓信等（2000）认为，数学文化是数学共同体所特有的行为、观念和态度，同时认为数学文化并非自生自灭的封闭系统，而是一个开放的系统。④ 该定义从怀尔德的数学文化观出发，在强调群体性特征外，特别注意到数学文化系统的开放性，同时注意到了数学文化是共同体行为、观念和态度。顾沛（2008）认为，数学文化有广义和狭义之分。⑤ 他从内涵和外延两方面说明了数学文化，但由于文化的复杂性，很难将外延的数学文化都列举出，使得文化的界定总觉得未完整。不过，不少研究者从广义文化学角度去认识数学文化⑥，也有很多研究者承认或持狭义的数学文化的观点。⑦ 代钦（2013）认为，数学文化是数学知识、思想方法及其在人类活动的应用以及与数学有关的民俗习惯和信仰的总和。⑧ 这一文化定义突出了数学的应用，同时把民俗数学习惯包含在里面，有其合理性，显然，民族地区数学课程内容选择，常常与生活紧密联系。罗长青和李仁杰（2010）认为，数学文化是数学共同体这一特殊群体所持有的行为、观念与态度⑨。这一定义显然是从 Kroeber 和 Kluckhohn 的文化定义出发的，注意到了文化的群体性和传统性的特征。《普通高中数学课程标准（2017 年版）》认为数学相关的人文活动也是数学文化的内容。⑩ 以上数学文化的定义各有特点，数学文化内涵界定不统一的问题，可以被视为研

① 徐利治，郑毓信.略论数学真理及真理性程度——兼评怀特海的《数学与善》[J].自然辩证法研究，1988（1）：22-27.
② 张奠宙，梁绍君，金家梁.数学文化的一些新视角 [J].数学教育学报，2003，12（1）：37-40.
③ 方延明.数学文化导论 [M].南京：南京大学出版社，1999.
④ 郑毓信，王宪昌，蔡仲.数学文化学 [M].成都：四川教育出版社，2000.
⑤ 顾沛.数学文化 [M].北京：高等教育出版社，2008.
⑥ 张楚廷.数学文化 [M].北京：高等教育出版社，2000.
⑦ 李改杨，罗德斌，吴洁，等.数学文化赏析 [M].北京：科学出版社，2011.
⑧ 代钦.释数学文化 [J].数学通报，2013，52（4）：1-4.
⑨ 罗长青，李仁杰.数学文化 [M].重庆：重庆大学出版社，2010.
⑩ 教育部.普通高中数学课程标准（2017 年版）[M].北京：人民教育出版社，2018.

究者视角的多元化。① 有的学者认为，数学文化本身是一种多元文化。② 郑毓信（2000）等从文化产生的过程出发，突出了数学共同体的行为、观念和态度，顾沛（2008）则认为数学文化有广义和狭义之分，代钦（2013）的文化定义了数学应用。作为一个开放的文化系统，我们认为，数学知识、数学方法、数学思维、数学应用意识以及与数学相关的活动都是数学文化的内容。

三、数学文化的形态

根据张广祥和张奠宙（2006）的研究，数学有三种不同的形态。③ 与之对应，数学文化也有不同形态。一是数学家群体创建数学结构过程中原始状态的数学文化，二是学术形态的数学文化，三是课堂上出现的教育形态的数学文化。也有研究者称为学术形态的数学文化、课程形态的数学文化和教育形态的数学文化。④⑤ 也就是说，有的研究者把数学家群体创建数学结构过程中的数学文化称为原始状态的数学文化，有的研究者称此为学术形态的数学文化；有的研究者把陈述于教科书的数学文化称为学术形态数学文化，而有的研究者称此为课程形态的数学文化。不管如何称呼，这三种形态的数学文化都客观存在，只是命名不同。从课程原理角度把它们称为原始形态、课程形态和学习形态，更便于理解。当然，也有研究者认为数学文化不止三种形态，代钦（2013）认为数学文化有四种形态：纯粹数学形态、学校数学形态、应用数学形态和民族数学形态。⑥ 也有专家学者认为，数学知识有学术形态和教育形态，前者形式化地存在于书籍或学术论文中，表现为一种冰冷的美丽，后者是按照教育规律加工过的数学知识。⑦数学教育实践过程就是要解决数学知识的形态转变，即把学术形态的数学知识转变成教育形态的知识，再上升到学术形态。

不同研究者对数学文化的形态分类不一样，这充分说明数学文化存在不同形态，不过，对各种数学文化形态特征以及相互之间的关系缺乏深入讨论。尽管命名不一样，但都认识到课程形态的数学文化或学校形态的数学文化的重要性。原

① 张维忠.数学教育中的数学文化［M］.上海：上海教育出版社，2011.
② 易南轩，王芝平.多元视角下的数学文化［M］.北京：科学出版社，2007.
③ 张广祥，张奠宙.代数教学中的模式直观［J］.数学教育学报，2006，15（1）：1-4.
④ 郑强，郑庆全.三种形态数学文化研究的回顾及启示——文化视野下数学教育理论与实践究之一［J］.山东教育学院学报，2008，23（6）：107-110.
⑤ 郑庆全，邱忠华.数学教育文化理念的提出、实践与认识——文化视野下数学教育理论与实践研究之二［J］.山东教育学院学报，2010，25（6）：4-8.
⑥ 代钦.释数学文化［J］.数学通报，2013，52（4）：1-4.
⑦ 巩子坤，宋乃庆.论数学教育学的范畴［J］.西南师范大学学报（自然科学版），2005，30（4）：755-759.

始状态的数学文化直接取自原始文献的原始材料，它是课程形态文化的基础。许多原始状态的数学文化并非能直接用于课堂，它需要根据对象的认知特点进行选择和设计，采用通俗的语言和适合的形式转变为课程形态的数学文化。因此，课程形态数学文化设计以及课程形态数学文化实践近年来引起研究者的关注，①②特别是在小学阶段越来越受到重视，针对小学一年级与二年级数学文化教学实践都有有关教学设计方面的教学用书。③④

四、数学文化的测量

任何文化总是在与一定社会的政治、经济、文化和环境的互动中展现其价值，如文化—政治效用价值、文化—经济效用价值、文化—文化（其自身）效用价值、文化—环境效用价值。文化承载物有其形，而影响常常是无形的，正因为如此，文化研究是困难的，也常常是定性的。文化纷繁复杂，但无论是一般文化还是数学文化，并不是不可测量。吉尔特·霍夫斯泰德和格特·扬·霍夫斯泰德在《文化与组织：心理软件的力量》中就对国家文化从权力距离、不确定性规避等维度进行了测量。⑤文化测量可以有不同维度，很难有统一的标准，研究者通常依据其关注点编制相应的测量工具去测量。吴福平（2014）编制了文化量表对企业组织文化进行了测量，同时认为，文化测量当然需要并且也可以引入回归分析、因子分析、聚类分析、相关分析和结构方程等定量分析法⑥。无论是霍夫斯泰德还是吴福平，他们对文化的测量主要是对组织文化的测量，很少关注数学文化。

20 世纪 90 年代以来，研究者开始关注数学文化的测量。1994 年，Jens Hφ Yrup 论述了数学文化的重要性，并认为应加强数学文化测量研究⑦。Jens Hφ Yrup 认为数学文化研究中应该进行测量，但如何对数学文化进行测量，他没有提供可供操作的方法，也没有数学文化测量的框架和模型。1996 年，英国阿伯丁大学的 Molland 对数学和数学文化进行了测量。⑧ 其研究被认为是自然科学、

① 徐斌艳，等 . 学习文化与教学设计 [M]. 北京：教育科学出版社，2012.

② 张维忠，徐晓芳 . 基于数学文化的教学模式构建 [J]. 课程·教材·教法，2009，29（5）：47–50+70.

③ 宋乃庆，张渝，陈婷 . 数学文化与教学设计（2 年级）[M]. 重庆：西南师范大学出版社，2017.

④ 李铁安，孔玥 . 数学文化与教学设计（1 年级）[M]. 重庆：西南师范大学出版社，2017.

⑤ 吉尔特·霍夫斯泰德，格特·扬·霍夫斯泰德 . 文化与组织：心理软件的力量（第二版）[M]. 李原，孙健敏，译 . 北京：中国人民大学出版社，2010.

⑥ 吴福平 . 文化测量：原理与方法 [M]. 杭州：浙江大学出版社，2014.

⑦ Jens Hφ Yrup Albany. In Measure, Number, and Weight: Studies in Mathematics and Culture [M]. New York：State University of New York Press，1994.

⑧ Molland G. Measure, Number, and Weight: Studies in Mathematics and Culture [J]. The British Journal for the History of Science，1996，29（2）：229–230.

技术科学和社会科学的交叉，不过，数学文化的测量本来就是不同学科之间的交叉。Ardana 等（2017）采用专家访谈法对新加坡小学生进行了一项研究，其中涉及当地文化在数学教学中的有效性的测量。测量从学习活动、学习成绩、学生对教学的反应等方面展开。[①]Ardana 等（2017）的研究也只是通过问卷，调查数学文化对学生的影响，没有数学文化测量模型。近年来国内研究者开始关注数学文化的测量。李学良和曾峥（2017）运用历史发生法和实验法，测量并分析了 HPM 教学方式对学生数学成就动机的影响。[②] 以上研究虽然并未直接对数学文化进行测量，但数学史终究是数学文化的重要内容。徐冉冉（2017）通过实验法研究了数学文化对小学生数学学习兴趣的影响，[③] 但其研究并没有对数学文化进行测量。

总之，国内外很多研究者对数学文化概念、数学文化的内涵和数学文化的形态进行了研究，这些研究都围绕为什么要加强数学文化、如何把数学文化引进课堂这两个问题而展开，或者说是为了解决这两个问题而进行的研究，但对如何对数学文化进行测量却缺乏相应的研究。

第二节　学习兴趣研究述评

人们很早就认识到兴趣在学习中的作用，《论语·雍也》中说："知之者不如好之者，好之者不如乐之者。"简言之，这句话是说学习有知之、好之、乐之三个层次。就当下而言，也经常区分出被动学习、主动学习两个层次。常说兴趣是最好的老师，数学学习的关键在于数学学习兴趣的培养，因此，必须加强数学学习兴趣的研究。

一、兴趣的含义

兴趣一词在很多语言中有多重意义。《说文解字》中说："兴，从舁（yú）从同，同力也。趣，从走，取声。"兴与趣合用本意是共同走向有引用之物。在英语中，兴趣一词为"interest"，含利益、利息等之义，它由拉丁文"inter"

---

① Ardana I M, Ariawan I P W, Divayana D G H. Measuring the effectiveness of BLCS model（bruner, local culture, scaffolding）in mathematics teaching by using expert system-based CSE-UCLA［J］. International Journal of Education and Management Engineering（IJEME），2017, 7（4）: 1–12.

② 李学良，曾峥.测量与分析 HPM 教学方式对学生数学成就动机的影响［J］.数学学习与研究，2017（17）: 152–154.

③ 徐冉冉.数学文化对小学生数学学习兴趣的影响研究［D］.重庆：西南大学，2017.

（在……之中）和"esse"（存在）构成，本意是存在之中。从中文和英文原本含义上来说，存在两端，一端是人，另一端有利可用的存在。人要获得有利可用的对象，达到目标，就得走向对象，并倾注精力。兴趣是联系人与物两者的中介，通过它，有距离的两个对象才能联系起来。

兴趣一词虽广为应用，但却缺乏明确的定义，无论是国内还是国外都没有统一定论，学界认识并不完全一致。因为领域不同，视角不同，对兴趣的理解和认识就存在差异，即使是同一学科领域，对兴趣的认识也可能不一样，Arnold 曾说，心理学家们是用不同的方式看待兴趣的。综述不同领域研究者对学习兴趣的论述，有利于对兴趣内涵有更清楚的认识。

心理学家非常关注兴趣。Arnold 总结了心理学中对兴趣的观点，将其归纳为三种：第一，兴趣是与思想经验相联的情感；第二，兴趣是纯粹的情感；第三，兴趣是一种动机。[1] Burnham（1908）认为兴趣是一种综合的情感状态，是注意或是一种思考习惯，他认为兴趣取决于注意，同时又认为注意取决于兴趣。[2] 在数学上，假如两个命题相互决定，也就是说从一个命题可以推出另外一个命题，反之亦然，则被称为等价，可以替换。照此道理，就不难理解兴趣与注意经常一起讨论。

不少研究者都认同兴趣是一种情感的观点。Schank（1979）、Kintsch（1980）、Hidi 和 Baird（1986）都认为兴趣是一种情感状态。阿德勒（1986）就认为社会兴趣既是一种情感，又是一种能力，即一种借用别人的研究来看待自己的能力。[3]Ainley（2007，2011）也认为兴趣是支持学习的一种情感，并认为是否有兴趣是是否主动参加学习活动的关键因素。按照拉丁文"inter"（在……之中）和"esse"（存在）的意思，似乎很容易理解兴趣是一种由情境引起的情感的观点，如果情境不能引起个体情绪，就不会有兴趣产生。有学者认为"智力的情感，即兴味者，非外界之事物"。[4] 也有学者持兴趣是一种情感或情绪的观点。[5]

在康德哲学中，兴趣被看作动机。康德说：纯粹的兴趣只有在下述条件下才是可以想象的。[6] 换句话说，在一定的条件下存在纯粹的兴趣，按照康德的理解，这种纯粹的兴趣是理性追求的动力。兴趣是一种动机的观点与心理学动机研究是联系在一起的。兴趣是一种动力，它在个体体验中起决定性作用。杜威（2001）认为兴趣是带有目的地认识事物的动力。[7] Greenberg 和 Michell（1983）

① Arnold F. Attention and interest: A study in psychology and education [M]. New York, NY: Macmillan, 1901.
② Burnham WH. Attention and interest [J]. The American Journal of Psychology, 1908, 19（1）: 14–18.
③ A. 阿德勒. 自卑与超越 [M]. 黄光国，译. 北京：作家出版社，1986.
④ 王国维. 教育学 [M]. 福州：福建教育出版社，2008.
⑤ 彼得罗夫斯基. 普通心理学 [M]. 朱智贤，伍棠棣，卢盛忠，等译. 北京：人民教育出版社，1981.
⑥ 哈贝马斯. 认识与兴趣 [M]. 郭官义，李黎，译. 上海：学林出版社，1999.
⑦ 约翰·杜威. 民主主义与教育 [M]. 王承绪，译. 北京：人民教育出版社，2001.

认为，自我兴趣本身就是一种动机力量。① 布鲁纳认为好奇心是一种内部驱动，而兴趣是好奇心的表现。皮亚杰也认为，对一个对象有兴趣是由于它能够满足我们的需要，所以兴趣是需要的延伸或发展。②

国内对于兴趣的认识也不尽相同，归纳起来主要有三种观点：一是认为兴趣是一种态度，二是认为兴趣是一种动机或动机的变量，三是认为兴趣是带有情感的认识倾向或意向。杨清（1983）认为兴趣是一种积极的态度。③ 国内不少研究者都持有这一观点，认为兴趣是活动中的积极参与态度。④ 当然，国外也有研究者持有这种观点，如加拿大学者马克思·范梅南就认为，对什么东西有兴趣就是对某事持有的一种态度。⑤ 阿德勒说社会兴趣既是一种情感，又是人们对待社会生活的一种态度。⑥ 显然，在阿德勒这里兴趣被认为是一种情感，但同时也和态度联系起来。心理学中，通常从共同的心理过程（认识、情感、意志）和个性差异（意识倾向、心理特征）两个方面去研究人的心理。态度是一种意识倾向，换言之，认为兴趣是一种态度的观点也就说明了兴趣具有个性差异。与国外相似，国内有观点认为兴趣是一种动机。彭聃龄和高玉祥（1989）认为兴趣是动机的要素之一。⑦ 孟昭兰（2005）也认为兴趣是一种动机。⑧ 庞维国和刘树农（2000）、张林等（2010）国内研究者都认为兴趣是一种动机或是动机的要素与动机变量⑨⑩

与前两种观点相比，国内更多学者持有第三种观点，也就是认为兴趣是个人的一种认识倾向。黄希庭（1982）认为兴趣是人积极探究某种事物的认识倾向，他认为兴趣是一种向往的心情，这种向往使得人们对某事物优先注意，并可以发展成为爱好。⑪ 这也就是说，兴趣可能最先表现为注意或者是说与注意联系在一起，最后可能成为爱好。蔡永红等（2002）也认为兴趣是喜好程度的心理倾向，

① Greenberg J R, Michell S A. Object relations in psychoanalytic theory cambridge [M]. MA: Harvard University Press, 1983.

② 邵瑞珍. 教育心理学 [M]. 上海：上海人民出版社，2001.

③ 杨清. 心理学概论 [M]. 长春：吉林人民出版社，1983.

④ 亓玉慧，李森. 课堂教学中的边缘人现象研究 [J]. 教育探索，2014（5）：62-64.

⑤ 马克思·范梅南. 教学机智——教学智慧的意蕴 [M]. 李树英，译. 北京：教育科学出版社，2001.

⑥ A·阿德勒. 自卑与超越 [M]. 黄光国，译. 北京：作家出版社，1986.

⑦ 彭聃龄，高玉祥. 心理学学习指导书 [M]. 北京：中央广播电视大学出版社，1989.

⑧ 孟昭兰. 情绪心理学 [M]. 北京：北京大学出版社，2005.

⑨ 庞维国，刘树农. 现代心理学的自主学习观 [J]. 山东教育科研，2000（22）：54-55+59.

⑩ 张林，李玉婵，刑方. 兴趣发展四阶段模型的研究评述 [J]. 宁波大学学报（教育科学版），2010，32（2）：25-29.

⑪ 黄希庭. 普通心理学 [M]. 兰州：甘肃人民出版社，1982.

并认为如果兴趣这种心理倾向指向与职业有关的活动时，就称之为职业兴趣。[①]
以此理解，如果这种心理倾向与学习活动有关，显然就是学习兴趣，如果这种学习活动还是数学学习活动，就应该被称为数学学习兴趣。韩进之（2003）认为，学习兴趣是一种渴望获得知识的意识倾向，它总是与一定的情感相联系着。[②] 肖前瑛（1987）、高玉祥（1989）、朱智贤（1989）等都持相同的观点，认为兴趣是带有情感的个人认识倾向。当然，也有学者把兴趣既看作动机，又看作情感，孟昭兰（2005）就把兴趣既看作动机，同时又看作情趣，认为"兴趣既是一种内在动机，又是一种基本情绪"。[③] 程广文（2003）认为"思考是一种认知活动，兴趣是一种情感活动"。[④]

对上述兴趣概念进行归类总结，可以看到兴趣概念经常在三种意义上使用，一是兴趣是一种动机；二是兴趣是个人对事物的证明态度；三是兴趣是事物所引起的注意心向或者说从事某种活动时带有情感的认识倾向。当然，也有学者认为兴趣概念可以归结为四种，Berlyne（1949）就如此，他认为除了前面三种通常意义上所理解的兴趣以外，兴趣也常被看作自我基本技能。[⑤] 中国台湾心理学家张春兴（1992）在其编著的《张氏心理学辞典》中认为可以在五种意义上使用兴趣概念。当然，也有不少研究者避开兴趣内涵的争论，从其表现属性上去把握兴趣。Schiefele（1991）研究了兴趣的属性，他把兴趣的属性总结为五个方面：[⑥] 第一，与特定的内容活动有关；第二，与一定的情境相联；第三，能解释为什么学生在特定领域成绩出色；第四，当把兴趣看作一个针对特定内容的概念时，与现代认知理论相契合，能用现代认知理论很好地解释有关知识的获得；第五，与活动的价值相关联。兴趣与活动价值相关联就是说学生要能认识到所参与活动的价值，当然，学习活动经常是教师或他人组织的，活动的价值是站在教师或活动组织者角度去看活动应该具有的价值，如果学生认识不到这种价值，就很难产生学习兴趣，要让学生认识到这种价值，就必须有适合学生认识的情境。没有什么认识活动或知识的活动是离开情境而产生的。黄希庭（1982）认为兴趣有指向性、持久性、广度性和效能性四个特征。[⑦] 郭戈（2016）则认为兴趣有五个方面

① 蔡永红，林崇德，肖丽萍.中学生职业兴趣的结构及其特点［J］.心理发展与教育，2002，18（1）：80–85.
② 韩进之.教育心理学纲要［M］北京：人民教育出版社，2003.
③ 孟昭兰.情绪心理学［M］.北京：北京大学出版社，2005.
④ 程广文.数学课堂提问研究［D］.上海：华东师范大学，2003.
⑤ Berlyne DE. Interest as a psychological concept［J］. British Journal of Psychology, 1949, 39（4）：184–195.
⑥ Schiefele U. Interest, learning, and motivation［J］. Educational Psychologist, 1991, 26（3/4）：299–323.
⑦ 黄希庭.普通心理学［M］.兰州：甘肃人民出版社，1982.

的特征：积极性、指向性、能力性、活动性、自我性。① 无论从什么角度去认识兴趣，它都包含了以下三个要素：一是作为认识主体的人；二是作为认识对象的客体；三是主客体之间的关系。正如 "interest" 本意，兴趣存在的意义就在于它是关联主客体的桥梁和纽带，主客体间存在距离，没有兴趣就无法从此岸到达彼岸。

我们认为，数学学习兴趣是学生对于数学课程和数学学习具有积极情感的认识倾向或认识意向。上述定义明确了以下三点：第一，数学学习兴趣是个体的内在倾向性；第二，它表现为一种积极的情感；第三，它与课程环境有关。把数学文化整合于小学数学课程，事实上就是一种课程环境，学生对数学文化课程的学习，既有认知成分，又有情感体验。

二、兴趣的分类

卢梭是自然教育的倡导者，同时也是兴趣教育的倡导者。卢梭认为，在教学内容上应该以儿童的兴趣为标准，使他们容易学，有兴趣去学；在教学方法上应以儿童经验为基础，培养儿童的好奇心；卢梭推崇手工劳动，认为劳动教育的任务是发展儿童的心灵，因此，给儿童的工作必须以它的新奇来引起他们的兴趣。② 实际上，卢梭认识到了儿童的兴趣和对象的新奇性间的关系，杜威（1949）在《民主主义与教育》一书中把卢梭论及的这种关系阐述得更清楚，他区分了自我兴趣和引起兴趣的对象。③ 杜威的这种区分为后来把兴趣分为个人兴趣和环境兴趣奠定了基础。杜威认为责任心与兴趣相反，他说依据原理的行为与依据兴趣的行为有区别。④ 卢梭在倡导兴趣教育时也对兴趣进行了分类，有人对卢梭对儿童兴趣的分类进行了归纳总结，认为大致可分为浪漫的兴趣、好奇的兴趣等七种。⑤ 卢梭对兴趣的分类是从儿童本能心理和兴趣外延去划分，难以对兴趣进行较准确的分类，但他对教育兴趣的分类产生了重要的影响。帕克（1924）将兴趣分为浪漫的、冒险的兴趣；收集的兴趣；游戏的兴趣；对人和动物动作的兴趣；对音律、歌曲的兴趣等十种。⑥ 显然帕克对兴趣的分类受卢梭兴趣分类的影响，既是从儿童心理出发，也有对事物分类。

卢梭从儿童的天性出发，主张教育不能违背儿童天性，强调在活动中学习。

---

① 郭戈.关于兴趣若干基本问题的研究［J］.中国教育科学，2016（2）：154–193+217.

② 单中惠.西方教育思想史［M］.北京：教育科学出版社，2007.

③④ 杜威.民主主义与教育［M］.郑恩润，译.上海：商务印书馆，1949.

⑤ 郭明鹤.现代教学法通论［M］.北京：北平文化学社，1931.转引自郭戈.关于兴趣若干基本问题的研究［J］.中国教育科学，2016（2）：154–193+217.

⑥ 帕克.普通教学法［M］.俞子夷，译.上海：商务印书馆，1924.

他说："生活得最有意义的人……是对生活最有感受的人。"① 卢梭推崇感觉与情感，倡导自然教育。虽然自然教育本身并不反对理性教育，但却由此产生了具有反理性主义倾向的浪漫主义运动。即使"自然主义"本身并未反对"理性"，也不对"理性"抱有敌意，它反对的是过分推崇理性而导致的对情感和生命的压抑，但却催生了反理性主义倾向的浪漫主义教育。

理性教育的产生为康德理性兴趣的提出奠定了基础。康德把兴趣分为理性兴趣（实践兴趣或道德兴趣）和经验兴趣。康德的哲学观点集中体现在《纯粹理性批判》《实践理性批判》《判断力批判》哲学著作里。康德认为人具有三种不同的能力：认识的能力、感觉愉快与不愉快的能力和欲望的能力，亦即"知""情""意"。《纯粹理性批判》解决的是人如何认识世界的问题——真，《实践理性批判》讲的是人的伦理规则的问题——善，前者的对象是现象界，后者的对象是本体界，在现象与本体之间有一道不可逾越的鸿沟，两者之间如何沟通——美，这就是《判断力批判》的主要内容。康德认为与三种能力分别对应的是三种兴趣，也就是说认识问题、欲望问题和愉快与否的问题分别对应着三种不同的兴趣，它用思辨的兴趣、实践的兴趣、美的兴趣去表示。与纯粹理性所处理的心灵的认识能力相对应的是思辨的兴趣，与实践理性所处理的心灵的欲望问题相对应的是实践的兴趣，与批判力批判所处理的心灵的愉快或不愉快的能力相对应的是美的兴趣。康德认为，理性统整着人类的知、情、意，因为理性本身对它们都有兴趣，因此，思辨的兴趣、实践的兴趣、美的兴趣都是理性兴趣。② 后来，康德又区分出直接兴趣和间接兴趣。③ 在康德看来，理性兴趣或者说是道德兴趣，抑或是实践兴趣是按照理念而行动的，是直接兴趣，而由对象引起的经验兴趣是间接兴趣，其实康德的直接兴趣和间接兴趣的分类与个体兴趣和情境兴趣分类相类似。

教育家赫尔巴特也非常注重儿童兴趣教育，认为没有兴趣的教学是空谈。④ 赫尔巴特意识到从事物对兴趣分类很难穷尽，因此与卢梭和帕克不同，他主张从心理状态对兴趣进行分类。最早，他将兴趣分为知识的兴趣和同情的兴趣两类，知识的兴趣指向活动的客体，同情的兴趣指向活动的主体。其实，这里的二分法与康德把兴趣分为直接兴趣与间接兴趣是类似的，换句话说，兴趣的二分法不可避免地要区分活动的主体和客体。赫尔巴特后来将这两类兴趣分为经验的兴趣、

① 卢梭.爱弥儿：论教育（上卷）［M］.李平沤，译.北京：商务印书馆，2003.
② 林晖.康德的实践理性中的兴趣问题［D］.上海：复旦大学，2003.
③ 康德.道德形而上学原理［M］.苗力田，译.上海：上海人民出版社，2002.
④ 赫尔巴特.普通教育学·教育学讲授纲要［M］.李其龙，译.北京：人民教育出版社，1989.

思辨的兴趣、审美的兴趣、同情的兴趣、社会的兴趣、宗教的兴趣六种。赫尔巴特强调了多方面的兴趣，更重要的是他倡导学校教育必须依据学生的兴趣进行，因此，在海华德看来"兴趣是教学理论的基本概念"是赫尔巴特的中心思想。[①]赫尔巴特之后，不少兴趣研究者对兴趣的分类采用二分的形式，同时遵循了不从事物分类而从学习者心理状态分类的观点，如威廉·詹姆士把兴趣分为天然的兴趣和习得的兴趣，帕克也把兴趣分为本能的兴趣和习惯的兴趣。

兴趣的复杂性使得很多研究者在对兴趣研究时前后观点并不一致，杜威就是如此，在对兴趣进行分类时就采用了不同的标准。杜威一方面区分了自我兴趣和对象兴趣，另一方面又认为可以根据儿童的四种能力区分为交谈交流的、探究发现的、制作建造的、艺术表现的四种兴趣。[②]而在《教育中的兴趣与努力》中，他又把兴趣分为活动的、发现的、纯粹理智的和社会的四种，在《学校与社会·明日之学校》中又把兴趣区分为直接兴趣和间接兴趣。[③]杜威认为兴趣的产生在于发现事物之间的联系，如果这种联系是直接的、及时的、同步的就是直接兴趣，如果联系比较远就是间接兴趣，间接兴趣的方法和目的是外在强加的，如教学中哄孩子、惩罚、许诺报酬，等等。在两者的关系上，他认为一定条件下直接兴趣能转换为间接兴趣，反之亦然。[④]赫尔巴特和杜威对兴趣的研究和兴趣的分类对后来的兴趣研究产生了重要的影响，郭戈说："现代教育对兴趣价值的认识主要归功于赫尔巴特及杜威。"[⑤]

20世纪80年代以来，非智力因素对学生学习影响的研究使得不少研究者再次把研究目光转向兴趣研究。文化的交流与发展，使得第二语境下的阅读模式、阅读能力和阅读兴趣的培养成为跨文化研究的重要内容，并区分出"从下而上"（bottom-up）和"从上而下"（top-down）两种阅读模式。"从下而上"是指从字母认识→单词和词组记忆→语法结构理解→达到全文理解，是从局部到整体、从形式到内容、从文字到思想的过程；而"从上而下"指利用自己已有的语言知识和经验对阅读对象进行加工。与此相对应，研究者认为阅读过程中存在着"从上而下"的兴趣和"从下而上"的兴趣。[⑥]显然，这两种兴趣是不一样的，"从下而上"的兴趣指向个体，"从上而下"的兴趣指向阅读对象。从活动主体与对象

① W.F.康内尔.二十世纪世界教育史［M］.张法琨，万能达，李乐元，等译.北京：人民教育出版社，1990.

② 杜威.杜威教育文集第1卷：学校与社会［M］.任钟印，译.北京：人民教育出版社，2001.

③ 杜威.学校与社会·明日之学校［M］.赵祥麟，任钟印，吴志宏，译.北京：人民教育出版社，2004.

④ 杜威.杜威教育文集第1卷：教育中的兴趣与努力［M］.北京：人民教育出版社，2001.

⑤ 郭戈.关于兴趣教学原则的若干思考［J］.教育研究，2012（3）：119-124.

⑥ 何旭明.西方关于兴趣的界定与分类研究述评［J］.大学教育科学，2010（4）：49-55.

出发, Hidi 和 Anderson（1992）把兴趣分为个体兴趣和情境兴趣。[①] 把兴趣分为个体兴趣与情境兴趣得到国内外学界的普遍认同。国内外兴趣研究中还经常提到主题兴趣概念，它是指针对特定活动或特定主题的兴趣。在主题兴趣研究中，有时候指的是个体兴趣，有时候指的是情境兴趣，如果研究倾向于"从下而上"，则其研究更多指向个体兴趣，如果研究倾向于"从上而下"，则其更多指向情境兴趣。

三、兴趣的结构

个体兴趣和情境兴趣概念提出后，在教育领域里，研究者们大多采用该分类对兴趣进行深入研究，形成了常见的兴趣结构模型（见图2-1）。[②]

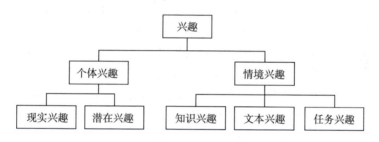

图 2-1　兴趣结构模型

Hidi 和 Anderson（1992）认为，个体兴趣与个人知识和价值联系在一起，它是内在的、积极的、与特定主题紧密相连的。[③]Renninger（1990）认为个体兴趣具有相对稳定性。[④] Deci（1992）则把个体兴趣又区分为现实的个体兴趣和潜在的个体兴趣。[⑤] 由 Hidi 和 Renninger 对个体兴趣的描述可以看出：第一，个体兴趣以已有的知识为基础；第二，个体兴趣由一定的客体对象引起；第三，个体兴趣不会凭空产生，它与情境中个体价值判断相联系；第四，个体兴趣相对稳定持

① Hidi S, Anderson V. Situational interest and its impact on reading and expository writing［M］//RenningerkA, Hidi S, Krapp A. The role of interest in learning and development. Hillsdale, NJ: Lawrence Erlbaum, 1992.

② 何旭明. 西方关于兴趣的界定与分类研究述评［J］. 大学教育科学，2010（4）：49-55.

③ Hidi S, Anderson V. Situational interest and its impact on reading and expository writing［M］//Renninger KA, Hidi S, Krapp A. The role of interest in learning and development. Hillsdale NJ: Lawrence Erlbaum, 1992.

④ Renninger K A. Children's play interest, representation, and activity［M］//Fivush R, Hudson J. Knowing and remembering in young children. Cambridge MA: Cambridge University Press, 1990.

⑤ Deci E L. The relation of interest to the motivation of behavior : A self-determination theory perspective［M］// Renninger K A, Hidi S, Krapp A. The role of interest in learning and development. Hillsdale NJ: Lawrence Erlbaum, 1992.

久，是主体内在的需要产生的对某学科、某主题、某活动的持续偏好，是"从下而上"的兴趣。情境兴趣是指由具体活动情境和学习任务引起的兴趣。[1] 第一，情境兴趣由特定情境的某些特征引起；第二，这些特征对个体产生吸引力；第三，引起情境兴趣的特征对参与活动的所有个体而言是一样的。因此，情境兴趣具有共享性。情境兴趣是"从上而下"的兴趣，它由外在环境中的刺激而产生，与主体的需要和价值联系不是很紧密，容易受外部环境的影响而改变，因而情境兴趣具有暂时性、可变性。情境兴趣由环境引发，根据引发情境兴趣来源不同，Schraw 和 Leham 将情境兴趣分为基于文本的兴趣、基于任务的兴趣、基于知识的兴趣。[2] 但也有研究者认为这种分类不太合理，认为文本、任务和知识是引发兴趣的因素。

把兴趣分为个体兴趣与情境兴趣受到兴趣是一种动机这一观点的影响，动机心理学就把动机分为内在动机和外在动机。[3] 内在动机认为学习动力源于学习活动或学习者自身，它指向行为或活动本身，并在行为或活动中直接获得行为的动力。外部动机指学习者或学习活动以外的客观因素引发的动力，如由外部奖惩或工具性价值所引发的行为动力。个体兴趣与个体已有的知识、价值认识联系在一起，指向活动或任务本身，主要与内在动机紧密联系在一起；而情境兴趣既可能由活动本身特征引起，也可能由外在奖励、处罚引起，相对个体兴趣而言，与外在动机联系更密切。个体兴趣与情境兴趣存在明显差异。它们之间的差异如表2-1所示。

表2-1　个体兴趣与情境兴趣差异比较

兴趣类别	引发	取向性	时效性	稳定性	情绪性	价值性	关注点
个体兴趣	个体出发	从下而上	持久	稳定	积极的情绪	个人价值	个体间兴趣差异
情境兴趣	环境出发	从上而下	暂时	不稳定	存在负向情绪	共享价值	兴趣对个体影响

个体兴趣和情境兴趣虽然不同，但两者之间又相互作用，相互影响，不可能截然分开。Hidi 和 Renninger 研究了情境兴趣与个体兴趣之间的关系，提出了情

---

[1]　Deci E l. The relation of interest to the motivation of behavior: A self-determination theory perspective[M] // Renninger K A, Hidi S, Krapp A. The role of interest in learning and development. Hillsdale NJ: Lawrence Erlbaum, 1992.

[2]　Renninger K A, Hidi S, Krapp A. Interest, learning, and development in the role of interest in learning and development[M]. Hillsdale NJ: Lawrenle Erlbaum, 1992.

[3]　章志光. 心理学 [M]. 北京：人民教育出版社，2004.

境兴趣向个体兴趣转化的四阶段模型（见图 2-2）。

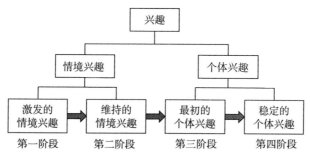

图 2-2　Hidi 和 Renninger 兴趣发展四阶段理论模型

在 Hidi 和 Renninger 兴趣发展四阶段模型中，第一阶段是兴趣的激发，激发的情境兴趣具有暂时性，但个体在关注情境特征时，也不可避免地将已有知识与情境内容联系起来，这为兴趣发展到第二阶段奠定了基础。在情境兴趣的维持阶段，情境通过与个体已有知识的联系，个体开始认识内容的价值，出现第三阶段的个体兴趣，第四阶段发展成稳定的个体兴趣，个体寻求主动参与的机会，关注特定内容的知识和价值，表现出积极的情感。

四、兴趣的影响因素

个体兴趣由个体知识和价值引发，具有持久性和稳定性，短期内难以改变，个体兴趣研究到底需要持续多长时间，没有定论，兴趣研究集中于特定情境引发的情境兴趣。

（一）文本因素

文本因素是指在阅读情境里文本特征引发的兴趣。Hidi（1990）认为，文本的特征识别、连贯性、完整性和文本中的意外信息是影响兴趣（文本兴趣）的重要因素。在 Hidi 研究的基础上，Garner（1992）研究指出影响兴趣的因素还包括文本的具体性、生动性、复杂性、形象化等因素。[①] Schraw 等（1995）在文献综述的基础上，提出了影响兴趣文本的六个因素：文本的可理解性、文本的生动活泼性、文本的连贯性、先前的知识、学习者的投入以及诱发的情绪反应。[②] 已有的研究证实了这些因素都与文本兴趣有关，Jetton 和 Alexander（2001）通过研

① Garner R. Learning from school tests［J］. Educational Psychologist, 1992, 27（1）: 53-63.
② Schraw G, Bruning R, Svoboda C. Sources of situational interest［J］. Jouranl of Reading Behavior, 1995, 27（1）: 1-17.

究指出，理解性、生动性和个人意愿这三个因素是文本的主要因素，它们解释了兴趣变化 50% 以上的信息。① 目前对文本兴趣影响因素的研究，研究者通常从自己的关注点出发，选择其中某几个因素进行深入讨论。

（二）知识因素

知识因素是指个体先前的知识经验与具体情境相互作用引发的兴趣。除非有某种外在的力量强迫，通常而言，如果内容与个体知识经验毫不相关，比如，不懂英语或日语但要求阅读英语或日语文章，个体不可能对内容产生兴趣，研究者相信，先前的知识经验与个体兴趣和情境兴趣都相关。Kintsch（1980）认为，先前知识经验和兴趣呈倒"U"形关系。② 如果真如 Kintsch 所言，在一定阶段随着知识的增加兴趣会增加，到某一程度后反而会下降，换一个角度理解，学习者与相关内容的知识经验太少或太多都会影响兴趣。Tobias（1994）研究了知识经验与兴趣的关系并发现不是呈倒"U"形关系，而是呈线性相关。③Wade等（1999）以大学生为研究对象，采用出声思维的办法证实了知识经验对个体兴趣和情境兴趣的影响，很难说明两者的关系是线性的还是非线性的，抑或是倒"U"形的。④ 亚历山大和墨菲（1998）通过研究主题知识、领域知识与兴趣的关系，发现主题知识与兴趣之间不存在托巴斯所说的线性相关性。⑤ 虽然已有研究证实了先前知识对兴趣存在影响，但这种影响是线性相关的还是其他关系，或者是如 Kintsch 所说的倒"U"形关系，没有定论。

（三）任务因素

任务兴趣是由目标引起的学习兴趣。用杜威的观点去理解，任务兴趣可能是学习者认识到一定事物与自身之间的关系和联系后产生的兴趣，也可能是外在强加的任务，如教学中哄孩子、惩罚、许诺报酬等。Deci 等（1991）认为任务兴趣与个人控制有关。⑥ Schraw 和 Dennison（1994）以大学生为对象研究了目的对兴趣与回忆的影响，发现文本观点的不同呈现对兴趣的影响不一样。⑦ 在分配任务

① Jetton T, Alexander P A. Interest assessment and the content area literacy environment for research and practice[J]. Educational Psychology Review, 2001, 13（3）: 303–318.

② Kintsch W. Learning from test, levels of comprehension, or: Why anyone would read a story anyway[J]. Poetics, 1980, 9（1）: 87–89.

③ Tobias S. Interest, prior knowledge, and learning[J]. Rev. Ed. Res, 1994, 64（1）: 37–54.

④ Wade S E, Buxton W M, Kelly M, et al. Using think-alouds to examine reader-test interest[J]. Reading Res. Quart, 1999, 34（2）: 194–216.

⑤⑥ Deci E L, Vallerand R J, Pelletier L G, et al. Motivation and education: The self-determination perspective[J]. Educational Psychologist, 1991, 26（3, 4）: 325–346.

⑦ Schraw G, Dennison R S. The effect of purpose on interest and recall[J]. Journal of Literacy Research, 1994, 26（1）: 1–18.

时，阅读目标的改变会改变对象对文本材料的兴趣，后续的相关研究也证明了这一观点。Harackiewicez 等（2002）从大一新生开始，就对成绩目标和阅读中的表现进行了长期研究，证明了目标可以影响兴趣。[1] 韦德等通过研究发现，阅读材料的内容和形式都影响着学生的兴趣。[2] 由此可见，课程内容和形式会影响学生的兴趣。

五、兴趣的测量

不管对兴趣内涵的认识是否一致，研究者都认为兴趣影响着学习，影响着职业的选择。兴趣测量一直朝着三个方向进行，一是对学习兴趣的测量，二是对职业兴趣的测量，三是对社会兴趣的测量。要判断个体对某人、某事或某活动是否有兴趣其实并不困难，可以用直接的行为观察或访谈，但这并不等同于兴趣的测验。测验是一个或一群标准的刺激。[3] 测量可以用如图 2-3 所示的流程图来表示。

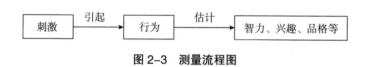

图 2-3　测量流程图

对兴趣的测量可以追溯到联结主义心理学的创立者桑代克。桑代克（1912）对兴趣和能力的关系进行了探讨，认为两者联系紧密。[4] Strong 持有与桑代克相同的观点，他认为在能力测验时应该把兴趣测验结合起来，但究竟如何结合起来，他并没有提供具体的方法。Miner 也关注兴趣的测量，他在 1915 年编制了兴趣问卷对兴趣进行测验，此后，兴趣测量特别是职业兴趣的测量受到研究者的关注。

虽然现实并非都如愿，但人们都希望从事感兴趣的职业，这促使了职业兴趣的测量研究。Strong 是较早关注职业兴趣测量的研究者之一，他最先编制职业

① Harackiewicez J M, Barron K E, Tauer J M, et al. Predicting success in collEge: A longitudinal study of achievement goals and ability measures as predictions of interest and performance from freshman year through graduation[J]. Jouranl of Educational Psychology, 2002, 94（3）: 562–575.

② Schraw G, Lehaman S. Situational interest: A review of the literature and directions for future research[J]. Educational Psychology Review, 2001, 13（1）: 23–52.

③ 金瑜. 心理测量［M］. 上海：华东师范大学出版社，2007.

④ Krapp A. Structural and dynamic aspects of interest development: Theoretical considerations from an onto genetic perspective[J]. learning and Instruction, 2002, 12（4）: 383–409.

兴趣调查表进行测量，使人们了解自己的职业兴趣和方便就业时的选择。Kuder（1939）也对职业兴趣进行了研究，编制了库德爱好调查表（Kuder Preference Record）。[1] Holland 提出了"人格特质与工作环境相匹配"的理论，他在 1953 年编制了职业偏好量表（Vocational Preference Inventory，VPI），后来发展成自我实施、自我记分、自我解释的自我指导检测系统（Self-Directed Search，SDS）。以斯特朗职业兴趣调查表、库德爱好调查表、霍兰德职业偏好量表为基础，后续职业兴趣测量通常根据需要对不同量表进行整合，Campbell（1968）以霍兰德职业分类为基础对斯特朗职业兴趣调查表进行改编，形成了斯特朗—坎贝尔兴趣量表（Strong-Campbell Interest Inventory，SCII）。

社会兴趣测量是兴趣测量的又一重要向度。奥地利医生、心理学家和个体心理学的创始人阿德勒提出了社会兴趣（Social Interest）的概念。20 世纪 70 年代，Friengd 等（1973）采用李克特 5 点量表方式，从友谊、工作、婚姻、自我四个维度，编制了《社会兴趣指数》量表，量表总项目为 32 个，各维度有 8 个项目。[2] 同一时期，Suleiman（1978）从对他人的关注和信任、对自身的认识和周围环境的认识方面，编制了包括 50 个题目的《Suleiman 社会兴趣量表》。[3] 此后，Crandall（1981）从社会兴趣是对他人的积极关注和认同态度这两个方面出发，编制了包括 24 个项目的《社会兴趣量表》，主要关注了社会兴趣的认知和情感两个方面。

学习兴趣的测量与研究者研究视角有关，通常是情境兴趣或个体兴趣测量，或者是对主题兴趣（Topic Interest）的测量。主题兴趣既可以指个体兴趣，也可以指情境兴趣。[4] 在对主题兴趣进行测量时，研究者可能根据研究目的选择某一方面进行，要么是个体兴趣，要么是情境兴趣，或者是两者兼顾，又或者是根本不对两者进行区分，也就是通常意义上的兴趣概念。Koller（2011）采用学生自评方式，使用 4 点记分方式编制了 5 个项目的个体兴趣测量表，从重要性、情感、自我决定和体验四个方面进行了测量，Ainley 等（2002）采用自评方式，使用 5 点记分方式，用 5 个项目的总分从知识、情感、价值三个方面对运动兴趣进行了测量。[5] Ainley 等（2002）还运用相同的方式，编制 5 点主题兴趣量表对

① Kuder G F. Kuder perference record-form: A［M］. Chicago: university of Chicago Bookstore, 1939.

② Greever K B, Tseng M S, Friedland B U. Development of the social interest index［J］. Journal of Consulting and Clinical Psychology, 1973（41）：454-458.

③ Shulman BH., Dreikurs S.G. The controiutions of rudocf dreikurs to the theory and practice of individual psychocogy［J］. Journal of Individual Psychology, 1978（34）：153-169.

④⑤ Krapp A. Structural and dynamic aspects of interest development: Theoretical considerations from an onto genetic perspective［J］. Learning and Instruction, 2002, 12（4）：383-409.

文本的内容、价值等进行测量；Boscolo（2003）、Tsai（2008）等通过学生自评，分别编制了9个项目、5个项目的主题兴趣量表，从情感与价值角度分别针对生态学、德语等学科测试了学科兴趣。1995年，通过自评的方式，斯科诺等编制了5点量表，针对报刊文本从连贯性、先前知识、投入、理解性和情感及生动性方面，对情境兴趣进行了测量。[①] 稍后，斯科诺在1997年运用7道题和7点量表对课堂环境进行了测量。后来，KIM（1999）通过学生自评，用18个项目和4点形容词程度，从5个方面对课堂环境进行了测量。近年来，针对情境兴趣的研究，也有不少研究者（Zhu et al.，2009；Hullem et al.，2010；Lisa et al.，2010）通过学生自评方式，采用各不相同的题项，从兴趣的激发、维持、学习材料等方面测量情境兴趣。

　　在国内朱智贤教授指导下，20世纪80年代初对全国十省市青少年的理想、动机和兴趣进行了调查研究，其中学习兴趣调查由35个题项组成，涉及语文、数学、外语等12个学科，课外阅读，课外活动和时事兴趣等方面。受此研究的影响，国内研究者开始关注特定范围内的兴趣测量。例如，调查对象只是一定区域，可能并非很大范围，如某地区或某学校，学科范围也聚焦于特定学科。贾博孝等（1982）使用相同的办法对北京密云县中学生学习兴趣进行了调查。20世纪90年代以后，对学生具体学科学习兴趣的测量成为兴趣研究的重点。胡象岭（1996）编制了中学生物理学习兴趣量表对学生的物理学习兴趣进行调查；胡象岭等（1998）对量表进行了修订，成为包括50个项目的兴趣量表；2004年，高光珍等再次对量表进行了修订，并对曲阜市高中生物理学习兴趣进行了调查。吉世印等（2008）编制了由42个项目组成的学习兴趣量表对中学生物理学习兴趣进行测量，该兴趣量表采用了5点记分方式。随着基础教育课程改革的实施和深入，兴趣测量进一步引起研究者的关注。徐承先（1997）、相佃国等（2000）对高中生化学兴趣进行了测量，量表分别由30个、35个项目组成，都采用2点记分方式；葛耀君和陆遵义（2005）、汪晓赞和季浏（2005）、姚玉龙（2007）、顾海勇和解超（2012）等编制了体育学习兴趣量表对不同学段学生体育兴趣进行测量；张勇波（2003）、刘彦瑾和夏志芳（2012）、杨晓霞和夏志辉（2014）、郭亚峰和唐承丽（2015）编制量表对地理学科学习兴趣进行了研究；唐英（2008）自编量表测量了中学生的英语学习兴趣。刘青（2009）编制了文本阅读兴趣量表对中学生阅读兴趣其进行了测量。[②] 裴昌根等（2018）对数学学习兴趣进行了研

① Schraw G, Dennison RS. The effect of reader purpose on interest and recall[J]. Journal of Reading Behavior, 1995（27）：1–17.

② 刘青. 中学生文本阅读兴趣的结构和特点研究［D］. 重庆：西南大学，2009.

究，他们从情感体验、知识获取、价值认证、自我投入四个维度构建了数学学习兴趣测评指标体系。[①]

总之，兴趣是一种内在倾向，是主体对客体产生了积极的情感而主动倾向于它，是主体内在选择的结果。兴趣的内在性表现在无论是否有可见的行为，在个体的心理体验上都会有对某事、某人、某活动的选择和倾向，而其他心理活动总是伴随着行为或本身就是一种行为表现。这种差别使得兴趣测量与其他心理现象测量不完全相同，兴趣测量比其他心理现象测量更复杂。智力测量的反应项有是否通过的标准，而兴趣的反应项没有通过与否的标准。相对而言，学习兴趣的测量要复杂得多，困难得多，但终究是可测的。个体兴趣主要从情感、价值、知识等维度进行测量，这与国内数学课程目标具有一致性。情境兴趣的测量则依据研究者的关注点不同而不同，有的侧重情境兴趣的激发、有的侧重情境兴趣的维持，集于课堂教学与学习材料方面。国内学习兴趣的测量则采用不同的视角，一是宏观地进行测量，调查学生对各学科的兴趣；二是在中观层次上研究各学科的学习兴趣；无论是国内还是国外，由于关注的学科、年龄段和重点不同，所编制的量表就不同，难以形成统一或具有权威性的量表，因此，学习兴趣测量发展也较慢。

第三节　数学文化对数学学习影响的研究述评

无论是国内还是国外，都非常关注数学的作用，也认识到数学文化对学生的影响，从某种意义上讲，数学课堂的学习就是数学文化的学习，因此，国内外有不少有关数学文化对数学学习影响的研究。

一、国外对数学文化对数学学习影响的研究

数学文化与数学课堂学习紧密相连。Bishop（1988）认为数学教育是一种社会文化现象，并认为西方数学只是众多数学文化中的一种。[②]他关注与学生生活密切相关的数学文化内容的选择对学生的作用，并从巴布亚新几内亚文

---

① 裴昌根，宋乃庆，刘乔卉，等.数学学习兴趣测评指标体系的构建与验证［J］.数学教育学报，2018，27（2）：70-73.

② Bishop AJ. Mathematics education in its cultural context［J］. Educational Studies in Mathematics, 1988, 19（2）：179-191.

化的视角去研究英语语境下巴布亚新几内亚的数学教育，其研究开启了数学教育一个新的研究视角，受此影响与启发，Leung（2008）总结了儒家文化（The Confucian Heritage Culture，CHC）下的数学教育，认为语言、教学实践和教师知识是儒家文化学生成绩的解释。他说，语言可以作为学生数学认知和成绩的文化解释，在理解数学认知和解释学生成绩时，尽管语言对数学学习的影响是一个有趣的和重要的考虑因素，但语言的因素或多或少地让位于教学过程和学生学习过程这两个很难改变的因素，在考虑数学文化与教学及学习之间的相互作用时，人们对课堂教学实践给予了更多的关注，并把它作为学生成绩的一种可能解释。[①]Stathopoulou 和 Kalabsis（2006）通过观察雅典的一个多元文化社区吉普赛人的学习，研究了语言和文化对数学学习的影响，似乎也证实了 Leung 的观点，因为他们发现语言及文化环境的作用和功能显著影响数学的教学和学习。[②]Cheng 等（2014）通过测试研究了文化和学校教育对移民学生在不同种族群体的数学表现的影响，结果发现移民学生并不总意味着他们在数学上的表现比他们同龄的主流文化的同学的数学表现要低效。[③] 不管站在什么角度，这些研究结果都说明文化环境对学生学习是有影响的。加拿大温莎大学安东尼博士（2013）认为，在现代的数学教育中融入文化和学习者的学习环境能使教师和学生的角色互补，他跟踪研究了当地土著居民的数学学习，发现使用与学生生活相近的生活素材来组织课程，学生更能理解数学，如使用乌龟壳帮助学生理解平行线或是对称内容就比单纯地用几何图形学生更容易接受 [④]。

二、国内对数学文化对数学学习影响的研究

国内不少学者研究了数学文化对学生数学学习的影响。孙卫红（2004）不但研究了小学数学新教材数学文化的编写设计，而且调查了它对学生数学学习的影响。[⑤] 数学史与数学教育的关系一直备受关注。为了强调数学的人文因素，一定的历史介绍是十分必要的。[⑥] 数学史家 Jones（1957）说："伽罗瓦、高斯等数学

---

①　Leung F. Chinese culture, Islamic culture, and mathematics education［J］. Critical Issues in Mathematics Education, 2008: 135–147.

②　Stathopoulou C, Kalabasis F. Language and culture in mathematics education: Reflection on observing a Romany class in Greek［J］. Educational Studies in Mathematics, 2006（64）: 231–238.

③　Cheng Q, Wang J, Hao Sq, et al. Mathematics performance of immigrant students across different racial groups: An indirect examination of the influence of culture and schooling［J］. Journal of International Migration and Integration, 2014, 15（57）: 589–607.

④　参见安东尼博士在西南大学的学术报告。

⑤　孙卫红. "数学文化"在小学数学新教材中的编写设计与实验调查研究［D］.重庆：西南师范大学, 2004.

⑥　Smith D E. History of Mathematics（Vol1 I）［M］. Boston: Ginn & Company, 1923.

家的故事以及费马大定理等数学内容都可以使课堂精彩有趣。"①现在实施的小学数学教材就以情境图或连环画的形式编入了高斯的故事，有的教材编入了费马大定理，如人教版小学数学教材和西南师范大学出版社出版的小学教材。科学史家Sarton（1953）说：将科学人性化的最佳方法是讲述和讨论科学历史。②然而，问题的关键是怎么把数学史融于中小学数学课程，把它从学术形态形式转化为教育形态和课程形态形式。国内比较关注把数学史整合于数学课程的研究。冯振举（2007）从数学史研究的目的以及数学史的教育功能等方面探讨了数学史与数学教育的整合。③朱哲和宋乃庆（2008）讨论了数学史融入数学课程的形式，分析了其作用，认为它有助于学生认识数学、理解数学。④就数学史如何融于教科书，朱哲（2013）认为要处理好显性数学史内容和隐性数学史内容，策略是注意把学术形态转化为教育形态。⑤张维忠和徐晓芳（2008）着力于数学文化教学案例设计研究，他们把基于数学文化的教学案例设计分为一课一评式与专题研究式两大类。在数学文化融于数学课堂的过程中，他们指出存在简单化和表现形式单一的问题。⑥汪晓勤和林永伟（2004）总结了美国学者眼中数学史的教育价值，主要包括激发学生的兴趣，帮助学生理解和欣赏数学。⑦汪晓勤等（2005）还通过研究实证了学生学习数学的认知过程与数学史的发展相似。⑧无论是国外还是国内，数学教育工作者都持有这样的观点，即把数学史整合于课程能激发学生的兴趣，帮助学生认识和理解数学，正因为如此，实践中才会要求加强数学史和数学文化的教学。这里隐含了这样一种假设，学生的数学史和数学文化越丰富，对数学的认识和理解就越深刻，对数学就更有兴趣。

跨文化研究证实了文化对数学学习影响的存在。吕世虎（1993）研究发现藏汉、藏回学生之间在数学思维发展上呈现出显著差异性。⑨在分析差异原因时，

---

① Jones, P. S. The history of mathematics as a teaching tool［J］. Mathematics Teacher, 1957, 50（1）: 59- 64.

② Swetz F. Seeking relevance? Try the history of mathematics［J］. Mathematics Teacher, 1984, S77（1）: 54-62.

③ 冯振举. 数学史与数学教育整合的研究［D］.西安：西北大学, 2007.

④ 朱哲，宋乃庆. 数学史融入数学课程［J］.数学教育学报, 2008, 17（4）: 11-14.

⑤ 朱哲. 基于"数学史融入数学课程"的教科书编写［J］.数学教育学报, 2013, 22（5）: 9-13.

⑥ 张维忠，徐晓芳.基于数学文化的教学案例设计述评［J］.浙江师范大学学报（自然科学版）, 2008, 31（3）: 247-250.

⑦ 汪晓勤，林永伟.古为今用：美国学者眼中数学史的教育价值［J］.自然辩证法研究, 2004（6）: 73-77.

⑧ 汪晓勤，方匡雕，王朝和.从一次测试看关于学生认知的历史发生原理［J］.数学教育学报, 2005（3）: 30-33.

⑨ 吕世虎.汉、藏、回族中小学生数学思维能力发展差异性及其根源的跨文化研究［J］.民族教育研究, 1993（2）: 39-47.

他认为语言（母语）对学生数学思维发展的影响是明显的、深刻的。嘉仓和梁广交（2011）的研究认为母语应成为学生学习非语言类学科的基础和工具。[1] 何伟等（2013）研究发现双语教学是影响少数民族学生数学学业成绩第一位的因素。[2] 虽然这些研究主要关注母语对数学学习的影响，但也都说明了文化环境对数学学习的作用。吕传汉和张洪林（1992）认为从数学文化的观点去研究数学课程和数学学习，内容应该更广泛一些。[3]

已有研究表明，数学文化会对学生学习有影响，虽然这种影响在不同的研究者中并不能总是得到相同的结论。普遍持有的观点是数学文化能激发学生的数学学习兴趣，并从这一逻辑起点出发去加强数学文化实践与教学，更多关注数学文化融于课程的研究。数学文化是否对学生数学学习兴趣有积极影响值得深入探讨，特别是定量的测评，本书将在这方面进行一定的探索。

① 嘉仓，梁广交.论授课语言对阿坝牧区藏族学生数学学习的影响［J］.数学教育学报，2011，20（4）：71-74.

② 何伟，孙晓天，贾旭杰.关于民族地区数学双语教学问题的研究与思考［J］.数学教育学报，2013，22（6）：16-19.

③ 吕传汉，张洪林.民族数学文化与数学教育［J］.数学教育学报，1992（1）：101-104.

第三章　研究设计

第一节　理论基础

本书要分析数学文化对小学生数学兴趣的影响，构建数学文化对小学生数学学习兴趣影响的模型。直接涉及学校教育中的两个因素：一是作为课程环境的数学文化；二是学生。教育是一个相互作用的系统，必须系统认识两者的相互作用和影响，又因为教育是一个复杂的相互作用的系统，研究又不能面面俱到，必须沿着一个主要方向展开。

一、教育系统论

教育本身是一个由多因素组成的系统存在。教师、学生和教材是教育系统中的三个基本要素。教师是知识的传授者，其主要任务是教；学生是受教者，其主要任务是学；教材是知识的主要载体，通过课堂教学活动教材把教师和学生连接在一起。三者关系如图 3-1 所示。[1]

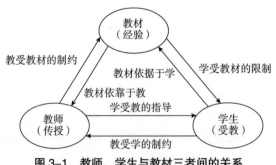

图 3-1　教师、学生与教材三者间的关系

---

[1]　冯忠良，伍新春，姚梅林，等.教育心理学［M］.北京：人民教育出版社，2010.

从系统的相互作用来看，教师、学生和教材三者之间既相互制约和限制，又相互联系和依靠。如果着眼于学生，则学生的学既受教的指导，又受教材的制约；如果着眼于教师，教师的教既受教材的制约，也受学生学的制约；如果着眼于教材，它也受学生和教师的限制。教师和学生是教育活动中人的因素，具有能动性，是最活跃的因素，教师创造性地使用教材进行创造性的教学是现代教育的要求。本书主要沿着数学文化→学生学习这一方向进行研究。

二、学生中心课程观

现代课程理论的发展形成了不同的课程理论流派。[①] 每一课程理论流派都隐含着某种意识形态以及对教育的某种信念。[②] 由此可以推论，不同课程理论流派的价值取向和教育的信念不完全相同。基础教育数学课程改革强调以学生为中心，主张对传统以学科知识为中心的课程设计和课堂教学进行改革，这种课程理论的基本特征是：第一，课程的核心是学生的发展；第二，课程内容是动态发展的，课程内容要与学生生活联系起来，体现社会发展的需要；第三，要培养学生的学习兴趣。

现代课程理论认为，任何课程都只能为学生发展提供可能，学生自由发展需要积极学习情感和学习活动的有机整合。学生中心课程观把重点放在学生的情感上，强调学生学习兴趣的培养，把学生的自我实现视为一种基本需求。以"你知道吗"等形式存在的数学文化改变了传统小学数学课程的形式，课程观点认为其是一种新的课程环境，社会文化历史发展理论认为"人的心理过程的变化与他的实践活动过程的变化是同步的"。[③] 从古到今积累了丰富的数学文化，把几千年积累的丰富的数学文化整合于小学数学教材，如在小学数学里就介绍哥德巴赫猜想、莫比乌斯带、CT 技术里的拉东变换等，目的是解决学生对传统数学课程学习兴趣不浓的问题。

三、兴趣分类理论

自从兴趣区分为个体兴趣和情境兴趣以后，教育领域有关兴趣的研究以这一分类为基础。从 Hidi 和 Baird 等兴趣分类出发，研究者们对兴趣进行了深入研究，形成了不同的兴趣模型，如文献综述所提到的兴趣结构模型就进一步把个

① 张华，石伟平，马庆发. 课程流派研究 [M]. 济南：山东教育出版社，2001.
② 施良方. 课程理论：课程的基础、原理与问题 [M]. 北京：教育科学出版社，1996.
③ 黄秀兰. 维果茨基心理学思想精要 [M]. 广州：广东教育出版社，2014.

体兴趣分为现实兴趣和潜在兴趣，把情境兴趣分为知识兴趣、文本兴趣和任务兴趣。

本书是从教育角度去探索数学文化对小学生数学学习兴趣的影响，进而构建数学文化对小学生数学学习兴趣影响的测评模型。在对数学学习兴趣分类时，借鉴了 Hidi 等对兴趣的分类。

第二节 研究目的、内容、重难点与核心概念

一、研究目的、内容及重难点

（一）研究目的

本书要回答的问题是如何测评数学文化对小学生数学学习兴趣的影响？研究要实现以下目的：第一，厘清不同形态数学文化的特征以及它们之间的关系；第二，调查清楚小学生对小学数学文化的接受度；第三，构建数学文化对小学生数学学习兴趣影响的测评模型；第四，通过实验验证数学文化对小学生数学学习的影响。

（二）研究内容

本书包括数学文化形态与特点研究、小学生对数学文化的接受度研究以及数学文化对小学生数学学习兴趣影响的测评模型研究。具体如下：

（1）数学文化形态与特点研究。在已有研究基础上，通过文献归纳，深入认识数学文化形态特点以及数学文化对小学素质教育的价值。数学课程标准强调要把数学文化融于教材，客观上要求弄清楚数学文化形态之间的关系，特别是课程形态数学文化和学习形态数学文化的特点与关系，这是课程改革的现实需要。

（2）小学生对数学文化的接受度研究。我国传统数学教学强调知识学习，无论是中学还是小学，无论是课外还是课内，无论是教师还是家长，都强调这一点，数学文化整合于课程是要激发学生的学习兴趣，但学生是否接受和认同呢？这是研究必须要回答的问题。

（3）数学文化对小学生数学学习兴趣影响的测评模型研究。编制工具对小学生数学文化和数学学习兴趣进行测量，构建模型，定量分析数学文化对小学生数学学习的影响。构建数学文化对小学生数学学习兴趣影响的测评模型是研究的主要内容。

（三）研究重难点

本书的研究重点是数学文化对小学生数学学习兴趣影响的测评模型构建。通过梳理已有相关研究，明确数学文化、数学学习兴趣的内涵，在此基础上明确数学文化和数学学习兴趣的定义，编制工具对小学生数学文化和数学学习兴趣进行调查，构建测评模型并通过实验对测评模型进行验证。

本书的研究难点是数学文化和数学学习兴趣工具的编制。数学文化和数学学习兴趣都是多维度概念，经常在不同维度上使用，如何编制工具对数学文化和数学学习兴趣进行测量，是研究的难点，特别是数学文化的测量，相关研究比较缺乏，加大了研究的难度。

二、核心概念界定

数学文化和数学学习兴趣是本书的两个核心概念。文化一词常常被泛化，经常在不同语境、环境和学科中使用。即便是数学文化，人们也经常在不同意义上使用。高中数学课程标准就认为数学的内容、思想、方法、观点及其形成，数学的应用以及与数学相关的人文活动都是数学文化。小学数学教材以"你知道吗""数学阅读"等形式编写了数学文化专题内容，本书研究中数学文化特指表现于这些形式的数学知识、数学方法、数学思维、数学应用意识以及与数学相关的活动。

数学文化这几个方面是相互联系的，很多时候会不区别地去使用，如经常说的数学知识方法这一词，就是把知识和方法组合在一起，数学思想方法也是如此。之所以出现这种情况是因为同一数学对象在不同背景和问题中的地位不一样，如求根公式，在给学生讲授这一知识点时是作为具体知识而存在的，当学生掌握了这一知识并用它去求解具体的一元二次方程时，它就作为方法而存在。虽然这几个方面联系在一起，却又不同，如果要追问什么是数学知识？什么是数学方法？或是什么是数学思想？很难回答。罗素在《人类的知识——其范围与限度》一书的结尾说道："全部人类知识都是不确定的、不精确的和不全面的。"[①]钱珮玲认为，"什么是数学思想、什么是数学方法或者什么是数学思想方法，从不同的角度会有不同的诠释，不可能明确给出定义（至少目前不能）"。[②]严格地给出这些概念的内涵不是本书的研究目的。下面通过举例进行描述，以加深对概念的认识理解（见表3-1）。

---

① ［英］罗素.人类的知识——其范围与限度［M］.张金言，译.北京：商务印书馆，2003.
② 钱珮玲.数学思想方法与中学数学［M］.北京：北京师范大学出版社，2008.

表 3-1　数学文化内容事例与描述

	事例	描述
数学知识	知道情境图中高斯的故事以及 $1+2+3+\cdots+100$ 的结果 	知道小学数学中"你知道吗""数学家的故事"等数学文化栏目描述的具体知识
数学方法	知道解决问题要用交换律，把加法变成乘法	知道小学数学中"你知道吗""数学家的故事"这些具体的知识背后隐藏的数学方法
数学思维	能够理解配对 $1+100$，$2+99$，$\cdots$，了解倒序相加的思想	了解具体问题解决中蕴含的数学思维
数学应用意识	能够求解 $2+4+\cdots+200$，或 $1+2+\cdots+n$	能够把相关知识运用到相关数学问题或实际生活中
数学活动	教师在讲述高斯的故事，学生主动参与	学习和阅读数学文化内容

资料来源：卢江，杨刚. 义务教育教科书：数学（四年级上册）[M]. 北京：人民教育出版社，2014.

　　数学学习兴趣是学生对数学课程和数学学习的具有情感的认识倾向或意向。根据兴趣分类理论，数学学习兴趣分为情境兴趣和个体兴趣。情境兴趣是一种主题兴趣，它是由一定情境引起的积极的情感。本书研究中的情境是以"你知道吗"等专题栏目形式存在于小学数学教材的课程形态的数学文化，因此，这里的情境兴趣特指学生对这些以课程形态存在的数学文化的兴趣，它是一种主题兴趣。个体兴趣是对数学连续的、持久的积极情感或意向，分为现实兴趣和潜在兴趣，现实兴趣是对数学学习现有的情感，潜在兴趣与价值观紧密相连。

第三节　研究思路与方法、框架与工具

一、研究思路与方法

（一）研究思路

西南大学数学教育团队承担了 2012 年国家社科基金教育学国家重点项目"中小学理科教材国际比较研究（小学数学）"。该项目实施过程遵循了这样的思路和途径：文献分析→专家访谈→编制问卷→问卷调查→统计分析→模型构建。[1] 在确定小学数学教材难度的维度和结构的基础上，编制问卷进行调查，进而构建小学数学难易度测评模型。

本书借鉴了教材难易度测评模型研究思路，参考了数学符号意识测评模型的构建方法[2] 和课业负担测评模型的构建方法，[3] 同时借鉴了近年来数学教育中其他模型构建的方法。[4][5] 在确定了选题方向后，通过综述文献弄清楚研究的起点，通过调查、访谈明确研究的问题，找准研究的内容，确定研究框架，编制问卷对数学文化和小学生数学学习兴趣进行调查，在数据分析的基础上构建起数学文化对小学生数学学习兴趣影响的测评模型，通过实验对模型进行验证，分析数学文化对小学生数学学习的影响。

（二）研究方法

采用定性与定量相结合的方法进行研究，具体研究方法有：

（1）文献法。通过查阅已有研究资料，掌握国内外相关研究基础和趋势，明确有关概念的内涵，理解相关的研究方法，同时发现已有研究的局限。通过文献研究明确研究的理论基础、找准研究的逻辑起点，为研究有序开展奠定基础。

（2）访谈法。在探索研究的框架和明确具体研究的问题时，进行专家访谈，根据已有研究和专家访谈的结果构建研究框架，针对所构建的初步框架征求专家意见并进行修改。在小学生数学文化接受度研究以及数学文化对小学生数学学习兴趣影响的实验中对学生进行访谈，以深入认识问题。

① 蔡庆有，邝孔秀，宋乃庆.小学数学教材难度模型研究［J］.教育学报，2013，9（5）：97-105.

② 李艳琴，宋乃庆.小学低段数学符号意识测评指标体系的初步构建［J］.教育学报，2016，12（4）：23-28+38.

③ 宋乃庆，杨欣，王定华，等.学生课业负担测评模型的构建研究——以义务教育阶段学生为例［J］.西南大学学报（社会科学版），2015，41（3）：75-81.

④ 李化侠，辛涛，宋乃庆，等.小学生统计思维测评模型构建［J］.教育研究与实验，2018（2）：77-83.

⑤ 范涌峰，宋乃庆.学校特色发展测评模型构建研究［J］.华东师范大学学报（教育科学版），2018，36（2）：68-78+155-156.

（3）调查法。编制"小学生数学文化接受度问卷调查表"和"数学文化与小学生数学学习兴趣调查表"对小学生进行调查，收集实证数据。

（4）实验法。进行微型实验，探索数学文化对小学生数学兴趣的影响，在一定程度上对构建的模型进行验证。

（5）观察法。深入数学课堂进行观察，认识数学文化对小学生数学学习的影响。

依据研究的问题和内容有针对性地选择研究方法。对教育或社会现象进行大样本或较大范围调查时，适合使用问卷调查，但问卷调查不能获得细节的内容。[①] 因此，在采用问卷进行调查的同时，根据研究的具体内容，结合了访谈、课堂观察等多种方法，既有定性讨论，又有定量统计。从认识方法角度来看，定性研究和定量研究存在根本区别。在此涉及这两种研究范式能否结合的问题。有研究者认为，在教育研究领域质与量的研究范式虽然有争论，但应该服从于研究的问题。[②] 也就是说在问题这里可以实现两者的统一。[③] 研究中的访谈和课堂观察都是个案，利用个案对学生数学学习进行分析只是一种实证事例而不是逻辑推理。任何实证事例对于待检验的假设或者是待检验的理论的实证都只是一定程度的支持和说明，它不一定必然是真实的。[④] 克莱因的《为什么约翰尼不会做加法：新数学的失败》就是一种个案实证。

二、研究框架与假设

（一）研究框架

根据研究的内容进行专家访谈，通过专家访谈初步构建研究框架，然后咨询专家意见确定框架。您认为数学文化包括哪些内容？您认为数学文化对小学生的数学学习有什么影响？这些影响主要体现在哪些方面？这三个问题是确定研究框架时专家访谈的主要问题。

2014年，西南师范大学出版社组织编写和出版了《小学数学文化丛书》，很多从事数学文化研究、数学教育研究的高校教师以及一线的教研员和数学教师参与了丛书的编写与讨论，这为访谈提供了方便，2014年9月26日至28日，中国少数民族数学专业委员会成立大会暨第四届中国少数民族数学教育学术研讨会在西南大学召开，一些国内著名的数学教育专家、少数民族数学教育专家、

① 陈向明.质的研究方法与社会科学研究［M］.北京：教育科学出版社，2000.
② 袁振国.教育研究方法［M］.北京：高等教育出版社，2014.
③ Teppo A R. Qualitative research methods in mathematics education［Z］. Reston, VA: National Council of Teachers of Mathematics, 1998.
④ 张大松.科学确证的逻辑与方法［M］.武汉：武汉出版社，1999.

一线数学教师参加了会议，会议期间也对部分专家学者进行了访谈。访谈对象包括高校教师、小学数学教研员、小学数学教师各五人。在记录的同时经专家同意后部分访谈录了音以便于资料整理，在整理时列出访谈对象的主要观点，然后寻求专家的共同点，初步确定了本书研究的框架，专家访谈结果如表3–2所示。

表 3–2 专家访谈结果

访谈对象	数学文化包括哪些内容?	数学文化对小学生数学学习有什么影响?	这些影响主要表现在哪些方面?
专家 1	数学史，数学符号，数学知识，数学方法，数学思想，数学精神	拓宽知识面，学习兴趣，数学理解	兴趣，理解
专家 2	数学知识，数学思想，数学方法，数学精神	各方面都有影响	兴趣，解题方法，解题思维
专家 3	数学史，数学知识，数学思想，数学方法	学习兴趣，数学理解，数学习惯	数学兴趣，拓宽知识面
专家 4	数学知识，数学思想，数学方法，数学应用	知识面，兴趣，信心	兴趣，理解
专家 5	数学观念，数学知识，数学思想，数学方法，数学精神，数学文化活动	知识面，兴趣，习惯，思维	数学兴趣，理解
专家 6	数学思想，数学方法，数学精神，数学活动	数学兴趣，思想，知识面	兴趣，解题方法，思维
专家 7	数学知识，数学思想，数学方法	兴趣，自信心，知识面	数学兴趣，拓宽知识面
专家 8	数学知识，数学历史，数学思想，数学方法	兴趣，思想，知识面	兴趣，知识面
专家 9	数学知识，数学思想，数学方法，数学活动	兴趣，加深理解，拓宽知识面	兴趣
专家 10	数学知识，数学思想，数学精神，数学方法	兴趣，思维，习惯	兴趣，理解
专家 11	数学知识，数学思想，数学精神，数学应用意识	很难列举	兴趣，习惯
专家 12	数学知识，数学思想，数学精神，数学方法	兴趣，思维，习惯	兴趣
专家 13	数学知识，数学思想，数学精神，数学方法	兴趣，理解，知识面，习惯	兴趣，理解
专家 14	数学知识，数学史，数学思想	兴趣，理解	兴趣，知识面

借用数学中"公因数"这一概念，寻找访谈专家对数学文化内容认识的"公因数"，从表3-2可以看出，数学文化内容的"公因数"包括了数学知识、数学思想、数学方法、数学精神、数学活动、数学应用等，数学文化对小学生数学学习影响的"公因数"包括数学兴趣、数学理解、数学习惯等，但主要是数学兴趣和数学理解。访谈中一位专家认为，数学文化概念经常在不同范围、形态上使用，是一个多维度概念，他提醒要抓主要方面，不要面面俱到，因为无论怎样研究都不可能完全说清楚数学文化，只要在一定程度上说明就可以了。也有一位专家指出，传统认为数学就是计算解题，是形式、逻辑推理，实际上数学与生活密切相联，同时，该访谈对象认为数学文化观念是对数学文化的价值认识，肯定会影响数学学习。

2015年10月15~16日，2015年全国数学文化在小学素质教育中的实践探索研讨会在重庆市大渡口区实验小学召开，来自全国近20个省份的教研员、数学教师500余人参加了会议。会议期间对数学文化研究专家、部分教研员、参与数学文化实验的教师进行了访谈，同时征求他们对研究框架的意见。根据文献研究和专家访谈，最后确定了本书的研究框架，如图3-2所示。

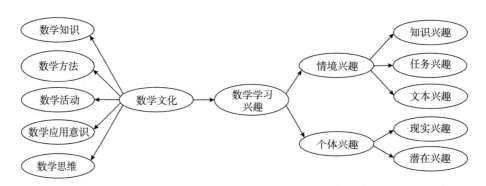

图3-2 本书研究框架

（二）研究假设

本书聚焦数学文化对小学生数学学习兴趣的影响，总的研究假设是：数学文化对小学生数学学习兴趣产生了积极的影响，要说明或者证明这一假设成立，需要说明图3-2所示的研究框架中数学文化各个方面对小学生数学学习兴趣影响都是积极的、正向的。因此，研究中的具体假设有：

（1）数学文化知识对数学学习兴趣有积极影响。这里的数学文化知识特指小学数学教材里如"你知道吗"这些专题栏目里课程形态的数学文化知识，本书研究中要验证假设数学文化知识对小学生数学学习情境兴趣和个体兴趣的影响是积极的、正向的。

（2）数学方法对数学学习兴趣有积极影响。数学文化不同于其他文化，在具体形式里总是蕴含着一定的数学思想、方法。本书研究中要验证假设数学方法对小学生数学学习情境兴趣和个体兴趣的影响是积极的、正向的。

（3）数学思维对数学学习兴趣有积极影响。数学思维总是通过一定的行为活动体现出来，它是数学文化的重要内容，本书研究中要验证假设数学思维对小学生数学学习情境兴趣和个体兴趣的影响是积极的、正向的。

（4）数学应用意识对数学学习兴趣有积极影响。数学文化包括数学应用意识，本书研究中要验证假设数学应用意识对小学生数学学习情境兴趣和个体兴趣的影响是积极的、正向的。

（5）数学文化活动对数学学习兴趣有积极影响。数学文化的内容包括数学文化活动，本书研究中要验证假设数学文化活动对小学生数学学习的情境兴趣和个体兴趣的影响是积极的、正向的。

三、研究工具

（一）小学生数学文化接受度问卷调查表

课程观念和教学观念具有滞后性，不是提出一种新的课程观念和组织结构就会被普遍接受。有研究表明，高中数学课程模块化编写在教学实践中一直受到教师的抗拒。[1] 小学数学教材设计了数学文化内容，学生对这部分内容是否接受和认同？这是必须要回答的问题。本书研究的假设是数学文化对小学生数学学习有积极影响，如果学生根本不接受这部分内容，研究假设就根本不成立，因此，有必要对小学生对小学数学文化的接受度进行调查。

很多时候，教师并不对小学数学教材中以"你知道吗"等形式出现的数学文化进行讲解，只是要求学生课堂或是课外阅读，也就是常说的自学。已有研究说明，阅读时如果学生读不懂内容，就会认为无趣，也就是对阅读对象不感兴趣。[2] 研究小学生对数学文化的接受度基于这样的假设：通过阅读学生不但可以获得大量知识，同时依据对相同数学文化的不同呈现，学生能从内容的兴趣性、形象性、可读性和连贯性等方面认识数学文化的内容及其所蕴含的思想，进而对

---

① 于波. 高中数学模块课程实施的阻抗研究——基于十省市的调查［J］. 课程·教材·教法，2013，33（2）：40–43+49.

② Wade S E, Buxton W M, Kelly M, et al. Using think–alouds to examine reader–test interest［J］. Reading Res. Quart, 1999, 34（2）：194–216.

呈现方式做出选择。

　　本书研究过程中，邀请了高校专家、教研员和一线教师对同一内容以另外两种形式进行编写，编制了《小学生数学文化接受度问卷调查表》（见附录一）。该问卷调查表由三部分组成，第一部分是对学生个人信息的调查，用于收集学生年龄、年级、学校性质等方面的信息；第二部分是以三种方式呈现的三个数学文化内容，要求学生阅读；第三部分是阅读后的调查，由五个项目和一个开放性问题构成。

　　（二）数学文化与小学生数学学习兴趣调查表

　　（1）数学文化预测问卷调查表。霍夫斯泰德编制的量表从权力距离（Power Distance）、集体主义—个体主义（Collectivism versus Individualism）、阴柔气质—阳刚气质（Feminity versus Masculinity）、不确定性规避（Uncertainty Avoidance）等维度对国家文化进行了测量。[①] 虽然其量表对数学文化量表的编制没有多少借鉴意义，但却提供了方法上的借鉴。根据专家访谈的结果，本书研究中的数学文化分为了数学知识、数学方法、数学活动和数学应用意识等维度，或称为五个方面，在编制问卷时，咨询了 5 位高校数学文化研究专家、5 位从事数学文化研究的教研员、10 位进行数学文化实验的小学教师，然后初步调研，修订问卷。最先编制的问卷结构和项目如表 3-3 所示。

表 3-3　数学文化预测问卷调查表

维度	项目
数学知识	1. 我能列举出古今中外至少 3 个数学家的姓名
	2. 我知道田忌赛马这个故事
	3. 我知道 1 米这个单位的来历
	4. 音乐书中有 $1 = C\frac{2}{4}$ 的表示，我觉得这里的 $\frac{2}{4}$ 和数学中的 $\frac{2}{4}$ 意思一样
数学方法	5. 在买东西的时候，我经常会估一估
	6. 数学学习中我有时会先猜想答案，然后再计算
	7. 古代有这样一句话是"一尺之棰，日取其半，万世不竭"。意思是说一尺的东西今天取其一半，明天取其剩下的一半，如此下去，永远也取不尽。我觉得这句话有道理

---

　　① 吉尔特·霍夫斯泰德，格特·扬·霍夫斯泰德. 文化与组织：心理软件的力量（第二版）[M]. 李原，孙健敏，译. 北京：中国人民大学出版社，2010.

维度	项目
数学活动	8. 我会认真阅读教材中数学文化内容
	9. 教师在数学课上经常讲述有关数学的故事
	10. 教师会经常介绍数学在生产中应用
	11. 除了数学教材，我阅读过其他数学文化读物
	12. 如果有书籍，我会主动阅读有关数学家和数学的故事
数学应用意识	13. 在科学课中我会思考数学的应用
	14. 在科学课课外实践中我会主动思考数学的应用
	15. 在解决数学问题时，我有时候会主动运用数学文化中介绍的方法

（a）请列举出你所知道的古今中外的数学家的名字。

（b）先阅读然后回答问题。

问题 1：计算 $2 + 4 + 6 + \cdots + 196 + 198 + 200 =$
你是如何计算的？说说你的具体计算过程。

问题 2：猜一猜：$1 + 2 + 3 + \cdots + n =$
你是怎么猜的，请写一写。

问题 3：计算 $1 - 1 + 1 - 1 + 1 - 1 \cdots =$
你是如何计算的？

（2）小学生数学学习兴趣调查表的编制。职业兴趣测量和社会兴趣测量都比较成熟，有现存的量表。职业兴趣量表主要有"斯特朗职业兴趣调查表""库德爱好调查表""霍兰德职业偏好量表""斯特朗—坎贝尔兴趣量表"等；社会兴趣量表有弗里德兰等人采用李克特5点量表方式编制的"社会兴趣指数量表""苏莱曼社会兴趣量表"等。国外虽然也有对学习兴趣的测量，但并没形成像职业兴趣和社会兴趣那样比较成熟的量表。在国内，高光珍、胡象玲、吉世印等对物理学习兴趣进行了测量，吉世印等（2008）采用5点计分法从操作、因果、理论和直觉四个维度编制了"中学生物理学习兴趣量表"，[①]具有较好的信度和效度，虽然量表并没有区分个体兴趣和情境兴趣，但它说明了活动可以反映出兴趣，因此，在编制个体兴趣量表的思路上可以借鉴。

　　小学数学文化是以专题栏目形式呈现于小学数学教材的，学生对这部分课程内容的兴趣是一种主题兴趣，也可称为情境兴趣，本书中称为情境兴趣。编制小学生数学文化情境兴趣问卷（以下简称情境兴趣）对小学生对数学文化情境兴趣进行测量，编制的预测问卷的结构和项目如表3-4所示。

表3-4　情境兴趣预测问卷调查表

维度	项目
文本兴趣	1. 我喜欢阅读数学教材中的"数学文化"和"数学广角"
	2. 我课外喜欢阅读有关数学文化的丛书
	3. 我喜欢阅读教材中数学文化是因为形式多样
	4. 我喜欢上数学文化课是因为内容丰富多彩
	5. 我喜欢上数学文化课是因为呈现形式吸引人
任务兴趣	6. 我喜欢阅读数学文化是因为可以知道很多数学的逸闻趣事
	7. 我喜欢阅读数学文化是因为可以学到很多知识
	8. 我喜欢阅读数学文化是因为可以了解数学的由来与发展
	9. 我喜欢阅读数学文化是因为可以知道数学在实际生活中的应用
	10. 我喜欢阅读数学文化是因为有助于考试
知识兴趣	11. 我对数学文化中介绍的数学的应用感到好奇
	12. 我对数学文化中的数学知识感到好奇
	13. 我对数学文化中的数学方法有好奇心

---

　　① 吉世印，刘红，魏明，等.中学生物理学习兴趣量表编制与分析［J］.黔南民族师范学院学报，2008（4）：55-59.

　　个体兴趣分为现实兴趣和潜在兴趣，编制小学生数学学习个体兴趣问卷（以下简称个体兴趣）对小学生数学学习个体兴趣进行测量，编制的预测问卷的结构和项目如表 3-5 所示。

表 3-5　个体兴趣预测问卷调查表

维度	项目
现实兴趣	1. 数学文化使数学变得很有趣
	2. 数学文化让我对数学更好奇
	3. 在数学文化课堂上我的注意力非常集中
	4. 阅读数学文化，数学家探索数学的精神会鼓舞我
潜在兴趣	5. 阅读数学文化，我认识到数学非常有用
	6. 了解数学文化后，与以往相比我更加喜欢上数学课
	7. 与以往相比，我会主动解书上和练习册中的思考题
	8. 了解数学的广泛运用后，我会花更多的时间去学习数学
	9. 我认为数学文化的学习提高了我解决数学问题的能力
	10. 数学文化的学习更加强了我学好数学的信心
	11. 小学数学文化加重了我学习的负担

第四节　调查抽样的原理

一、调查抽样的数学原理

　　调查通常可以分为全面调查和抽样调查。全面调查是对总体每一单元进行调查，虽然可以获得全面和充分的信息，但工作量大、费用高、耗时长，因此，教育研究中经常选择抽样调查。抽样调查是从构成总体的所有单元中按照一定的比例选择一部分样本单元，根据这部分样本单元的特征估计或推断总体的特征，抽样调查又分为概率抽样和非概率抽样。非概率抽样的样本不是按照一定的概率抽出，在抽样时总体单元的入样概率事先并不知道，是根据经验主观地从总体中抽取样本，它不遵循随机抽样原则抽取样本，如便利抽样、判断抽样、配额抽样等都是非概率抽样，克莱因的《为什么约翰尼不会做加法：新数学的失败》就是判断抽样。概率抽样是按照一定概率从构成总体的所有单元中随机选择一部分单元进入样本，简单随机抽样、分层抽样、整群抽样等都是概率抽样。在抽样调查中，总是假设每个个体是独立的，在此涉及概率统计中的两个基本定理——大数定律和中心极限定理。

（1）切比雪夫大数定律：设 $\{X_i\}$（$i=1$，2，…）是两两不相关的随机变量序列，它们的方差都存在且有共同的上界，即 $\mathrm{Var}(X_i) \leqslant K$，$i=1$，2，…，则对任意小的 $\varepsilon > 0$，有：

$$\lim_{n \to \infty} P\left\{\left|\frac{1}{n}\sum_{i=1}^{n}X_i - \frac{1}{n}\sum_{i=1}^{n}E(X_i)\right| < \varepsilon\right\} = 1 \tag{3-1}$$

切比雪夫大数定律只要求 $\{X_i\}$（$i=1$，2，…）互不相关，并不要求同分布。如果要求 $\{X_i\}$（$i=1$，2，…）独立同分布，且方差有限，则一定服从大数定律。也就是说，如果随机变量 X_1，X_2，…，X_n 相互独立，并且有相同的数学期望和方差：$E(X_i)=\mu$，$V(X_i)=\sigma^2$（$i=1$，2，…），前 n 个随机变量的算术平均值为 $Y_n = \frac{1}{n}\sum_{i=1}^{n}X_i$，则对任意小的 $\varepsilon > 0$，有：

$$\lim_{n \to \infty} P\left\{|Y_n - \mu| < \varepsilon\right\} = \lim_{n \to \infty} P\left\{\left|\frac{1}{n}\sum_{i=1}^{n}X_i - \mu\right| < \varepsilon\right\} = 1 \tag{3-2}$$

（2）辛钦大数定律：设 $\{X_i\}$（$i=1$，2，…）是独立同分布的随机变量序列，且 $E(X_i)=\mu$（$i=1$，2，…），则对任意小的 $\varepsilon > 0$，有：

$$\lim_{n \to \infty} P\left\{\left|\frac{1}{n}\sum_{i=1}^{n}X_i - \mu\right| < \varepsilon\right\} = 1 \tag{3-3}$$

概率统计可以证明，一个随机变量的方差存在，则其期望必定存在，但反之却不一定成立。辛钦大数定律表明，当 n 充分大时，样本均值会无限接近总体的数学期望。

（3）林德伯格—列维中心极限定理：设 $\{X_i\}$（$i=1$，2，…）是独立同分布的随机变量序列，且 $E(X_i)=\mu$，$\mathrm{Var}(X_i)=\sigma^2 \neq 0$，则：

$$\lim_{n \to \infty} P\left\{\frac{1}{\sigma\sqrt{n}}\left(\sum_{i=1}^{n}X_i - n\mu\right) \leqslant x\right\} = \int_{-\infty}^{x}\frac{1}{\sqrt{2\pi}}\exp\left\{-\frac{t^2}{2}\right\}\mathrm{d}t \tag{3-4}$$

中心极限定理对随机变量 X_1，X_2，…，X_n 的具体分布不做要求，中心极限定理表明，当 n 充分大时，n 个独立同分布的随机变量之和近似服从正态分布，即 $\frac{1}{\sigma\sqrt{n}}\left(\sum_{i=1}^{n}X_i - n\mu\right) \& N(0,1)$，故 $\sum_{i=1}^{n}X_i \& N(n\mu, n\sigma^2)$。

由此可得，当 n 充分大时，n 个独立同分布的随机变量之平均值近似服从正态分布，即 $\frac{1}{n}\sum\limits_{i=1}^{n} X_i \& N\left(\mu, \frac{\sigma^2}{n}\right)$。

教育中的问卷调查几乎都是随机调查，大数定律直观说明，随机调查的规律性要在大量的观察中才能体现出来。随着样本量的增加，随机影响将相互抵消，从而使得规律性具有了稳定的性质。中心极限定理说明了样本量大时随机变量可以用正态分布来描述。

抽样分布与总体分布有联系，但两者不一样，可以通过一个具体例子去理解。例如，投骰子的问题，随机变量 X 表示其可能出现的点数，总体分布是一个均匀分布（见表 3-6）。

表 3-6　投一枚骰子的总体分布

X	1	2	3	4	5	6
P	1/6	1/6	1/6	1/6	1/6	1/6

从这个总体中重复抽取 2 个样本，即 $n=2$，样本的可能组合有 $C_6^1 C_6^1 = 36$ 种情况，这 36 个样本点的均值如表 3-7 所示。

表 3-7　样本点均值

第二次 ＼ 第一次	1	2	3	4	5	6
1	1	1.5	2	2.5	3	3.5
2	1.5	2	2.5	3	3.5	4
3	2	2.5	3	3.5	4	4.5
4	2.5	3	3.5	4	4.5	5
5	3	3.5	4	4.5	5	5.5
6	3.5	4	4.5	5	5.5	6

如果把样本均值看成一个矩阵 $A = (a_{ij})$，该均值矩阵是对称矩阵，也就是说 $a_{ij} = a_{ji}$，比如 $a_{23} = a_{32}$。样本均值 $\bar{x}$ 的抽样分布如表 3-8 所示。

表 3-8　样本均值分布

$\bar{x}$	1	1.5	2	2.5	3	3.5	4	4.5	5	5.5	6
p	1/36	2/36	3/26	4/36	5/36	6/36	5/36	4/36	3/26	2/36	1/36

为了直观表示，画出样本均值概率分布统计图，如图 3-3 所示。

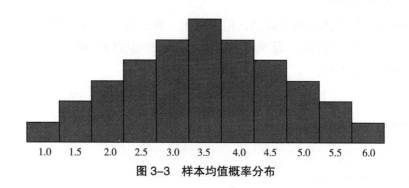

图 3-3　样本均值概率分布

需要说明的是，该统计图横轴和纵轴单位长度不一致，只是为了直观表示 $\bar{x}$ 各取值点处概率之间的关系。在该例中，总体分布是离散的均匀分布，抽取 2 个样本的均值的分布与总体分布不一样，根据中心极限定理，如果让样本容量 n 无限增大，则 $\dfrac{1}{n}\sum_{i=1}^{n}X_i \sim N\left(\mu, \dfrac{\sigma^2}{n}\right)$，平移后可以变化成标准正态分布，这里 μ，σ^2 分别表示总体的均值和方差，在该例中 $\mu = 3.5$，$\sigma^2 = \dfrac{35}{12}$。

二、调查抽样中样本量的确定

大数定律和中心极限定理说明，要获得研究对象的规律，只要抽取足够多的样本而不必全面调查，问题是如何确定样本数量。

从总体 N 个单元中一次抽取 n 个单元，使任何一个单元被抽中的概率相等，任何 n 个单元的组合被抽中的概率也相等，这是简单随机抽样，在此情况下每个单元入样的概率是 $\dfrac{n}{N}$。事实上，这与从总体 N 个单元中逐个不放回地抽取，每次抽取到还未入样的任何一个单元的概率都相等，直到抽取 n 个单元为止是同样一回事。从 N 个不同元素中任取 n 个元素的不同的组合有 C_N^n，也就是说从总体 N 个单元中抽取 n 个单元会有 C_N^n 个样本，从中抽取某一个样本的概率为 $1/C_N^n$，换言之，样本的抽取有 C_N^n 种不同的方法。例如，设总体有 3 个单元分别是 A、B、C，从中取 2 个单元作为样本，显然样本可能是 AB、AC 或 BC，抽中 AB 的可能是 1/3，其他两种情况一样。假如是从 5000 个学生中抽取 100 个学生进行问卷调查，采用随机抽样，则有 $C_{5000}^{100} \approx 3.12 \times 10^{211}$ 个样本，数量之大，根本不可能列出每个样本的情况。

由中心极限定理可知，如果总体服从正态同分布，在大样本情况下样本均值也服从正态分布。在简单随机抽样时，如果是放回抽样，此时相当于无限总体，总体均值 μ 的 $1-\alpha$ 置信区间为：

$$\left[\bar{x} - z_{\alpha/2} \frac{\sigma}{\sqrt{n}}, \bar{x} + z_{\alpha/2} \frac{\sigma}{\sqrt{n}} \right] \tag{3-5}$$

式（3-5）中 σ 是总体标准差，$z_{\alpha/2}$ 为 $N(0，1)$ 的右尾 $\alpha/2$ 分位数。$\Delta = z_{\alpha/2} \frac{\sigma}{\sqrt{n}}$ 在统计学里被称为抽样误差，也叫绝对误差，从绝对误差中解得样本量为：$n = \frac{z_{\alpha/2}^2 \sigma^2}{\Delta^2}$。

由于 α 越小，$z_{\alpha/2}$ 分位数越大，因此，可以看出，α 或 Δ 越小，估计精度越高，样本量要求越大。

教育中的调查常常是无放回抽样，是有限总体。此时绝对误差为 $\Delta = z_{\alpha/2} \sqrt{\left(1 - \frac{n}{N}\right) \frac{\sigma^2}{n}}$，$N$ 为总体单位数。[①] 解得样本量为：

$$n = \frac{N z_{\alpha/2}^2 \sigma^2}{N \Delta^2 + z_{\alpha/2}^2 \sigma^2}，即 \frac{1}{n} = \frac{1}{N} + \frac{\Delta^2}{z_{\alpha/2}^2 \sigma^2} \tag{3-6}$$

样本量由四个因素决定，即总体的规模、抽样所要求的误差、置信度 $1-\alpha$（确定 $z_{\alpha/2}$）以及总体方差。在正态假设条件下，假设总体规模 N（如 10000）、绝对误差 Δ 和总体方差一定时，置信度 $1-\alpha$ 对样本的影响如表 3-9 所示。[②]

表 3-9　置信度对样本的影响

$1-\alpha$	0.90	0.95	0.99
$z_{\alpha/2}$	1.645	1.96	2.58
n	n_0	$1.19 n_0$	$1.73 n_0$

---

① 杨树成. 应用统计学［M］. 成都：西南交通大学出版社，2017.
② 杜子方. 抽样技术［M］. 北京：中国统计出版社，2004.

同样，固定其他三个条件，可以讨论另外一个条件的变化对样本的影响。假如在正态分布的条件下总体规模 $N=10000$，置信度 $1-\alpha=95\%$，总体方差 $\sigma^2=0.25$，绝对误差 Δ 对样本量的影响如表 3–10 所示。

表 3–10　绝对误差对样本量的影响

Δ	0.14	0.10	0.06	0.05	0.04	0.03
n	49	95	167	367	561	956

从表 3–10 可直观看出，在其他三个一定的条件下，调查所要求的误差越小，样本量就要求越大。

在统计学中经常要通过样本成数去估计总体成数，所谓成数指具有某种标志表现或不具有某种表现的单位数占总体单位数的比例，如学校男生人数占总人数的比例就是成数的概念。若 x_1, x_2, $\cdots$, x_n 是来自总体二项分布总体 $X\sim(1,\pi)$，也即一个两点分布，则当 n 充分大时，样本成数 P 即样本均值渐进服从正态分布 $p \& N\left(\pi,\dfrac{\pi(1-\pi)}{n}\right)$。在有放回抽样时，总体成数 π 的

$1-\alpha$ 置信区间为：$\left[P-z_{\alpha/2}\sqrt{\dfrac{P(1-P)}{n}},P+z_{\alpha/2}\sqrt{\dfrac{P(1-P)}{n}}\right]$，其中 P 为样本成数，

$\Delta=z_{\alpha/2}\sqrt{P(1-P)/n}$ 为绝对误差，从中解得样本量为：

$$n=\frac{z_{\alpha/2}^2 P(1-P)}{\Delta^2} \tag{3–7}$$

无放回抽样时，绝对误差为 $\Delta=z_{\alpha/2}\sqrt{\left(1-\dfrac{n}{N}\right)\dfrac{P(1-P)}{n}}$，$N$ 为总体单位数。

教育中的抽样经常是无放回抽样，在对学生进行调查抽样时，由于 $\dfrac{n}{N}$ 较小，因此，可以近似地看成有放回抽样。

要确定样本量 n，需要调查者事先主观确定允许的绝对误差 Δ 和置信水平 $1-\alpha$，还得知道样本成数 P。如果令 $y=p(1-p)$，可以求得在 $p=0.5$ 时，y 的值最大。在两点分布中总体方差 $\sigma^2=\pi(1-\pi)$，用 0.5 计算总体方差最大，这样得到的样本量可能比实际需要的样本量大，从而可以充分保证有足够高的置信度和尽可能小的置信区间。在固定置信度 $1-\alpha=95\%$，$\Delta=0.05$，让 $\sigma^2=0.25$，由

$$n = \frac{N z_{\alpha/2}^2 \sigma^2}{N \Delta^2 + z_{\alpha/2}^2 \sigma^2}$$ 可以计算出样本量与总体规模的关系如表 3–11 所示。

表 3–11 总体规模与样本量的关系

总体规模（N）	样本量（n）
50	45
100	80
500	218
1000	278
5000	357
10000	370
100000	383
1000000	385
10000000	385
100000000	385

这里计算的总体规模与样本量的关系是简单随机抽样时纯粹理论计算的结果，没有考虑其他因素，如问卷调查时会有无效问卷。

三、调查的对象

本书中的调查对象是小学生，进行调查的最理想情况是全面调查，也就是所有调查对象都入样，但很多时候不能做到全面调查，也没有必要进行全面调查。除了全面调查以外，另外一种比较理想的情况是随机抽样，如果采用简单随机抽样，即便是从 5000 名学生中抽取 100 名学生进行问卷调查，也会有 $C_{5000}^{100} \approx 3.12 \times 10^{211}$ 个样本，这根本不可能列出每个样本的情况，何况要调查的总体人数常常远远大于 5000 人，以重庆为例，根据重庆市教育考试院的统计数据，2018 年高考的人数就超过了 25 万。事实上，教育调查很难做到真正意义上的简单随机抽样。

本书中的调查集中于重庆范围内的小学学校，因为重庆是一个具有代表性的城市。重庆地处西南地区，是一座老工业城市，其经济文化具有代表性，是一个有着广大农村的直辖市。据统计，2015 年重庆市常住人口 3016.55 万，其中，城市人口 1838.41 万，农村人口 1178.14 万。①重庆经济、文化具有典型性，作为中西部唯一的直辖市，重庆是长江上游最富有发展活力的城市之一，但重庆发展不平衡。整体而言，主城区发展较好、比较发达，周边区县次之，边远地区发展比较缓慢，另外，即便是主城区，比如北碚区、沙坪坝区、九龙坡区、巴南区、渝北区、南岸区等都存在广大的农村地区，城乡教育发展不均衡，周围区县也是如此。重庆的文化具有多元性，是一个有少数民族聚居的城市。

调查抽样采取了分层抽样、随机抽样、整群抽样相结合的方式综合进行。把总体分为主城区、城市周边地区、边远地区三个层次，经济文化比较发达的渝中区、沙坪坝区、北碚区等传统主城九区作为第一层次，也就是经常所说的主城区；周边区县璧山区、永川区、江津区、合川区、铜梁区、潼南区、长寿区、涪陵区、万州区等作为第二层次；其他区县作为第三层次。抽样还考虑到以下因素，学校按城市小学、乡镇小学、农村小学分层，抽样单元到学校，在抽样学校四、五、六年级各调查一个班。

调查对象是第二学段的学生，之所以选择第二学段的学生进行调查是基于以下考虑：第一，本书研究中需要调查的对象阅读有关材料后完成"小学生数学文化接受度问卷"，而第一学段的学生识字还不够丰富，这会影响材料的阅读和学生的判断，从而影响调查效果。第二，从现实情况看，第一学段的学生对所有未知都好奇，通常情况下学生对学校学习都非常有兴趣。在邀请一线教师编写研究中的问卷时一位教师讲述了她刚遇到的一个案例。三年级上学期期末考试满分是100 分，一位学生数学考了 98 分，该学生家长跑到她办公室了解学生学习情况时哭了很久，原因是学生只考了 98 分，前面还有很多 100 分和 99 分。该案例一方面说明分数依然是家长关注的对象，另一方面也反映了第一学段学生的数学学习没有太大的差别。第三，在参与义务教育西师版小学数学教材编写和修订的过程中，参与小学数学教材编写的教师和教研员都反应，小学阶段数学学习的分化是从四年级开始的，前面文献综述所述的教育部基础教育司的调查也说明了这一情况。出于以上原因，本书研究对象选择了四、五、六年级学生。

---

① 重庆市统计局，国家统计局重庆调查总队.重庆统计年鉴2016［M］.北京：中国统计出版社，2016.

第四章　预测问卷的分析与处理

数学文化和数学学习兴趣的测量是本书研究的难点。研究过程中为了突破研究难点，问卷编制经历了这样的过程：邀请高校教师、一线数学教研员和数学教师参与问卷的编制和讨论，编制预调查问卷并进行预调查，根据预调查结果对问卷进行修订，再次征求意见后正式确定研究问卷。

第一节　预测问卷编码

一、无效问卷的判断

自编《数学文化与小学生数学学习兴趣调查表》（见附录二）对小学生数学文化和数学学习兴趣进行调查。预测问卷有四部分：第一部分和第四部分是小学数学文化问卷调查表（以下简称数学文化预测问卷）；第二部分和第三部分是小学生数学学习兴趣调查表，其中第二部分是小学生数学文化情境兴趣问卷调查表（以下简称情境兴趣预测问卷），第三部分是小学生数学文化个体兴趣问卷调查表（以下简称个体兴趣预测问卷）。预测问卷在重庆市小学校进行预调查，然后进行项目分析，以检验题目的适切性，并对问卷进行修改。预调查时发放问卷1000份，收回968份，收回率为96.8%，删去无效问卷后的有效样本量为711。把问卷输入SPSS 21进行统计分析，在输入问卷时先判断问卷的有效性，无效问卷不输入。如果项目"我能列举出古今中外至少3个数学家的姓名"的选项选择的是后面两项，也就是说选择的是"比较同意"，或者是"完全同意"，但在回答"请列举出你所知道的古今中外的数学家的名字"这一问题时没有列举出数学家的名字，或是所列举的数学家人数少于两人的被判定为无效问卷；

如果在回答题目"数学文化使数学变得很有趣"时选择的是后面两项，也就是"比较同意"或"完全同意"，但在回答反向题"小学数学文化加重了我学习的负担"时选择的也是后面两项，即"比较同意"或"完全同意"，问卷也被判定为无效问卷。

二、问卷编码与录入

问卷第一部分、第二部分和第三部分题目选项为5点设计：完全不同意、比较不同意、中立、比较同意、完全同意，分别给予1分、2分、3分、4分、5分，即被试者在量表题项上的得分越高，对数学文化的认同和数学学习兴趣越高。反向题在最初数据录入时编码与正向题一样，录入后重新编码计分，原来分数与新赋值分数的关系为：$1 \rightarrow 5$，$2 \rightarrow 4$，$3 \rightarrow 3$，$4 \rightarrow 2$，$5 \rightarrow 1$。本书研究中，反向题只是用来检测问卷是否有效，不计入统计过程。第四部分是开放性题目，第1题"请列举出你所知道的古今中外的数学家的名字"的编码是写出一个数学家的名字给1分，如果列举出5个或者5个以上数学家的名字都给5分；第2题第（1）小题阅读情境图后计算"$2 + 4 + 6 + \cdots + 196 + 198 + 200 =$"，你是如何计算的？说说你的具体计算过程，该题写出结果给1分，动笔说明计算过程给1分，如果充分应用情境图的信息，能体现自己的数学思维过程给3分，总计5分；第2题第（2）小题猜一猜"$1 + 2 + 3 + \cdots + n =$"你是怎么猜的？请写一写，该题写出结果给2分，叙述猜的过程给3分；第2题第（3）小题计算"$1 - 1 + 1 - 1 + 1 - 1 \cdots =$"你是如何计算的？写出一个结果1分，写出2个或2个以上的结果给2分，叙述计算过程给3分。

问卷录入时，个人信息中性别、年级、学校性质变量标记为n_1，n_2，n_3，第一部分数学文化分量表题目依次标记为a_1，a_2，$\cdots$，a_{15}；第二部分题目分别依次标记为b_1，b_2，$\cdots$，b_{13}；问卷第三部分题目标记为c_1，c_2，$\cdots$，c_{11}；第四部分开放性问题记为d_1，d_2，d_3，d_4。问卷录入后，再次剔除无效问卷，在SPSS里执行数据→选择个案命令，把a_1大于或等于4同时d_1小于或等于2的个案，以及c_1大于或等于4，同时c_{11}小于等于2的个案剔除。变量c_{11}和d_1对应的题项设计的目的是检验学生是否认真回答问卷，从而判断问卷的有效性，不进行统计分析。问卷录入后，在SPSS里执行工具栏分析（A）→描述统计→描述（D），把目标变量点选到变量（V）下面的方框，打开选项（O）按钮，勾选平均数（M）、标准差（T）、最小值（N）、最大值（X）选项，输出描述性统计结果（见表4-1），无极端值，数据录入正确。

表 4-1 预测问卷描述性统计结果

变量	N	最小值	最大值	均值	标准差
a_1	711	1.00	5.00	3.9297	1.18825
a_2	711	1.00	5.00	4.4023	1.21780
a_3	711	1.00	5.00	3.2363	1.47290
a_4	711	1.00	5.00	1.8284	1.26104
a_5	711	1.00	5.00	4.0197	1.27585
a_6	711	1.00	5.00	3.0661	1.55278
a_7	711	1.00	5.00	3.2602	1.50345
a_8	711	1.00	5.00	4.4191	1.01614
a_9	711	1.00	5.00	3.8664	1.32915
a_{10}	711	1.00	5.00	4.2644	1.07356
a_{11}	711	1.00	5.00	3.9325	1.21884
a_{12}	711	1.00	5.00	3.8453	1.18142
a_{13}	711	1.00	5.00	3.3263	1.33654
a_{14}	711	1.00	5.00	3.3193	1.33455
a_{15}	711	1.00	5.00	3.9381	1.15018
b_1	711	1.00	5.00	3.9578	1.22229
b_2	711	1.00	5.00	3.8354	1.19373
b_3	711	1.00	5.00	3.9859	1.21253
b_4	711	1.00	5.00	4.1378	1.10600
b_5	711	1.00	6.00	3.9930	1.24864
b_6	711	1.00	5.00	4.2461	1.09668
b_7	711	1.00	5.00	4.5063	0.90827
b_8	711	1.00	5.00	4.3741	0.97032
b_9	711	1.00	5.00	4.4515	0.87055
b_{10}	711	1.00	5.00	4.1266	1.08939
b_{11}	711	1.00	5.00	4.0436	1.06258
b_{12}	711	1.00	5.00	4.0113	1.12457

变量	N	最小值	最大值	均值	标准差
b_{13}	711	1.00	5.00	4.0970	1.11096
c_1	711	1.00	5.00	4.2264	1.09964
c_2	711	1.00	5.00	4.1632	1.08581
c_3	711	1.00	5.00	4.0661	1.06009
c_4	711	1.00	5.00	4.0774	1.09206
c_5	711	1.00	5.00	4.4318	0.96884
c_6	711	1.00	5.00	4.1097	1.09251
c_7	711	1.00	5.00	3.8776	1.17985
c_8	711	1.00	5.00	3.8087	1.12462
c_9	711	1.00	5.00	4.2897	1.00444
c_{10}	711	1.00	5.00	4.1406	1.07725
d_2	711	0.00	5.00	1.7895	1.93317
d_3	711	0.00	5.00	0.7145	1.19685
d_4	711	0.00	5.00	1.3066	1.22599

　　为了计算高分组与低分组，需要对数学文化分问卷求和，也就是计算 18 道题的题项总分。在 SPSS 里工具栏执行转换［T］/计量变量（C），打开计量变量对话框；在目标变量对话框中输入新变量名 whqh，whqh 是文化求和的第一个字母，后面分问卷字母的意思与此一样，在右边数字表达对话框中输入 $a_1 + a_2 + \cdots + a_{15} + d_2 + d_3 + d_4$。然后执行工具栏数据（D）→排序个案，把变量 whqh 点选至排序个案对话框中的排序依据方框，并选择升序（或降序），点确定按钮后就把变量进行了排序。

　　计算出高低分组的临界分数。计算办法是：由小到大排序后，样本量的 27% 位受试者所对应的分数就是临界分数。本书中有效样本量为 n = 711，711 × 27% = 192，对应的低分组临界值为 52，同理，求得高分组临界值为 66。对高分组和低分组重新编码，记为变量 whfz（文化分组的第一个字母），大于或等于 66 的为高分组，记组别（1），小于或等于 52 的为低分组，记组别（2），中间 46% 的样本分组为遗漏值，也可以在数据文件变量视图里去定义，如定义为组别（3）。分组过程可以用图 4-1 表示。

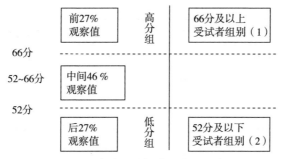

图 4-1　高分组和低分组分组示意图

第二节　预测问卷统计结果与分析

一、题项的差异性比较

分组的目的是进行问卷题项的差异性比较，在 SPSS 里的操作过程如下，在 SPSS 打开独立样本 t 检验对话框。把标记为 a_1，a_2，…，a_{15}，d_2，d_3，d_4 点选到检验变量（T）下的对话框，把 $whqh$ 变量点选到分组变量（G）下的对话框，并定义组别（1）值为 1，也就是高分组，组别（2）值为 2，即低分组，在 95% 置信区间下，输出统计结果具体如表 4-2 和表 4-3 所示。表 4-2 输出的是分组描述统计结果，表 4-3 输出的是每个题项高分组与低分组独立样本 t 检验结果。

表 4-2　数学文化预测问卷分组描述统计结果

变量	分组	N	均值	标准差	均值的标准误
a_1	1.00	216	4.6528	0.67154	0.04569
	2.00	206	2.9806	1.20552	0.08399
a_2	1.00	216	4.9398	0.30665	0.02087
	2.00	206	3.6796	1.63327	0.11380
a_3	1.00	216	4.1528	1.06958	0.07278
	2.00	206	2.3544	1.35993	0.09475
a_4	1.00	216	1.9537	1.48721	0.10119
	2.00	206	1.7379	1.08165	0.07536

变量	分组	N	均值	标准差	均值的标准误
a_5	1.00	216	3.9537	1.28595	0.08750
	2.00	206	2.2670	1.33310	0.09288
a_6	1.00	216	4.6713	0.73977	0.05034
	2.00	206	3.2573	1.54504	0.10765
a_7	1.00	216	3.4583	1.58426	0.10780
	2.00	206	2.8301	1.45343	0.10127
a_8	1.00	216	4.9074	0.33514	0.02280
	2.00	206	3.6117	1.31952	0.09194
a_9	1.00	216	4.6250	0.83143	0.05657
	2.00	206	2.8058	1.31452	0.09159
a_{10}	1.00	216	4.8426	0.48536	0.03302
	2.00	206	3.4563	1.27089	0.08855
a_{11}	1.00	216	4.6713	0.75224	0.05118
	2.00	206	2.9126	1.23452	0.08601
a_{12}	1.00	216	4.5463	0.75802	0.05158
	2.00	206	2.9029	1.20174	0.08373
a_{13}	1.00	216	4.3287	0.84540	0.05752
	2.00	206	2.4612	1.16700	0.08131
a_{14}	1.00	216	4.2731	0.89672	0.06101
	2.00	206	2.4223	1.13106	0.07880
a_{15}	1.00	216	4.5926	0.65467	0.04454
	2.00	206	3.1845	1.27450	0.08880
d_2	1.00	216	2.8565	2.09601	0.14262
	2.00	206	0.8689	1.40983	0.09823
d_3	1.00	216	1.2870	1.59389	0.10845
	2.00	206	0.2913	0.67904	0.04731
d_4	1.00	216	1.8287	1.33758	0.09101
	2.00	206	0.8738	1.06088	0.07391

项目分析是根据问卷或量表的总分进行分组，也就是根据变量 *whqh* 的计算结果进行分组，总分的前 27% 和后 27% 被称为两个极端组。表 4–2 第一列是问卷题项，也就是输入 SPSS 后的变量，第二列和第三列分别是两个分组以及对应的样本量。本书研究中有效样本量是 $n = 711$，高分组和低分组样本量应该都是 $711 \times 27\% = 192$，但由于分割点处人数不相同，因此会形成两个组数人数不相同的情况，所以，在表 4–2 中两组的样本量分别是 206、216，两者并不完全相等。表 4–2 的第四列、第五列和第六列分别是高分组和低分组的均值、标准差和标准误差。

给定显著水平 $\alpha = 0.05$，检验高分组与低分组在每个题项测量值的平均数的差异是否达到显著性。没有达到显著性的题项应该删除。[①] 其输出结果如表 4–3 所示。

表 4–3 的第二列输出了假设方差相等与方差不相等两种情况，这实际上是假设检验里的原假设与备择假设。为了说明得更清楚，以 a_1 为例进行解释，在看输出结果时首先要看原假设，也就是 a_1 所对应的第一行，表 4–3 的第三列和第四列是 F 检验的结果，对应的 a_1 的第一行显示 F 检验的结果存在显著性差异，也就是要拒绝方差相等的假设，表 4–3 第五列以后是 t 检验结果，此时应该看 a_1 所对应的第二行。当然，如果进行 F 检验的结果是没有显著性差异，也就是不能拒绝方差相等的假设，此时就应该看第一行。也就是说，在进行 t 统计量判别时，先要对高分组与低分组方差齐性进行 F 检验，判别两组的方差是否相等，根据 F 检验结果去选择，到底是选择 t 检验的第一行还是第二行。表 4–3 中 Levene 检验栏也就是第三列和第四列的结果用于判断高分组与低分组是否同质，以题项 a_1 为例，统计量 $F = 47.183$，$p = 0.000 < 0.05$，因而应当拒绝方差相等的假设，此时，均值 t 检验栏中的数据是方差不相等情况的结果，即 a_1 所对应的第二行，$t = 17.489$，$p = 0.000 < 0.05$，统计结果显示此题项的临界比值达到显著性差异。如果表 4–3 中有题项 t 检验未达到显著性差异，就应该删除该题项。表 4–3 说明，数学文化分问卷中所有题项都通过了 t 检验。

同理，对问卷第二部分和第三部分实施相同的过程，即项目求和→分组→在给定显著水平 $\alpha = 0.05$ 下进行独立样本 t 经验。统计结果如表 4–4 至表 4–7 所示，统计结果说明，数学学习兴趣问卷中的题项都通过了 t 检验。如果仅仅是利用 t 检验对题目进行判别和选择，在通过 t 检验后 t 值的大小可以用来衡量题目的鉴别度，t 值越大表示该题目的鉴别度越高，假设题目数量有要求，例如要求从 4 个题项中选择 3 个，以此可以对问卷题项进行选择。

---

① 吴明隆．问卷统计分析实务——SPSS 操作应用［M］．重庆：重庆大学出版社，2016.

表 4-3　数学文化预测问卷独立样本检验结果

		方差检验		t检验					95%置信区间	
		F	Sig.	t	df	Sig.（双侧）	均值差值	标准误差值	下限	上限
a_1	假设方差相等	47.183	0.000	17.709	420	0.000	1.67220	0.09443	1.48658	1.85781
	假设方差不相等			17.489	317.756	0.000	1.67220	0.09562	1.48407	1.86032
a_2	假设方差相等	599.716	0.000	11.137	420	0.000	1.26020	0.11316	1.03777	1.48263
	假设方差不相等			10.893	218.780	0.000	1.26020	0.11569	1.03219	1.48822
a_3	假设方差相等	31.081	0.000	15.137	420	0.000	1.79841	0.11881	1.56488	2.03194
	假设方差不相等			15.053	389.100	0.000	1.79841	0.11947	1.56351	2.03330
a_4	假设方差相等	31.182	0.000	1.698	420	0.090	0.21584	0.12710	0.03399	0.46567
	假设方差不相等			1.711	392.881	0.088	0.21584	0.12617	0.03222	0.46390
a_5	假设方差相等	6.257	0.013	13.230	420	0.000	1.68671	0.12749	1.43611	1.93732
	假设方差不相等			13.218	417.094	0.000	1.68671	0.12760	1.43589	1.93754
a_6	假设方差相等	174.434	0.000	12.078	420	0.000	1.41401	0.11708	1.18388	1.64415
	假设方差不相等			11.899	291.171	0.000	1.41401	0.11883	1.18013	1.64790
a_7	假设方差相等	6.196	0.013	4.239	420	0.000	0.62824	0.14820	0.33693	0.91955
	假设方差不相等			4.248	419.375	0.000	0.62824	0.14790	0.33752	0.91895
a_8	假设方差相等	410.253	0.000	13.968	420	0.000	1.29576	0.09276	1.11342	1.47810
	假设方差不相等			13.680	230.169	0.000	1.29576	0.09472	1.10913	1.48239
a_9	假设方差相等	60.962	0.000	17.072	420	0.000	1.81917	0.10656	1.60972	2.02863
	假设方差不相等			16.899	343.582	0.000	1.81917	0.10765	1.60744	2.03091

续表

		方差检验		t检验					95%置信区间	
		F	Sig.	t	df	Sig.（双侧）	均值差值	标准误差值	下限	上限
a_{10}	假设方差相等	249.750	0.000	14.931	420	0.000	1.38628	0.09285	1.20378	1.56878
	假设方差不相等			14.669	261.179	0.000	1.38628	0.09450	1.20019	1.57237
a_{11}	假设方差相等	50.774	0.000	17.763	420	0.000	1.75867	0.09901	1.56407	1.95328
	假设方差不相等			17.571	335.748	0.000	1.75867	0.10009	1.56179	1.95556
a_{12}	假设方差相等	28.788	0.000	16.883	420	0.000	1.64338	0.09734	1.45205	1.83472
	假设方差不相等			16.711	343.000	0.000	1.64338	0.09834	1.44996	1.83681
a_{13}	假设方差相等	27.498	0.000	18.890	420	0.000	1.86754	0.09886	1.67321	2.06187
	假设方差不相等			18.751	372.568	0.000	1.86754	0.09960	1.67169	2.06339
a_{14}	假设方差相等	17.318	0.000	18.671	420	0.000	1.85082	0.09913	1.65597	2.04566
	假设方差不相等			18.571	390.608	0.000	1.85082	0.09966	1.65487	2.04676
a_{15}	假设方差相等	78.482	0.000	14.372	420	0.000	1.40813	0.09798	1.21553	1.60072
	假设方差不相等			14.174	302.868	0.000	1.40813	0.09934	1.21263	1.60362
d_2	假设方差相等	109.025	0.000	11.477	420	0.000	1.98755	0.17473	1.64410	2.33100
	假设方差不相等			11.375	378.125	0.000	1.98755	0.17317	1.64705	2.32805
d_3	假设方差相等	170.999	0.000	8.279	420	0.000	0.99577	0.12028	0.75934	1.23221
	假设方差不相等			8.416	293.472	0.000	0.99577	0.11832	0.76291	1.22864
d_4	假设方差相等	7.137	0.008	8.101	420	0.000	0.95492	0.11788	0.72321	1.18663
	假设方差不相等			8.145	406.626	0.000	0.95492	0.11724	0.72444	1.18540

表 4-4　情境兴趣预测问卷分组统计结果

变量	分组	N	均值	标准差	均值的标准误
b_1	1.00	218	4.7569	0.55197	0.03738
	2.00	223	2.9372	1.28245	0.08588
b_2	1.00	218	4.7890	0.49090	0.03325
	2.00	223	2.8655	1.13496	0.07600
b_3	1.00	218	4.9083	0.33371	0.02260
	2.00	223	3.0404	1.25676	0.08416
b_4	1.00	218	4.9541	0.24980	0.01692
	2.00	223	3.2466	1.19578	0.08008
b_5	1.00	218	4.8119	0.59680	0.04042
	2.00	223	2.8744	1.25290	0.08390
b_6	1.00	218	4.9312	0.27127	0.01837
	2.00	223	3.3498	1.28876	0.08630
b_7	1.00	218	4.9541	0.20969	0.01420
	2.00	223	3.7713	1.21057	0.08107
b_8	1.00	218	4.9495	0.25801	0.01747
	2.00	223	3.5561	1.14106	0.07641
b_9	1.00	218	4.9817	0.13452	0.00911
	2.00	223	3.7489	1.03961	0.06962
b_{10}	1.00	218	4.7202	0.58369	0.03953
	2.00	223	3.4753	1.22587	0.08209
b_{11}	1.00	218	4.8486	0.40733	0.02759
	2.00	223	3.1390	1.08364	0.07257
b_{12}	1.00	218	4.8853	0.33348	0.02259
	2.00	223	2.9776	1.09233	0.07315
b_{13}	1.00	218	4.9450	0.22859	0.01548
	2.00	223	3.1031	1.14417	0.07662

表 4-5　情境兴趣预测问卷独立样本检验表

		方差检验		t 检验					差分的 95% 置信区间	
		F	Sig.	t	df	Sig.（双侧）	均值差值	标准误差值	下限	上限
b_1	假设方差相等	105.353	0.000	19.276	439	0.000	1.81966	0.09440	1.63413	2.00519
	假设方差不相等			19.428	302.978	0.000	1.81966	0.09366	1.63535	2.00397
b_2	假设方差相等	103.364	0.000	23.007	439	0.000	1.92352	0.08360	1.75920	2.08784
	假设方差不相等			23.187	303.720	0.000	1.92352	0.08296	1.76028	2.08676
b_3	假设方差相等	177.395	0.000	21.225	439	0.000	1.86790	0.08800	1.69493	2.04086
	假设方差不相等			21.435	253.827	0.000	1.86790	0.08714	1.69629	2.03951
b_4	假设方差相等	289.590	0.000	20.647	439	0.000	1.70749	0.08270	1.54495	1.87003
	假设方差不相等			20.863	241.771	0.000	1.70749	0.08184	1.54628	1.86871
b_5	假设方差相等	113.762	0.000	20.656	439	0.000	1.93749	0.09380	1.75314	2.12184
	假设方差不相等			20.804	319.409	0.000	1.93749	0.09313	1.75426	2.12071
b_6	假设方差相等	386.966	0.000	17.737	439	0.000	1.58142	0.08916	1.40619	1.75665
	假设方差不相等			17.923	242.070	0.000	1.58142	0.08824	1.40761	1.75522
b_7	假设方差相等	484.201	0.000	14.219	439	0.000	1.18283	0.08319	1.01934	1.34632
	假设方差不相等			14.372	235.609	0.000	1.18283	0.08230	1.02069	1.34497

续表

		方差检验		t检验					差分的95%置信区间	
		F	Sig.	t	df	Sig.（双侧）	均值差值	标准误差值	下限	上限
b_8	假设方差相等	386.584	0.000	17.596	439	0.000	1.39349	0.07919	1.23784	1.54913
	假设方差不相等			17.778	245.142	0.000	1.39349	0.07838	1.23910	1.54788
b_9	假设方差相等	553.745	0.000	17.366	439	0.000	1.23277	0.07099	1.09326	1.37229
	假设方差不相等			17.558	229.600	0.000	1.23277	0.07021	1.09443	1.37111
b_{10}	假设方差相等	151.935	0.000	13.565	439	0.000	1.24485	0.09177	1.06449	1.42521
	假设方差不相等			13.663	319.338	0.000	1.24485	0.09111	1.06559	1.42411
b_{11}	假设方差相等	126.095	0.000	21.834	439	0.000	1.70961	0.07830	1.55572	1.86350
	假设方差不相等			22.022	284.726	0.000	1.70961	0.07763	1.55680	1.86242
b_{12}	假设方差相等	114.669	0.000	24.686	439	0.000	1.90774	0.07728	1.75586	2.05963
	假设方差不相等			24.920	263.896	0.000	1.90774	0.07656	1.75700	2.05848
b_{13}	假设方差相等	237.090	0.000	23.316	439	0.000	1.84182	0.07899	1.68656	1.99707
	假设方差不相等			23.562	240.090	0.000	1.84182	0.07817	1.68783	1.99580

表 4-6　个体兴趣预测问卷分组统计表

变量	兴趣 2 分组	N	均值	标准差	均值的标准误
c_1	1.00	193	4.9482	0.28396	0.02044
	2.00	227	3.2775	1.23646	0.08207
c_2	1.00	193	4.9689	0.22608	0.01627
	2.00	227	3.1630	1.13076	0.07505
c_3	1.00	193	4.9171	0.31186	0.02245
	2.00	227	3.0837	1.01190	0.06716
c_4	1.00	193	4.9378	0.24210	0.01743
	2.00	227	3.0925	1.12702	0.07480
c_5	1.00	193	5.0000	0.00000	0.00000
	2.00	227	3.6079	1.16381	0.07724
c_6	1.00	193	4.9223	0.28718	0.02067
	2.00	227	3.0705	1.07438	0.07131
c_7	1.00	193	4.9119	0.28415	0.02045
	2.00	227	2.8282	1.12553	0.07470
c_8	1.00	193	4.8912	0.35878	0.02583
	2.00	227	2.8502	1.07446	0.07131
c_9	1.00	193	4.9948	0.07198	0.00518
	2.00	227	3.3700	1.07035	0.07104
c_{10}	1.00	193	4.9637	0.18745	0.01349
	2.00	227	3.1322	1.06853	0.07092

表4-7 个体兴趣预测问卷独立样本检验表

| | | 方差检验 | | t检验 | | | | | 差分的95%置信区间 | |
		F	Sig.	t	df	Sig.（双侧）	均值差值	标准误差值	下限	上限
c_1	假设方差相等	300.867	0.000	18.361	418	0.000	1.67065	0.09099	1.49180	1.84951
	假设方差不相等			19.754	253.760	0.000	1.67065	0.08457	1.50410	1.83721
c_2	假设方差相等	296.928	0.000	21.816	418	0.000	1.80592	0.08278	1.64320	1.96863
	假设方差不相等			23.516	247.108	0.000	1.80592	0.07680	1.65466	1.95717
c_3	假设方差相等	116.985	0.000	24.209	418	0.000	1.83340	0.07573	1.68453	1.98226
	假设方差不相等			25.890	275.273	0.000	1.83340	0.07081	1.69399	1.97280
c_4	假设方差相等	181.706	0.000	22.310	418	0.000	1.84531	0.08271	1.68273	2.00790
	假设方差不相等			24.026	250.331	0.000	1.84531	0.07681	1.69404	1.99658
c_5	假设方差相等	597.601	0.000	16.614	418	0.000	1.39207	0.08379	1.22737	1.55677
	假设方差不相等			18.022	226.000	0.000	1.39207	0.07724	1.23986	1.54428
c_6	假设方差相等	160.344	0.000	23.245	418	0.000	1.85180	0.07966	1.69521	2.00838
	假设方差不相等			24.942	263.389	0.000	1.85180	0.07425	1.70561	1.99798
c_7	假设方差相等	208.244	0.000	25.046	418	0.000	2.08372	0.08320	1.92019	2.24726
	假设方差不相等			26.903	259.438	0.000	2.08372	0.07745	1.93121	2.23624

续表

		方差检验		t检验					差分的95%置信区间	
		F	Sig.	t	df	Sig.（双侧）	均值差值	标准误差值	下限	上限
c_8	假设方差相等	132.533	0.000	25.217	418	0.000	2.04097	0.08094	1.88188	2.20006
	假设方差不相等			26.909	283.426	0.000	2.04097	0.07585	1.89168	2.19027
c_9	假设方差相等	468.871	0.000	21.044	418	0.000	1.62477	0.07721	1.47301	1.77654
	假设方差不相等			22.810	228.403	0.000	1.62477	0.07123	1.48442	1.76513
c_{10}	假设方差相等	257.305	0.000	23.504	418	0.000	1.83157	0.07793	1.67839	1.98475
	假设方差不相等			25.371	242.283	0.000	1.83157	0.07219	1.68937	1.97378

二、题项的同质性检验

问卷编制过程中，个别题项筛选也经常采用同质性检验。如果个别题项与总的问卷相关系数越大，比如变量 a_1 与变量 $whqh$ 的相关系数越大，则表示该题项与整体量表的同质性越高，反之，则同质性越低。在问卷或量表编制的过程中需要对题项是否进入问卷或量表进行选择，可以用两个条件来判断个别题项应该从问卷中删除还是保留，第一个条件，个别题项与问卷的相关系数未达到显著性水平；第二个条件，相关度低（相关系数小于0.4），如果这两个条件都没有达到，则表示该题项与整体问卷的同质性不高，正式问卷中最好删除该题项。在 SPSS 里执行分析（A）→相关（C）→双变量（E），打开双变量相关分析对话框，把标记为 a_1，a_2，…，a_{15}，d_2，d_3，d_4 和 $whqh$ 点选到变量对话框，并勾选 Pearson 相关系数（N）和标记显著性相关（F），量点选到分组变量（G）下的对话框，问卷第一部分即数学文化预测问卷相关性统计结果如表4-8所示。

从表4-8相关系数矩阵可以看出，各题项与 $whqh$ 的相关系数检验都存在显著性差异，也就是第一个条件都满足。在问卷同质性检验时，不仅要看第一个条件，还常常需要考察第二个条件，也就是判断题项与 $whqh$ 的相关系数不仅要达到显著性差异，相关系数也应该在0.4左右，最好超过0.4，当然越大越好。从表4-8可以看出，第4题"音乐书中有 1＝C 2/4 的表示，我觉得这里的 2/4 和数学中的 2/4 意思一样"，与第7题"一尺之棰，日取其半，万世不竭"虽然总分存在显著性相关，但因相关系数分别只有0.113、0.225，所以这两道题在正式问卷编制时应该删除。题项 d_3，d_4 是通过学生的问题解决去描述学生的数学思维，题项与总分存在显著性相关，其相关系数分别为0.379与0.352，虽然未达到0.4，但相差不大，同时，从专业角度判断，题项与问卷所要描述的数学文化特质是相关的，因此保留。

同理，对情境兴趣问卷和个体兴趣问卷表进行同质性检验，结果如表4-9和表4-10所示。问卷的第二部分和第三部分的题项与对应问卷整体显著相关，且相关系数都大于0.4。

内部一致性系数 α 是问卷信度的重要指标。在 SPSS 窗口执行分析（A）→度量（S）→可靠性分析（R），打开可靠性分析对话框，把数学文化各变量点选到项目（I）下方的方框，在模型（M）选择 α，打开统计量（S）按钮，在描述性方框勾选项（I），勾选项如果删除则进行度量（A），求得问卷第一部分的 α 值为0.782，删去项目4和项目7以后的 α 值为0.832，正式调查时应该删除第4题和第7题。同理求得情境兴趣问卷 α 值为0.893，个体兴趣问卷的 α 值为0.904，三个问卷都具有较好的信度。

表4-8　数学文化预测问卷相关性统计表

		a_1	a_2	a_3	a_4	a_5	a_6	a_7	a_8	a_9	a_{10}	a_{11}	a_{12}	a_{13}	a_{14}	a_{15}	d_2	d_3	d_4	文化求和
a_1	Pearson相关性	1	0.362**	0.283**	-0.095*	0.344**	0.168**	0.010	0.381**	0.300**	0.259**	0.364**	0.341**	0.205**	0.220**	0.320**	0.282**	0.178**	0.205**	0.594**
	显著性（双侧）		0.000	0.000	0.012	0.000	0.000	0.785	0.000	0.000	0.000	0.000	0.000	0.000	0.000	0.000	0.000	0.000	0.000	0.000
	N	711	711	711	711	711	711	711	711	711	711	711	711	711	711	711	711	711	711	711
a_2	Pearson相关性	0.362**	1	0.206**	-0.023	0.227**	0.119**	0.017	0.270**	0.281**	0.219**	0.185**	0.236**	0.204**	0.210**	0.206**	0.106**	0.093*	0.049	0.455**
	显著性（双侧）	0.000		0.000	0.543	0.000	0.001	0.659	0.000	0.000	0.000	0.000	0.000	0.000	0.000	0.000	0.005	0.013	0.189	0.000
	N	711	711	711	711	711	711	711	711	711	711	711	711	711	711	711	711	711	711	711
a_3	Pearson相关性	0.283**	0.206**	1	-0.021	0.201**	0.156**	0.168**	0.248**	0.220**	0.229**	0.265**	0.261**	0.337**	0.275**	0.238**	0.084*	0.086*	0.052	0.497**
	显著性（双侧）	0.000	0.000		0.570	0.000	0.000	0.000	0.000	0.000	0.000	0.000	0.000	0.000	0.000	0.000	0.025	0.021	0.167	0.000
	N	711	711	711	711	711	711	711	711	711	711	711	711	711	711	711	711	711	711	711
a_4	Pearson相关性	-0.095*	-0.023	-0.021	1	-0.020	0.083*	0.168**	-0.089*	0.010	-0.050	0.008	-0.019	0.073	0.039	-0.044	-0.108**	0.049	-0.011	0.113**
	显著性（双侧）	0.012	0.543	0.570		0.598	0.026	0.000	0.018	0.794	0.186	0.831	0.617	0.053	0.295	0.239	0.004	0.195	0.760	0.003
	N	711	711	711	711	711	711	711	711	711	711	711	711	711	711	711	711	711	711	711

续表

		a_1	a_2	a_3	a_4	a_5	a_6	a_7	a_8	a_9	a_{10}	a_{11}	a_{12}	a_{13}	a_{14}	a_{15}	d_2	d_3	d_4	文化求和
a_5	Pearson相关性	0.344**	0.227**	0.201**	-0.020	1	0.270**	0.033	0.285**	0.230**	0.245**	0.293**	0.266**	0.223**	0.272**	0.277**	0.105**	0.030	-0.043	0.493**
	显著性（双侧）	0.000	0.000	0.000	0.598		0.000	0.386	0.000	0.000	0.000	0.000	0.000	0.000	0.000	0.000	0.005	0.418	0.247	0.000
	N	711	711	711	711	711	711	711	711	711	711	711	711	711	711	711	711	711	711	711
a_6	Pearson相关性	0.168**	0.119**	0.156**	0.083*	0.270**	1	0.031	0.165**	0.254**	0.185**	0.269**	0.164**	0.214**	0.195**	0.223**	0.014	-0.020	-0.049	0.420**
	显著性（双侧）	0.000	0.001	0.000	0.026	0.000		0.406	0.000	0.000	0.000	0.000	0.000	0.000	0.000	0.000	0.715	0.592	0.191	0.000
	N	711	711	711	711	711	711	711	711	711	711	711	711	711	711	711	711	711	711	711
a_7	Pearson相关性	0.010	0.017	0.042	0.168**	0.033	0.031	1	0.126**	0.030	0.062	-0.016	0.050	-0.004	0.010	-0.005	0.134**	0.165**	0.126**	0.255**
	显著性（双侧）	0.785	0.659	0.262	0.000	0.386	0.406		0.001	0.423	0.098	0.675	0.186	0.920	0.780	0.904	0.000	0.000	0.001	0.000
	N	711	711	711	711	711	711	711	711	711	711	711	711	711	711	711	711	711	711	711
a_8	Pearson相关性	0.381**	0.270**	0.248**	-0.089*	0.285**	0.165**	0.126**	1	0.313**	0.366**	0.346**	0.386**	0.229**	0.265**	0.352**	0.120**	0.073	0.058	0.548**
	显著性（双侧）	0.000	0.000	0.000	0.018	0.000	0.000	0.001		0.000	0.000	0.000	0.000	0.000	0.000	0.000	0.001	0.052	0.120	0.000
	N	711	711	711	711	711	711	711	711	711	711	711	711	711	711	711	711	711	711	711

续表

		a_1	a_2	a_3	a_4	a_5	a_6	a_7	a_8	a_9	a_{10}	a_{11}	a_{12}	a_{13}	a_{14}	a_{15}	d_2	d_3	d_4	文化求和
a_9	Pearson相关性	0.300**	0.281**	0.220**	0.010	0.230**	0.254**	0.030	0.313**	1	0.533**	0.360**	0.332**	0.276**	0.314**	0.250**	0.105**	0.117**	0.119**	0.583**
	显著性（双侧）	0.000	0.000	0.000	0.794	0.000	0.000	0.423	0.000		0.000	0.000	0.000	0.000	0.000	0.000	0.005	0.002	0.002	0.000
	N	711	711	711	711	711	711	711	711	711	711	711	711	711	711	711	711	711	711	711
a_{10}	Pearson相关性	0.259**	0.219**	0.229**	-0.050	0.245**	0.185**	0.062	0.366**	0.533**	1	0.305**	0.351**	0.291**	0.279**	0.240**	0.113**	0.076*	0.058	0.539**
	显著性（双侧）	0.000	0.000	0.000	0.186	0.000	0.000	0.098	0.000	0.000		0.000	0.000	0.000	0.000	0.000	0.003	0.042	0.121	0.000
	N	711	711	711	711	711	711	711	711	711	711	711	711	711	711	711	711	711	711	711
a_{11}	Pearson相关性	0.364**	0.185**	0.265**	0.008	0.293**	0.269**	-0.016	0.346**	0.360**	0.305**	1	0.536**	0.382**	0.406**	0.348**	0.070	-0.001	0.065	0.594**
	显著性（双侧）	0.000	0.000	0.000	0.831	0.000	0.000	0.675	0.000	0.000	0.000		0.000	0.000	0.000	0.000	0.060	0.986	0.084	0.000
	N	711	711	711	711	711	711	711	711	711	711	711	711	711	711	711	711	711	711	711
a_{12}	Pearson相关性	0.341**	0.236**	0.261**	-0.019	0.266**	0.164**	0.050	0.386**	0.332**	0.351**	0.536**	1	0.371**	0.409**	0.316**	0.043	0.007	0.034	0.576**
	显著性（双侧）	0.000	0.000	0.000	0.617	0.000	0.000	0.186	0.000	0.000	0.000	0.000		0.000	0.000	0.000	0.249	0.861	0.369	0.000
	N	711	711	711	711	711	711	711	711	711	711	711	711	711	711	711	711	711	711	711

续表

		a_1	a_2	a_3	a_4	a_5	a_6	a_7	a_8	a_9	a_{10}	a_{11}	a_{12}	a_{13}	a_{14}	a_{15}	d_2	d_3	d_4	文化求和
a_{13}	Pearson相关性	0.205**	0.204**	0.337**	0.073	0.223**	0.214**	-0.004	0.229**	0.276**	0.291**	0.382**	0.371**	1			0.026	0.045	0.033	0.563**
	显著性（双侧）	0.000	0.000	0.000	0.053	0.000	0.000	0.920	0.000	0.000	0.000	0.000	0.000				0.494	0.230	0.386	0.000
	N	711	711	711	711	711	711	711	711	711	711	711	711	711			711	711	711	711
a_{14}	Pearson相关性	0.220**	0.210**	0.275**	0.039	0.272**	0.195**	0.010	0.265**	0.314**	0.279**	0.406**	0.409**	0.636**	1		0.012	0.010	-0.012	0.566**
	显著性（双侧）	0.000	0.000	0.000	0.295	0.000	0.000	0.780	0.000	0.000	0.000	0.000	0.000	0.000			0.740	0.782	0.755	0.000
	N	711	711	711	711	711	711	711	711	711	711	711	711	711	711		711	711	711	711
a_{15}	Pearson相关性	0.320**	0.206**	0.238**	-0.044	0.277**	0.223**	-0.005	0.352**	0.250**	0.240**	0.348**	0.316**	0.285**	0.340**	1	0.093*	0.042	0.094*	0.520**
	显著性（双侧）	0.000	0.000	0.000	0.239	0.000	0.000	0.904	0.000	0.000	0.000	0.000	0.000	0.000	0.000		0.013	0.259	0.012	0.000
	N	711	711	711	711	711	711	711	711	711	711	711	711	711	711	711	711	711	711	711
d_2	Pearson相关性	0.282**	0.106**	0.084*	-0.108**	0.105**	0.014	0.134**	0.120**	0.105**	0.113**	0.070	0.043	0.026	0.012	0.093*	1	0.570**	0.543**	0.435**
	显著性（双侧）	0.000	0.005	0.025	0.004	0.005	0.715	0.000	0.001	0.005	0.003	0.060	0.249	0.494	0.740	0.013		0.000	0.000	0.000
	N	711	711	711	711	711	711	711	711	711	711	711	711	711	711	711	711	711	711	711

续表

		a_1	a_2	a_3	a_4	a_5	a_6	a_7	a_8	a_9	a_{10}	a_{11}	a_{12}	a_{13}	a_{14}	a_{15}	d_2	d_3	d_4	文化求和
d_3	Pearson 相关性	0.178**	0.093*	0.086*	0.049	0.030	-0.020	0.165**	0.073	0.117**	0.076*	-0.001	0.007	0.045	0.010	0.042	0.570**	1	0.522**	0.379**
	显著性（双侧）	0.000	0.013	0.021	0.195	0.418	0.592	0.000	0.052	0.002	0.042	0.986	0.861	0.230	0.782	0.259	0.000		0.000	0.000
	N	711	711	711	711	711	711	711	711	711	711	711	711	711	711	711	711	711	711	711
d_4	Pearson 相关性	0.205**	0.049	0.052	-0.011	-0.043	-0.049	0.126**	0.058	0.119**	0.058	0.065	0.034	0.033	-0.012	0.094*	0.543**	0.522**	1	0.352**
	显著性（双侧）	0.000	0.189	0.167	0.760	0.247	0.191	0.001	0.120	0.002	0.121	0.084	0.369	0.386	0.755	0.012	0.000	0.000		0.000
	N	711	711	711	711	711	711	711	711	711	711	711	711	711	711	711	711	711	711	711
文化求和	Pearson 相关性	0.594**	0.455**	0.497**	0.113**	0.493**	0.420**	0.255**	0.548**	0.583**	0.539**	0.594**	0.576**	0.563**	0.566**	0.520**	0.435**	0.379**	0.352**	1
	显著性（双侧）	0.000	0.000	0.000	0.003	0.000	0.000	0.000	0.000	0.000	0.000	0.000	0.000	0.000	0.000	0.000	0.000	0.000	0.000	
	N	711	711	711	711	711	711	711	711	711	711	711	711	711	711	711	711	711	711	711

注：* 表示在 0.05 水平（双侧）上显著相关；** 表示在 0.01 水平（双侧）上显著相关。

表 4-9　情境兴趣预测问卷相关性统计表

		b_1	b_2	b_3	b_4	b_5	b_6	b_7	b_8	b_9	b_{10}	b_{11}	b_{12}	b_{13}	qjxq
b_1	Pearson 相关性	1	0.496**	0.403**	0.397**	0.422**	0.406**	0.330**	0.359**	0.295**	0.284**	0.338**	0.383**	0.410**	0.653**
	显著性（双侧）		0.000	0.000	0.000	0.000	0.000	0.000	0.000	0.000	0.000	0.000	0.000	0.000	0.000
	N	711	711	711	711	711	711	711	711	711	711	711	711	711	711
b_2	Pearson 相关性	0.496**	1	0.402**	0.461**	0.414**	0.381**	0.312**	0.374**	0.335**	0.173**	0.397**	0.371**	0.400**	0.649**
	显著性（双侧）	0.000		0.000	0.000	0.000	0.000	0.000	0.000	0.000	0.000	0.000	0.000	0.000	0.000
	N	711	711	711	711	711	711	711	711	711	711	711	711	711	711
b_3	Pearson 相关性	0.403**	0.402**	1	0.641**	0.390**	0.464**	0.386**	0.438**	0.338**	0.151**	0.331**	0.382**	0.387**	0.670**
	显著性（双侧）	0.000	0.000		0.000	0.000	0.000	0.000	0.000	0.000	0.000	0.000	0.000	0.000	0.000
	N	711	711	711	711	711	711	711	711	711	711	711	711	711	711
b_4	Pearson 相关性	0.397**	0.461**	0.641**	1	0.458**	0.384**	0.372**	0.401**	0.355**	0.257**	0.334**	0.377**	0.349**	0.676**
	显著性（双侧）	0.000	0.000	0.000		0.000	0.000	0.000	0.000	0.000	0.000	0.000	0.000	0.000	0.000
	N	711	711	711	711	711	711	711	711	711	711	711	711	711	711
b_5	Pearson 相关性	0.422**	0.414**	0.390**	0.458**	1	0.409**	0.314**	0.380**	0.375**	0.284**	0.374**	0.413**	0.460**	0.671**
	显著性（双侧）	0.000	0.000	0.000	0.000		0.000	0.000	0.000	0.000	0.000	0.000	0.000	0.000	0.000
	N	711	711	711	711	711	711	711	711	711	711	711	711	711	711
b_6	Pearson 相关性	0.406**	0.381**	0.464**	0.384**	0.409**	1	0.590**	0.538**	0.460**	0.211**	0.342**	0.476**	0.469**	0.704**
	显著性（双侧）	0.000	0.000	0.000	0.000	0.000		0.000	0.000	0.000	0.000	0.000	0.000	0.000	0.000
	N	711	711	711	711	711	711	711	711	711	711	711	711	711	711

续表

		b_1	b_2	b_3	b_4	b_5	b_6	b_7	b_8	b_9	b_{10}	b_{11}	b_{12}	b_{13}	qjxq
b_7	Pearson 相关性	0.330**	0.312**	0.386**	0.372**	0.314**	0.590**	1	0.582**	0.505**	0.285**	0.400**	0.451**	0.431**	0.669**
	显著性（双侧）	0.000	0.000	0.000	0.000	0.000	0.000		0.000	0.000	0.000	0.000	0.000	0.000	0.000
	N	711	711	711	711	711	711	711	711	711	711	711	711	711	711
b_8	Pearson 相关性	0.359**	0.374**	0.438**	0.401**	0.380**	0.538**	0.582**	1	0.518**	0.279**	0.432**	0.472**	0.425**	0.702**
	显著性（双侧）	0.000	0.000	0.000	0.000	0.000	0.000	0.000		0.000	0.000	0.000	0.000	0.000	0.000
	N	711	711	711	711	711	711	711	711	711	711	711	711	711	711
b_9	Pearson 相关性	0.295**	0.335**	0.338**	0.355**	0.375**	0.460**	0.505**	0.518**	1	0.336**	0.411**	0.459**	0.438**	0.653**
	显著性（双侧）	0.000	0.000	0.000	0.000	0.000	0.000	0.000	0.000		0.000	0.000	0.000	0.000	0.000
	N	711	711	711	711	711	711	711	711	711	711	711	711	711	711
b_{10}	Pearson 相关性	0.284**	0.173**	0.151**	0.257**	0.284**	0.211**	0.285**	0.279**	0.336**	1	0.230**	0.337**	0.308**	0.474**
	显著性（双侧）	0.000	0.000	0.000	0.000	0.000	0.000	0.000	0.000	0.000		0.000	0.000	0.000	0.000
	N	711	711	711	711	711	711	711	711	711	711	711	711	711	711
b_{11}	Pearson 相关性	0.338**	0.397**	0.331**	0.334**	0.374**	0.342**	0.400**	0.432**	0.411**	0.230**	1	0.620**	0.574**	0.665**
	显著性（双侧）	0.000	0.000	0.000	0.000	0.000	0.000	0.000	0.000	0.000	0.000		0.000	0.000	0.000
	N	711	711	711	711	711	711	711	711	711	711	711	711	711	711
b_{12}	Pearson 相关性	0.383**	0.371**	0.382**	0.377**	0.413**	0.476**	0.451**	0.472**	0.459**	0.337**	0.620**	1	0.623**	0.734**
	显著性（双侧）	0.000	0.000	0.000	0.000	0.000	0.000	0.000	0.000	0.000	0.000	0.000		0.000	0.000
	N	711	711	711	711	711	711	711	711	711	711	711	711	711	711

续表

		b_1	b_2	b_3	b_4	b_5	b_6	b_7	b_8	b_9	b_{10}	b_{11}	b_{12}	b_{13}	qjxq
b_{13}	Pearson 相关性	0.410**	0.400**	0.387**	0.349**	0.460**	0.469**	0.431**	0.425**	0.438**	0.308**	0.574**	0.623**	1	0.726**
	显著性（双侧）	0.000	0.000	0.000	0.000	0.000	0.000	0.000	0.000	0.000	0.000	0.000	0.000		0.000
	N	711	711	711	711	711	711	711	711	711	711	711	711	711	711
qjxq	Pearson 相关性	0.653**	0.649**	0.670**	0.676**	0.671**	0.704**	0.669**	0.702**	0.653**	0.474**	0.665**	0.734**	0.726**	1
	显著性（双侧）	0.000	0.000	0.000	0.000	0.000	0.000	0.000	0.000	0.000	0.000	0.000	0.000	0.000	
	N	711	711	711	711	711	711	711	711	711	711	711	711	711	711

注：** 表示在 0.01 水平（双侧）上显著相关。

表 4-10 个体兴趣预测问卷相关性统计表

		c_1	c_2	c_3	c_4	c_5	c_6	c_7	c_8	c_9	c_{10}	qtxq
c_1	Pearson 相关性	1	0.615**	0.464**	0.456**	0.352**	0.513**	0.383**	0.425**	0.456**	0.505**	0.706**
	显著性（双侧）		0.000	0.000	0.000	0.000	0.000	0.000	0.000	0.000	0.000	0.000
	N	711	711	711	711	711	711	711	711	711	711	711
c_2	Pearson 相关性	0.615**	1	0.546**	0.521**	0.396**	0.524**	0.464**	0.459**	0.500**	0.557**	0.762**
	显著性（双侧）	0.000		0.000	0.000	0.000	0.000	0.000	0.000	0.000	0.000	0.000
	N	711	711	711	711	711	711	711	711	711	711	711
c_3	Pearson 相关性	0.464**	0.546**	1	0.522**	0.419**	0.558**	0.478**	0.477**	0.490**	0.520**	0.746**
	显著性（双侧）	0.000	0.000		0.000	0.000	0.000	0.000	0.000	0.000	0.000	0.000
	N	711	711	711	711	711	711	711	711	711	711	711

续表

		c_1	c_2	c_3	c_4	c_5	c_6	c_7	c_8	c_9	c_{10}	qtxq
c_4	Pearson 相关性	0.456**	0.521**	0.522**	1	0.505**	0.500**	0.547**	0.533**	0.457**	0.488**	0.755**
	显著性（双侧）	0.000	0.000	0.000		0.000	0.000	0.000	0.000	0.000	0.000	0.000
	N	711	711	711	711	711	711	711	711	711	711	711
c_5	Pearson 相关性	0.352**	0.396**	0.419**	0.505**	1	0.440**	0.450**	0.298**	0.475**	0.356**	0.630**
	显著性（双侧）	0.000	0.000	0.000	0.000		0.000	0.000	0.000	0.000	0.000	0.000
	N	711	711	711	711	711	711	711	711	711	711	711
c_6	Pearson 相关性	0.513**	0.524**	0.558**	0.500**	0.440**	1	0.563**	0.528**	0.446**	0.504**	0.763**
	显著性（双侧）	0.000	0.000	0.000	0.000	0.000		0.000	0.000	0.000	0.000	0.000
	N	711	711	711	711	711	711	711	711	711	711	711
c_7	Pearson 相关性	0.383**	0.464**	0.478**	0.547**	0.450**	0.563**	1	0.601**	0.485**	0.519**	0.756**
	显著性（双侧）	0.000	0.000	0.000	0.000	0.000	0.000		0.000	0.000	0.000	0.000
	N	711	711	711	711	711	711	711	711	711	711	711
c_8	Pearson 相关性	0.425**	0.459**	0.477**	0.533**	0.298**	0.528**	0.601**	1	0.467**	0.557**	0.735**
	显著性（双侧）	0.000	0.000	0.000	0.000	0.000	0.000	0.000		0.000	0.000	0.000
	N	711	711	711	711	711	711	711	711	711	711	711
c_9	Pearson 相关性	0.456**	0.500**	0.490**	0.457**	0.475**	0.446**	0.485**	0.467**	1	0.536**	0.719**
	显著性（双侧）	0.000	0.000	0.000	0.000	0.000	0.000	0.000	0.000		0.000	0.000
	N	711	711	711	711	711	711	711	711	711	711	711

续表

		c_1	c_2	c_3	c_4	c_5	c_6	c_7	c_8	c_9	c_{10}	qtxq
c_{10}	Pearson 相关性	0.505**	0.557**	0.520**	0.488**	0.356**	0.504**	0.519**	0.557**	0.536**	1	0.757**
	显著性（双侧）	0.000	0.000	0.000	0.000	0.000	0.000	0.000	0.000	0.000		0.000
	N	711	711	711	711	711	711	711	711	711	711	711
qtxq	Pearson 相关性	0.706**	0.762**	0.746**	0.755**	0.630**	0.763**	0.756**	0.735**	0.719**	0.757**	1
	显著性（双侧）	0.000	0.000	0.000	0.000	0.000	0.000	0.000	0.000	0.000	0.000	
	N	711	711	711	711	711	711	711	711	711	711	711

注：** 表示在 0.01 水平（双侧）上显著相关。

三、题项的因素负荷分析

共同性表示题项能解释或描述的共同特质属性，共同性越高，表示能测量到的属性越多，反之，则越低。内部一致性系数 α 直观反映了题项间的关系，但某一题项在多大程度上描述了共同特质，这需要进行因素负荷分析，题项在共同因素的负荷越高，表明题项与共同因素关系越密切。

本书利用 SPSS 统计软件进行统计分析，在完成上述数据分析后，继续对题项进行因素负荷分析，在 SPSS 工具栏执行分析（A）→降维→因子分析（F），打开因子分析对话框，把标记为 a_1，a_2，…，a_{15}，d_2，d_3，d_4 点选到变量对话框，打开抽取（E）按钮，在对话框中要抽取的因子数量中填写 1，方法选择主成分分析，统计结果如表 4-11 和表 4-12 所示。

表 4-11　数学文化预测问卷共同性提取

变量	初始	提取	变量	初始	提取
a_1	1.000	0.384	a_{10}	1.000	0.358
a_2	1.000	0.223	a_{11}	1.000	0.455
a_3	1.000	0.252	a_{12}	1.000	0.441
a_4	1.000	0.001	a_{13}	1.000	0.372
a_5	1.000	0.274	a_{14}	1.000	0.400
a_6	1.000	0.158	a_{15}	1.000	0.332
a_7	1.000	0.007	d_2	1.000	0.066
a_8	1.000	0.377	d_3	1.000	0.037
a_9	1.000	0.386	d_4	1.000	0.035

表 4-12　数学文化预测问卷成分矩阵

变量	a_1	a_2	a_3	a_4	a_5	a_6	a_7	a_8	a_9	a_{10}
成分 1	0.620	0.472	0.502	0.03	0.524	0.397	0.086	0.614	0.621	0.598

变量	a_{11}	a_{12}	a_{13}	a_{14}	a_{15}	d_2	d_3	d_4
成分 1	0.674	0.664	0.61	0.633	0.576	0.257	0.193	0.186

　　表 4–11 是共同性提取值统计表，该表一共三列，第一列是变量名，第二列是采用主成分分析抽取共同因素时共同性因素的数量，初始值都为 1，也就是说统计表呈现的是提取一个共同因素的情况，第三列是共同性提取值，共同性提取值反映了题项所预测量的共同特质即因素的高低。把数学文化问卷的 18 个变量分为了两组在同一个表中呈现，也就是表 4–11 的第四列至第六列，为了便于排版编辑就放置在后面。共同性提取值是个别题项与共同因素间多元相关系数的平方。①

　　表 4–12 中第一行为变量名称，第二行为共同因素负荷量。共同性为各题项在共同因素的因素负荷的平方和，也就是表 4–12 中第二行对应数的平方反映的是共同因素对于各题项解释变异量。比如在成分矩阵表 4–12 中，a_1 的值是 0.620，它的平方就刚好是表 4–11 里 a_1 的提取值。因此时只抽取了 1 个共同因素，故提取值可以说是共同因素对于各题项的解释量，共同性提取值越小，比如 a_4 的共同性提取值是 0.001，a_7 得共同性提取值是 0.007，说明题项 a_4 和 a_7 与共同因素间的关系越弱，在正式编制问卷或量表时可以考虑删除这两个题项。

　　表 4–13 是抽取的共同因素解释总变异量的统计表。从表 4–13 中可以看出，共同因素的特征值比 1 大的有 4 个，因为限制抽取的共同因素数目为 1，此时，共同因素的特征值为 4.558，可以解释变量的 25.323%。

表 4–13　数学文化预测问卷解释的总方差

成分	初始特征值			提取平方和载入		
	合计	方差的百分比（%）	累计方差贡献率（%）	合计	方差的百分比（%）	累计方差贡献率（%）
1	4.558	25.323	25.323	4.558	25.323	25.323
2	2.169	12.051	37.373			
3	1.266	7.031	44.404			
4	1.093	6.075	50.479			
5	0.984	5.466	55.945			
6	0.937	5.205	61.150			
7	0.891	4.949	66.098			
8	0.818	4.543	70.641			

---

① 吴明隆. 问卷统计分析实务——SPSS 操作应用［M］. 重庆：重庆大学出版社，2016.

成分	初始特征值			提取平方和载入		
	合计	方差的百分比（%）	累计方差贡献率（%）	合计	方差的百分比（%）	累计方差贡献率（%）
9	0.751	4.171	74.812			
10	0.719	3.993	78.805			
11	0.673	3.737	82.542			
12	0.569	3.163	85.705			
13	0.519	2.881	88.586			
14	0.466	2.587	91.173			
15	0.444	2.468	93.641			
16	0.428	2.376	96.017			
17	0.382	2.123	98.139			
18	0.335	1.861	100.000			

同理，问卷第二部分是小学生数学学习情境兴趣问卷，其因素负荷量分析结果如表4-14至表4-16所示。从表4-14可以看出，变量 b_{10} 的共同提取值为0.199，对应的表4-15成分矩阵统计表中的值为0.447，处于0.5边缘。预测问卷用5个题项去反映任务兴趣这一维度，考虑可以删除该题项，也可以结合探索性因子分析后最后确定。

表4-14 情境兴趣预测问卷共同性提取

变量	b_1	b_2	b_3	b_4	b_5	b_6	b_7	b_8	b_9	b_{10}	b_{11}	b_{12}	b_{13}
初始值	1	1	1	1	1	1	1	1	1	1	1	1	1
提取	0.397	0.402	0.439	0.442	0.427	0.515	0.482	0.523	0.454	0.199	0.453	0.551	0.535

表4-15 情境兴趣预测问卷成分矩阵

变量		b_1	b_2	b_3	b_4	b_5	b_6	b_7	b_8	b_9	b_{10}	b_{11}	b_{12}	b_{13}
成分	1	0.630	0.634	0.662	0.665	0.654	0.717	0.694	0.723	0.674	0.447	0.673	0.743	0.731

数学文化与数学学习兴趣

从统计表 4-16 可以看出，共同因素特征值大于 1 的有 2 个，在限制抽取的数目为 1 时，共同因素的特征值为 5.820，可以解释变量的 44.767%。

表 4-16　情境兴趣预测问卷解释的总方差

成分	初始特征值			提取平方和载入		
	合计	方差的百分比（%）	累计方差贡献率（%）	合计	方差的百分比（%）	累计方差贡献率（%）
1	5.820	44.767	44.767	5.820	44.767	44.767
2	1.126	8.664	53.430			
3	0.965	7.420	60.850			
4	0.868	6.677	67.527			
5	0.701	5.395	72.922			
6	0.599	4.607	77.529			
7	0.588	4.527	82.056			
8	0.469	3.605	85.661			
9	0.453	3.485	89.146			
10	0.403	3.102	92.248			
11	0.376	2.890	95.138			
12	0.332	2.557	97.695			
13	0.300	2.305	100.000			

问卷第三部分是小学生数学学习个体兴趣问卷，其因素负荷分析统计如表 4-17 至表 4-19 所示。

表 4-17　个体兴趣预测问卷共同性提取

变量	c_1	c_2	c_3	c_4	c_5	c_6	c_7	c_8	c_9	c_{10}
初始值	1	1	1	1	1	1	1	1	1	1
提取	0.495	0.585	0.561	0.570	0.394	0.583	0.564	0.536	0.521	0.577

表 4-18　个体兴趣预测问卷成分矩阵

变量	c_1	c_2	c_3	c_4	c_5	c_6	c_7	c_8	c_9	c_{10}
成分 1	0.704	0.765	0.749	0.755	0.627	0.763	0.751	0.732	0.722	0.760

表 4-17 中的数据表明，小学生数学学习个体兴趣共同性提取值最小的题项为 c_5 所对应的题项，但都达到了 0.394，从统计角度来看，题项都可以考虑保留。从表 4-19 可以看出，共同因素特征值大于 1 的有 1 个，在限制抽取的数目为 1 时，共同因素的特征值为 5.386，可以解释变量的 53.856%。

表 4-19　个体兴趣预测问卷解释的总方差

成分	初始特征值			提取平方和载入		
	合计	方差的百分比（%）	累计方差贡献率（%）	合计	方差的百分比（%）	累计方差贡献率（%）
1	5.386	53.856	53.856	5.386	53.856	53.856
2	0.785	7.854	61.710			
3	0.752	7.516	69.226			
4	0.593	5.926	75.152			
5	0.514	5.140	80.291			
6	0.491	4.914	85.205			
7	0.413	4.130	89.336			
8	0.388	3.884	93.220			
9	0.343	3.426	96.646			
10	0.335	3.354	100.000			

四、问卷建构效度分析

（1）因素分析原理。因素分析所要建构的效度被称为建构效度，建构效度是指问卷或量表能够测量到的理论上建构的心理特质或事物属性的程度。[1] 因为建构效度既有理论上的逻辑分析，同时又用调查而来的数据来检验理论的正确性，

---

[1]　吴明隆 . 问卷统计分析实务——SPSS 操作应用［M］. 重庆：重庆大学出版社，2016.

所以，在很多学者看来，建构效度是一种最严谨的效度检验方法，[①]正因为如此，建构效度受到研究者的普遍重视。[②]本书首先根据文献综述、已有研究和专家访谈结果构建研究假设框架模型，其次依据假设模型编制测试问卷，确定调查对象并实测，最后进行统计分析以检验工具是否能有效解释所构建的模型。所编制的问卷是否能有效解释研究所构建的理论框架，需要进行因素分析。因素分析的基本思路是对原始变量进行分组，分组的依据是计算变量间的相关系数，分组后同组内变量之间相关较高，而不同组变量间的相关则较低。例如，研究所构建的框架包括数学知识、数学思维等五个维度，本书研究中希望组内高而组间低。分组后的每组变量代表一个基本结构，这个基本结构称为公共因子或公共因素，通常用一个不可观测的综合变量去表示。如果每个样本点有 p 个观测指标，如问卷第一部分中的数值型变量 a_1，a_2，$\cdots$，a_{15}，d_2，d_3，d_4 都是观测指标，抽取 m（$m < p$）个公共因素的因素分析常用理论模型为：

$$\begin{cases} X_1 = a_{11}F_1 + a_{12}F_2 + \cdots + a_{1m}F_m + \varepsilon_1 \\ X_2 = a_{21}F_1 + a_{22}F_2 + \cdots + a_{2m}F_m + \varepsilon_2 \\ \qquad\qquad\qquad \cdots \\ X_p = a_{m1}F_1 + a_{m2}F_2 + \cdots + a_{pm}F_m + \varepsilon_p \end{cases} \qquad (4-1)$$

模型（4-1）中 X_i 为第 i 个变量的标准分数；F_i 为共同因素；m 为公共因素的数目；ε_i 是变量 X_i 的唯一因素；a_{ij} 是因素负荷量，表示第 j 个公因子对第 i 个变量的变异量的贡献，也就是反映了某个特定的公因子对特定题项贡献量的大小。

因素分析要求变量都是数值型变量，分类变量不适合因子分析，在多元统计分析中的步骤为：

步骤 1：把原始数据标准化。

步骤 2：求变量的相关系数矩阵 $R = (r_{ij})_{p \times p}$。

步骤 3：求相关系数矩阵 R 的特征根及其相应的单位特征向量，分别记作 $\lambda_1 \geqslant \lambda_2 \geqslant \cdots \geqslant \lambda_p$ 和 u_1，u_2，$\cdots$，u_p，则：

$$U = (u_1, u_2, \cdots, u_p) = \begin{bmatrix} u_{11} & u_{12} & \cdots & u_{1p} \\ u_{21} & u_{22} & \cdots & u_{2p} \\ \vdots & \vdots & \ddots & \vdots \\ u_{p1} & u_{p2} & \cdots & u_{pp} \end{bmatrix} \qquad (4-2)$$

① 王保进.窗口版SPSS与行为科学研究［M］.台北：心理出版社，2002.转引自吴明隆.问卷统计分析实务——SPSS 操作应用［M］.重庆：重庆大学出版社，2016.

② 邱皓政.量化研究与统计分析［M］.重庆：重庆大学出版社，2013.

根据特征根的要求，比如通常要求特征根大于1，当然也可以根据其他条件进行限制，比如公共因子的数量，依据特征值及相应的特征向量，得出因子载荷矩阵为：

$$
A = \begin{bmatrix} a_{11} & a_{12} & \cdots & a_{1m} \\ a_{21} & a_{22} & \cdots & a_{2m} \\ \vdots & \vdots & \ddots & \vdots \\ a_{p1} & u_{p2} & \cdots & a_{pm} \end{bmatrix} = \begin{bmatrix} u_{11}\sqrt{\lambda_1} & u_{12}\sqrt{\lambda_2} & \cdots & u_{1p}\sqrt{\lambda_m} \\ u_{21}\sqrt{\lambda_1} & u_{22}\sqrt{\lambda_2} & \cdots & u_{2p}\sqrt{\lambda_m} \\ \vdots & \vdots & \ddots & \vdots \\ u_{p1}\sqrt{\lambda_1} & u_{p2}\sqrt{\lambda_2} & \cdots & u_{pp}\sqrt{\lambda_m} \end{bmatrix} \tag{4-3}
$$

步骤4：对步骤3中的矩阵A实施方差最大化正交旋转。

步骤5：因子的解释与命名。

（2）数学文化预测问卷建构效度分析。在SPSS里打开因子分析对话框，把标记为 a_1，a_2，$\cdots$，a_{15}，d_2，d_3，d_4 的变量点选到变量对话框；点开描述按钮，勾选原始统计分析结果（I）、系数（C）、再生（R）、行列式（D）、反映像、KMO 和 Bartlett 球形检验等选项；点开抽取按钮，勾选相关性矩阵（R）、未旋转的因子解（F），勾选碎石图（S）选项，在特征值大于（A）后面的方框填写1，也就是说限制特征值大于1；点开旋转按钮继续勾选最大方差法（V）选项，旋转解（R）选项；点开得分按钮点选保存为变量（S）、回归（R）选项；点开选项按钮，点选按列表排除个案（L）、按大小排序（S），点击确定后输出统计结果。

相关系数及显著性检验结果如表4-20所示，表4-20给出了 a_1，a_2，$\cdots$，a_{15}，d_2，d_3，d_4 间的相关系数以及显著性检验结果。假如变量间都高度相关，这说明只能抽取一个共同因素，因此，变量间应该呈现某些变量高度相关，但与另外变量低相关或者不相关、不显著，如 a_1 与 a_2 的相关系数为0.362，与 a_3 的相关系数为0.283，但与 a_6 只有0.168。如果某一题项与其他多数题项相关系数没有达到显著性，或者相关系数都比较低，可以考虑删除该题项，如 a_4 和 a_7。

如果有两个变量线性相关，从数学角度来看，这表示其中一个变量可以用另外一个变量来表示，由行列式的运算性质可知，如果一个行列式有两行或是两列的元素对应成比例，用数学的术语去描述就是有行列式的两个行向量或是列向量线性相关，这也就是说其中一个变量可以用另外一个变量来表示，则此时行列式的值应该为0。如果行列式的值为0，则对应的矩阵不可逆，也就没有办法求出相关系数矩阵的逆矩阵，无法求出特征根，也不适合进行因素分析。相关系数矩阵表最后一栏报告了行列式的值，其结果是0.011，这说明可以进行因素分析。

表4-21是 Kaiser-Meyer-Olkin（KMO）和 Bartlett 球形检验的结果。KMO的值是介于0与1的小数，KMO值越大越接近于1，表示变量间的共同因素较

表 4-20 数学文化预测问卷相关矩阵及显著性检验结果

		a_1	a_2	a_3	a_4	a_5	a_6	a_7	a_8	a_9	a_{10}	a_{11}	a_{12}	a_{13}	a_{14}	a_{15}	d_2	d_3	d_4
相关	a_1	1.000	0.362	0.283	-0.095	0.344	0.168	0.010	0.381	0.300	0.259	0.364	0.341	0.205	0.220	0.320	0.282	0.178	0.205
	a_2	0.362	1.000	0.206	-0.023	0.227	0.119	0.017	0.270	0.281	0.219	0.185	0.236	0.204	0.210	0.206	0.106	0.093	0.049
	a_3	0.283	0.206	1.000	-0.021	0.201	0.156	0.042	0.248	0.220	0.229	0.265	0.261	0.337	0.275	0.238	0.084	0.086	0.052
	a_4	-0.095	-0.023	-0.021	1.000	-0.020	0.083	0.168	-0.089	0.010	-0.050	0.008	-0.019	0.073	0.039	-0.044	-0.108	0.049	-0.011
	a_5	0.344	0.227	0.201	-0.020	1.000	0.270	0.033	0.285	0.230	0.245	0.293	0.266	0.223	0.272	0.277	0.105	0.030	-0.043
	a_6	0.168	0.119	0.156	0.083	0.270	1.000	0.031	0.165	0.254	0.185	0.269	0.164	0.214	0.195	0.223	0.014	-0.020	-0.049
	a_7	0.010	0.017	0.042	0.168	0.033	0.031	1.000	0.126	0.030	0.062	-0.016	0.050	-0.004	0.010	-0.005	0.134	0.165	0.126
	a_8	0.381	0.270	0.248	-0.089	0.285	0.165	0.126	1.000	0.313	0.366	0.346	0.386	0.229	0.265	0.352	0.120	0.073	0.058
	a_9	0.300	0.281	0.220	0.010	0.230	0.254	0.030	0.313	1.000	0.533	0.360	0.332	0.276	0.314	0.250	0.105	0.117	0.119
	a_{10}	0.259	0.219	0.229	-0.050	0.245	0.185	0.062	0.366	0.533	1.000	0.305	0.351	0.291	0.279	0.240	0.113	0.076	0.058
	a_{11}	0.364	0.185	0.265	0.008	0.293	0.269	-0.016	0.346	0.360	0.305	1.000	0.536	0.382	0.406	0.348	0.070	-0.001	0.065
	a_{12}	0.341	0.236	0.261	-0.019	0.266	0.164	0.050	0.386	0.332	0.351	0.536	1.000	0.371	0.409	0.316	0.043	0.007	0.034
	a_{13}	0.205	0.204	0.337	0.073	0.223	0.214	-0.004	0.229	0.276	0.291	0.382	0.371	1.000	0.636	0.285	0.026	0.045	0.033
	a_{14}	0.220	0.210	0.275	0.039	0.272	0.195	0.010	0.265	0.314	0.279	0.406	0.409	0.636	1.000	0.340	0.012	0.010	-0.012
	a_{15}	0.320	0.206	0.238	-0.044	0.277	0.223	-0.005	0.352	0.250	0.240	0.348	0.316	0.285	0.340	1.000	0.093	0.042	0.094
	d_2	0.282	0.106	0.084	-0.108	0.105	0.014	0.134	0.120	0.105	0.113	0.070	0.043	0.026	0.012	0.093	1.000	0.570	0.543
	d_3	0.178	0.093	0.086	0.049	0.030	-0.020	0.165	0.073	0.117	0.076	-0.001	0.007	0.045	0.010	0.042	0.570	1.000	0.522
	d_4	0.205	0.049	0.052	-0.011	-0.043	-0.049	0.126	0.058	0.119	0.058	0.065	0.034	0.033	-0.012	0.094	0.543	0.522	1.000

续表

Sig.（单侧）

	a_1	a_2	a_3	a_4	a_5	a_6	a_7	a_8	a_9	a_{10}	a_{11}	a_{12}	a_{13}	a_{14}	a_{15}	d_2	d_3	d_4
a_1		0.000	0.000	0.006	0.000	0.000	0.392	0.000	0.000	0.000	0.000	0.000	0.000	0.000	0.000	0.000	0.000	0.000
a_2	0.000		0.000	0.271	0.000	0.001	0.329	0.000	0.000	0.000	0.000	0.000	0.000	0.000	0.000	0.002	0.006	0.094
a_3	0.000	0.000		0.285	0.000	0.000	0.131	0.000	0.000	0.000	0.000	0.000	0.000	0.000	0.000	0.012	0.011	0.084
a_4	0.006	0.271	0.285		0.299	0.013	0.000	0.009	0.397	0.093	0.415	0.308	0.027	0.148	0.119	0.002	0.097	0.380
a_5	0.000	0.000	0.000	0.299		0.000	0.193	0.000	0.000	0.000	0.000	0.000	0.000	0.000	0.000	0.003	0.209	0.123
a_6	0.000	0.001	0.000	0.013	0.000		0.203	0.000	0.000	0.000	0.000	0.000	0.000	0.000	0.000	0.358	0.296	0.095
a_7	0.392	0.329	0.131	0.000	0.193	0.203		0.000	0.211	0.049	0.337	0.093	0.460	0.390	0.452	0.000	0.000	0.000
a_8	0.000	0.000	0.000	0.009	0.000	0.000	0.000		0.000	0.000	0.000	0.000	0.000	0.000	0.000	0.001	0.026	0.060
a_9	0.000	0.000	0.000	0.397	0.000	0.000	0.211	0.000		0.000	0.000	0.000	0.000	0.000	0.000	0.003	0.001	0.001
a_{10}	0.000	0.000	0.000	0.093	0.000	0.000	0.049	0.000	0.000		0.000	0.000	0.000	0.000	0.000	0.001	0.021	0.061
a_{11}	0.000	0.000	0.000	0.415	0.000	0.000	0.337	0.000	0.000	0.000		0.000	0.000	0.000	0.000	0.030	0.493	0.042
a_{12}	0.000	0.000	0.000	0.308	0.000	0.000	0.093	0.000	0.000	0.000	0.000		0.000	0.000	0.000	0.125	0.431	0.184
a_{13}	0.000	0.000	0.000	0.027	0.000	0.000	0.460	0.000	0.000	0.000	0.000	0.000		0.000	0.000	0.247	0.115	0.193
a_{14}	0.000	0.000	0.000	0.148	0.000	0.000	0.390	0.000	0.000	0.000	0.000	0.000	0.000		0.000	0.370	0.391	0.378
a_{15}	0.000	0.000	0.000	0.119	0.000	0.000	0.452	0.000	0.000	0.000	0.000	0.000	0.000	0.000		0.006	0.129	0.006
d_2	0.000	0.002	0.012	0.002	0.003	0.358	0.000	0.001	0.003	0.001	0.030	0.125	0.247	0.370	0.006		0.000	0.000
d_3	0.000	0.006	0.011	0.097	0.209	0.296	0.000	0.026	0.001	0.021	0.493	0.431	0.115	0.391	0.129	0.000		0.000
d_4	0.000	0.094	0.084	0.380	0.123	0.095	0.000	0.060	0.001	0.061	0.042	0.184	0.193	0.378	0.006	0.000	0.000	

注：行列式 =0.011。

多，则问卷题项适合于进行因子分析。Kaiser（1974）认为，KMO 的值如果小于 0.5，则就不适合于进行因子分析。[1] 从表 4-21 可以看出，问卷的 KMO 值等于 0.838，远大于 0.5，因此适合进行因子分析。Bartlett 球形检验是从另外角度去判定是否适合对变量进行因子分析，如果不存在显著性差异，则说明不适合进行因子分析。Bartlett 球形检验结果显示存在显著性差异，问卷变量适合于进行因子分析。

表 4-21　数学文化预测问卷 KMO 和 Bartlett 球形检验结果

取样足够多的 Kaiser-Meyer-Olkin 度量		0.838
Bartlett 球形检验	近似卡方	3162.106
	df	153
	Sig.	0.000

　　反映像矩阵如表 4-22 所示。表 4-22 的上半部分为反映像协方差矩阵，下半部分为反映像相关矩阵。如果问卷有 n 个变量，以第 n 个题项变量为因变量，比如以问卷中的 a_1 作为因变量，其余（$n-1$）个题项变量为预测变量进行多元回归分析，如以问卷中的 a_2，…，a_{15}，d_2，d_3，d_4 作为预测变量进行多元回归分析，第 n 个因变量能被预测变量预测的部分记作 p_n，不能被预测的部分称为 E_n，p_n 是该变量的影像，E_n 是该变量的反影像。根据每个变量的反影像 E_n 可求得各变量反映像协方差矩阵及反映像相关矩阵。反映像相关矩阵对角线位置上的数值非常重要，也就是表 4-22 所示的矩阵的下半部分方阵的主对角线位置上的数值，记为 MSA，也就是常说的取样适当性数量，它是一个小数，一般而言，如果 MSA 值小于 0.50，表示该题项不适合进行因素分析。例如，从表 4-22 的统计结果来看，变量 a_4 和 a_7 的 MSA 值分别为 0.448[a] 与 0.591[a]，正式问卷可以考虑删除这两个题项。

　　表 4-23 是共同因素解释的总方差统计表。SPSS 里默认采用主成分分析抽取主成分，也可以理解为共同因子或因素。第一列是采用主成分分析抽取的因子数，第二列、第三列、第四列是对应因子的初始特征值、方差和累积方差，后面依次是提取平方和，包括了提取的每个因子的方差和累积方差，最后三列是采用正交转轴最大变异法旋转后的旋转平方和。

---

① 吴明隆 . 问卷统计分析实务——SPSS 操作应用［M］. 重庆：重庆大学出版社，2016.

表 4-22 数学文化预测问卷反映像矩阵

		a_1	a_2	a_3	a_4	a_6	a_5	a_7	a_8	a_9	a_{10}	a_{11}	a_{12}	a_{13}	a_{14}	a_{15}	d_2	d_3	d_4
反映像协方差	a_1	0.632	-0.153	-0.078	0.039	-0.009	-0.116	0.043	-0.094	-0.031	0.009	-0.076	-0.052	0.017	0.016	-0.058	-0.080	-0.007	-0.053
	a_2	-0.153	0.806	-0.040	-0.006	0.005	-0.044	0.010	-0.058	-0.086	-0.002	0.045	-0.030	-0.027	-0.016	-0.018	-0.003	-0.023	0.027
	a_3	-0.078	-0.040	0.809	0.023	-0.024	-0.016	-0.026	-0.035	-0.008	-0.028	-0.024	-0.020	-0.114	-0.006	-0.040	0.006	-0.031	0.013
	a_4	0.039	-0.006	0.023	0.907	-0.076	-0.001	-0.167	0.067	-0.023	0.040	-0.027	0.010	-0.050	-0.006	0.022	0.105	-0.080	-0.011
	a_6	-0.009	0.005	-0.024	-0.076	0.839	-0.121	-0.023	0.001	-0.092	-0.003	-0.081	0.038	-0.044	0.014	-0.074	-0.015	0.021	0.050
	a_5	-0.116	-0.044	-0.016	-0.001	-0.121	0.762	-0.016	-0.043	0.002	-0.038	-0.035	-0.015	0.003	-0.048	-0.060	-0.051	-0.002	0.091
	a_7	0.043	0.010	-0.026	-0.167	-0.023	-0.016	0.909	-0.107	0.020	-0.026	0.046	-0.037	0.032	-0.009	0.034	-0.043	-0.050	-0.036
	a_8	-0.094	-0.058	-0.035	0.067	0.001	-0.043	-0.107	0.679	-0.022	-0.099	-0.043	-0.082	0.012	-0.007	-0.112	-0.002	-0.007	0.022
	a_9	-0.031	-0.086	-0.008	-0.023	-0.092	0.002	0.020	-0.022	0.620	-0.255	-0.065	-0.017	0.014	-0.051	-0.001	0.027	-0.034	-0.047
	a_{10}	0.009	-0.002	-0.028	0.040	-0.003	-0.038	-0.026	-0.099	-0.255	0.640	0.003	-0.064	-0.051	0.008	-0.007	-0.029	0.003	0.020
	a_{11}	-0.076	0.045	-0.024	-0.027	-0.081	-0.035	0.046	-0.043	-0.065	0.003	0.587	-0.195	-0.045	-0.049	-0.053	-0.010	0.018	-0.030
	a_{12}	-0.052	-0.030	-0.020	0.010	0.038	-0.015	-0.037	-0.082	-0.017	-0.064	-0.195	0.604	-0.036	-0.064	-0.027	0.021	0.014	0.001
	a_{13}	0.017	-0.027	-0.114	-0.050	-0.044	0.003	0.032	0.012	0.014	-0.051	-0.045	-0.036	0.539	-0.270	-0.011	0.014	-0.017	-0.020
	a_{14}	0.016	-0.016	-0.006	-0.006	0.014	-0.048	-0.009	-0.007	-0.051	0.008	-0.049	-0.064	-0.270	0.526	-0.079	0.003	0.000	0.030
	a_{15}	-0.058	-0.018	-0.040	0.022	-0.074	-0.060	0.034	-0.112	-0.001	-0.007	-0.053	-0.027	-0.011	-0.079	0.741	0.005	0.018	-0.053
	d_2	-0.080	-0.003	0.006	0.105	-0.015	-0.051	-0.043	-0.002	0.027	-0.029	-0.010	0.021	0.014	0.003	0.005	0.549	-0.224	-0.193
	d_3	-0.007	-0.023	-0.031	-0.080	0.021	-0.002	-0.050	-0.007	-0.034	0.003	0.018	0.014	-0.017	0.000	0.018	-0.224	0.588	-0.175
	d_4	-0.053	0.027	0.013	-0.011	0.050	0.091	-0.036	0.022	-0.047	0.020	-0.030	0.001	-0.020	0.030	-0.053	-0.193	-0.175	0.608

续表

		a_1	a_2	a_3	a_4	a_6	a_5	a_7	a_8	a_9	a_{10}	a_{11}	a_{12}	a_{13}	a_{14}	a_{15}	d_2	d_3	d_4
反映像相关	a_1	0.880[a]	-0.214	-0.109	0.052	-0.012	-0.167	0.057	-0.144	-0.050	0.014	-0.124	-0.085	0.030	0.029	-0.085	-0.136	-0.011	-0.085
	a_2	-0.214	0.890[a]	-0.050	-0.007	0.007	-0.057	0.012	-0.078	-0.122	-0.003	0.065	-0.043	-0.041	-0.025	-0.024	-0.005	-0.033	0.039
	a_3	-0.109	-0.050	0.928[a]	0.027	-0.029	-0.021	-0.030	-0.047	-0.011	-0.039	-0.035	-0.028	-0.173	-0.010	-0.052	0.009	-0.045	0.019
	a_4	0.052	-0.007	0.027	0.448[a]	-0.087	-0.002	-0.184	0.086	-0.030	0.052	-0.037	0.013	-0.071	-0.009	0.026	0.148	-0.110	-0.015
	a_6	-0.012	0.007	-0.029	-0.087	0.858[a]	-0.151	-0.026	0.001	-0.127	-0.004	-0.115	0.053	-0.066	0.021	-0.093	-0.023	0.030	0.070
	a_5	-0.167	-0.057	-0.021	-0.002	-0.151	0.893[a]	-0.019	-0.060	0.003	-0.054	-0.053	-0.022	0.005	-0.076	-0.080	-0.079	-0.003	0.134
	a_7	0.057	0.012	-0.030	-0.184	-0.026	-0.019	0.591[a]	-0.137	0.027	-0.034	0.063	-0.051	0.046	-0.013	0.042	-0.060	0.074	-0.050
	a_8	-0.144	-0.078	-0.047	0.086	0.001	-0.060	-0.137	0.901[a]	-0.033	-0.151	-0.067	-0.128	0.019	-0.012	-0.158	-0.003	-0.012	0.034
	a_9	-0.050	-0.122	-0.011	-0.030	-0.127	0.003	0.027	-0.033	0.841[a]	-0.406	-0.109	-0.028	0.025	-0.089	-0.002	0.047	-0.056	-0.076
	a_{10}	0.014	-0.003	-0.039	0.052	-0.004	-0.054	-0.034	-0.151	-0.406	0.840[a]	0.005	-0.103	-0.088	0.014	-0.011	-0.048	0.005	0.032
	a_{11}	-0.124	0.065	-0.035	-0.037	-0.115	-0.053	0.063	-0.067	-0.109	0.005	0.883[a]	-0.327	-0.081	-0.089	-0.081	-0.017	0.074	-0.050
	a_{12}	-0.085	-0.043	-0.028	0.013	0.053	-0.022	-0.051	-0.128	-0.028	-0.103	-0.327	0.892[a]	-0.064	-0.114	-0.040	0.036	0.024	0.001
	a_{13}	0.030	-0.041	-0.173	-0.071	-0.066	0.005	0.046	0.019	0.025	-0.088	-0.081	-0.064	0.798[a]	-0.508	-0.017	0.026	-0.029	-0.035
	a_{14}	0.029	-0.025	-0.010	-0.009	0.021	-0.076	-0.013	-0.012	-0.089	0.014	-0.089	-0.114	-0.508	0.815[a]	-0.127	0.005	0.000	0.053
	a_{15}	-0.085	-0.024	-0.052	0.026	-0.093	-0.080	0.042	-0.158	-0.002	-0.011	-0.081	-0.040	-0.017	-0.127	0.923[a]	0.008	0.027	-0.080
	d_2	-0.136	-0.005	0.009	0.148	-0.023	-0.079	-0.060	-0.003	0.047	-0.048	-0.017	0.036	0.026	0.005	0.008	0.714[a]	-0.395	-0.335
	d_3	-0.011	-0.033	-0.045	-0.110	0.030	-0.003	-0.068	-0.012	-0.056	0.005	0.074	0.024	-0.029	0.000	0.027	-0.395	0.721[a]	-0.293
	d_4	-0.085	0.039	0.019	-0.015	0.070	0.134	-0.048	0.034	-0.076	0.032	-0.050	0.001	-0.035	0.053	-0.080	-0.335	-0.293	0.726[a]

注：a 为取样足够度度量（MSA）。

表 4-23 数学文化预测问卷解释的总方差

成分	初始特征值			提取平方和载入			旋转平方和载入		
	合计	方差的百分比（%）	累计方差贡献率（%）	合计	方差的百分比（%）	累计方差贡献率（%）	合计	方差百分比（%）	累计方差贡献率（%）
1	4.558	25.323	25.323	4.558	25.323	25.323	3.184	17.689	17.689
2	2.169	12.051	37.373	2.169	12.051	37.373	2.469	13.718	31.407
3	1.266	7.031	44.404	1.266	7.031	44.404	2.204	12.243	43.650
4	1.093	6.075	50.479	1.093	6.075	50.479	1.229	6.828	50.479
5	0.984	5.466	55.945						
6	0.937	5.205	61.150						
7	0.891	4.949	66.098						
8	0.818	4.543	70.641						
9	0.751	4.171	74.812						
10	0.719	3.993	78.805						
11	0.673	3.737	82.542						
12	0.569	3.163	85.705						
13	0.519	2.881	88.586						
14	0.466	2.587	91.173						
15	0.444	2.468	93.641						
16	0.428	2.376	96.017						
17	0.382	2.123	98.139						
18	0.335	1.861	100.000						

注：提取方法为主成分分析法。

由表 4-23 可以看出，前四个主成分的初始特征值都大于 1，累积提取平方和为 50.479%，采用正交转轴最大变异法旋转后的累积旋转平方和与没有旋转前一样，都是 50.479%。当然，如果没有限定特征根大于 1，也可以提取 5 个主成分或是 6 个主成分，因为第 5 个主成分的特征根是 0.984，第 6 个主成分的特征根是 0.937，都与 1 接近，如果提取 5 个主成分，累积提取平方和为 56%，如果提取 6 个主成分，累积提取平方和为 61.2%。

如图 4-2 所示碎石图的纵坐标表示因素的特征值，横坐标表示因素的数目。碎石图把主成分特征值由高到低排列，并用线段连接表示，直观呈现在二维平面，其纵向表示主成分的特征值，横向表示抽取的主成分或公因子的数目。从碎石图可以看出，前四个因素特征值都是大于 1 的，并且差异比较大，这直观说明提取四个因素比较合理。

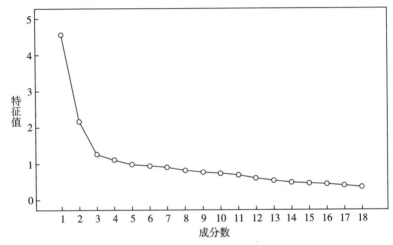

图 4-2　数学文化预测问卷碎石图

本书研究中并没有去区分主成分、公因子、共同因素或者公因素这几个概念，它们是意思相同的概念。表 4-24 是成分矩阵表，也可以命名为共同因素矩阵表，它表示数学文化问卷 18 个题目变量在 4 个提取的主成分或共同因素上的未旋转的因素负荷矩阵。成分矩阵表中的数值为问卷各题项在共同因素的因素负荷量，由此矩阵可以计算出每一变量的共同性、每个因素的特征值等。下面通过具体例子来说明其计算方法，以变量 a_{11} 为例，共同性提取值等于 $0.674^2 + (-0.161)^2 + 0.023^2 + (-0.116)^2 = 0.494$，也就是表 4-24 中每个变量对应的行向量的数值的平方和。而特征值的计算是列向量的平方和，也就是对应的主成分在所有问卷题目变量上的负荷量的平方相加得到。例如，计算转轴前第一个主成分的特征值，也就等于第一列的平方和：$0.674^2 + 0.664^2 + \cdots + 0.086^2 = 4.558$，它与表 4-23 中提取一个主成分时所对应的特征值相等。

表 4–24　数学文化预测问卷成分矩阵

变量	成分			
	1	2	3	4
a_{11}	0.674	–0.161	0.023	–0.116
a_{12}	0.664	–0.161	0.004	–0.077
a_{14}	0.633	–0.248	0.270	–0.400
a_9	0.621	0.003	0.016	0.200
a_1	0.620	0.209	–0.307	0.104
a_8	0.614	0.005	–0.187	0.262
a_{13}	0.610	–0.206	0.330	–0.452
a_{10}	0.598	–0.025	–0.040	0.217
a_{15}	0.576	–0.058	–0.099	–0.068
a_5	0.524	–0.095	–0.116	0.257
a_3	0.502	–0.026	0.041	–0.159
a_2	0.472	0.044	–0.194	0.191
a_6	0.397	–0.177	0.172	0.291
d_2	0.257	0.792	–0.062	–0.090
d_3	0.193	0.788	0.165	–0.095
d_4	0.186	0.775	0.075	–0.196
a_4	–0.030	–0.055	0.764	0.202
a_7	0.086	0.266	0.489	0.479

注：提取方法为主成分分析法。已提取了 4 个成分。

表 4–25 是采用方差最大变异正交旋转进行转轴后的成分矩阵表。输出报告显示，在旋转 6 次迭代后收敛。表 4–25 中的系数是变量与公因子的相关系数，表 4–25 所示的矩阵中（a_{ij}）的位置是第 i 个题目变量与第 j 个公因子的相关系数，SPSS 通过一定的程序和运算法则迭代运算而得到。例如，计算变量 a_8 与第一主成分的相关系数就是 0.679，旋转后的因素矩阵是由未转轴前的因素矩阵乘以成分矩阵而来。

表 4-25　数学文化预测问卷第一次旋转成分矩阵

变量	成分			
	1	2	3	4
a_8	0.679	0.132	0.055	−0.013
a_1	0.634	0.140	0.276	−0.185
a_{10}	0.594	0.213	0.039	0.090
a_5	0.584	0.133	−0.054	0.038
a_9	0.583	0.251	0.078	0.133
a_2	0.532	0.079	0.080	−0.057
a_{15}	0.443	0.374	0.057	−0.104
a_6	0.409	0.161	−0.146	0.297
a_{13}	0.121	0.841	0.020	0.074
a_{14}	0.187	0.810	−0.029	0.046
a_{11}	0.454	0.537	−0.007	−0.023
a_{12}	0.474	0.498	−0.018	−0.020
a_3	0.289	0.430	0.100	−0.028
d_2	0.157	−0.022	0.823	−0.054
d_4	0.000	0.059	0.822	0.011
d_3	0.030	0.027	0.821	0.139
a_4	−0.168	0.142	−0.057	0.760
a_7	0.157	−0.155	0.203	0.675

注：提取方法为主成分分析法。旋转法为具有 Kaiser 标准化的正交旋转法。旋转在 6 次迭代后收敛。

从表 4-25 可以看出，共同因素 1 包括 a_8、a_1、a_{10}、a_5、a_9、a_2、a_{15}、a_6，共同因素 2 包括 a_{13}、a_{14}、a_{11}、a_{12}、a_3，共同因素 3 包括 d_2、d_4、d_3，共同因素 4 包括 a_4、a_7。

删除 a_4、a_7 变量再次进行探索性因子分析，重复上述过程，并抽取四个共同因素，结果如表 4-26 所示。

表4-26　数学文化预测问卷第二次旋转成分矩阵

变量	成分			
	1	2	3	4
a_1	0.701	0.114	0.276	0.131
a_5	0.682	0.159	−0.044	0.016
a_8	0.546	0.152	0.051	0.366
a_2	0.534	0.038	0.079	0.217
a_{15}	0.509	0.380	0.059	0.039
a_6	0.406	0.189	−0.124	0.112
a_{13}	0.065	0.846	0.024	0.128
a_{14}	0.126	0.821	−0.029	0.145
a_{11}	0.382	0.520	−0.004	0.271
a_{12}	0.340	0.492	−0.023	0.347
a_3	0.314	0.451	0.099	0.034
d_3	0.007	0.022	0.828	0.047
d_2	0.162	−0.015	0.825	0.020
d_4	−0.029	0.042	0.824	0.057
a_{10}	0.173	0.177	0.044	0.816
a_9	0.204	0.192	0.087	0.790

注：提取方法为主成分分析法。旋转法为具有 Kaiser 标准化的正交旋转法。旋转在 5 次迭代后收敛。

根据探索性因子分析结果，数学文化问卷应该由原来的 5 个维度变为 4 个维度，这 4 个维度用数学知识与方法、数学活动、数学应用意识和数学思维来表示。在确定维度和题项关系时，如果仅从统计结果来看，它们之间的关系如表 4-27 所示的第一列和第二列。咨询了数学文化专家，专家建议既要参考统计结果，同时也要从题项内容去判断。例如，在小学二年级的时候已经学习了长度单位"米"，题项"我知道 1 米这个单位的来历"从内容判断应该属于数学知识与方法的范畴，即使统计分析表明它属于因素 2，通过专家判断也应该把它放在数学知识与方法这一维度下。同理，结合统计结果和专家经验判断，通过综合分析，最终确定数学文化预测问卷维度与题项的对应关系如表4-27所示。

表4-27 数学文化预测问卷维度与题项的对应关系

因素	题项	原来维度	最后确定维度
1	1. 我能列举出古今中外至少3个数学家的姓名	数学知识	数学知识与方法
1	2. 我知道田忌赛马这个故事	数学知识	数学知识与方法
2	3. 我知道1米这个单位的来历	数学知识	数学知识与方法
1	5. 在买东西的时候，我经常会估一估	数学方法	数学知识与方法
1	6. 数学学习中我有时会先猜想答案，然后再计算	数学方法	数学知识与方法
1	8. 我会认真阅读教材中数学文化的内容	数学活动	数学知识与方法
4	9. 老师在数学课上经常讲述有关数学的故事	数学活动	数学活动
4	10. 教师会经常介绍数学在生活中的应用	数学活动	数学活动
2	11. 除了数学教材，我阅读过其他数学文化读物	数学活动	数学活动
2	12. 如果有书籍，我会主动阅读有关数学家和数学的故事	数学活动	数学应用意识
2	13. 在科学课中我会用数学的方法去思考问题	数学应用意识	数学应用意识
2	14. 在科学课课外实践中我会主动思考数学的应用	数学应用意识	数学应用意识
1	15. 在解数学问题时，有时候我会主动运用数学文化中介绍的方法	数学应用意识	数学知识与方法
3	$2+4+6+\cdots+196+198+200=$ 你是如何计算的？说说你的具体计算过程	数学思维	数学思维
3	猜一猜：$1+2+3+\cdots+n=$，你是怎么猜的，请写一写	数学思维	数学思维
3	计算 $1-1+1-1+1-1\cdots=$，你是如何计算的	数学思维	数学思维

（3）情境兴趣预测问卷建构效度分析。对问卷第二部分也就是数学文化情境兴趣问卷进行相类似的统计分析，统计结果如下。

表4-28是情境兴趣预测问卷相关矩阵及显著性检验结果。表4-28与表4-20数学文化问卷相关矩阵表及显著性检验结果的结构一样，上半部分是题项之间的相关系数，下半部分是对应系数的检验结果。从表4-28可以看出，检验结果表明对应系数都存在显著性差异。

表4-28 情境兴趣预测问卷相关矩阵及显著性检验结果

		b_1	b_2	b_3	b_4	b_5	b_6	b_7	b_8	b_9	b_{10}	b_{11}	b_{12}	b_{13}
相关	b_1	1.000	0.496	0.403	0.397	0.422	0.406	0.330	0.359	0.295	0.284	0.338	0.383	0.410
	b_2	0.496	1.000	0.402	0.461	0.414	0.381	0.312	0.374	0.335	0.173	0.397	0.371	0.400
	b_3	0.403	0.402	1.000	0.641	0.390	0.464	0.386	0.438	0.338	0.151	0.331	0.382	0.387
	b_4	0.397	0.461	0.641	1.000	0.458	0.384	0.372	0.401	0.355	0.257	0.334	0.377	0.349
	b_5	0.422	0.414	0.390	0.458	1.000	0.409	0.314	0.380	0.375	0.284	0.374	0.413	0.460
	b_6	0.406	0.381	0.464	0.384	0.409	1.000	0.590	0.538	0.460	0.211	0.342	0.476	0.469
	b_7	0.330	0.312	0.386	0.372	0.314	0.590	1.000	0.582	0.505	0.285	0.400	0.451	0.431
	b_8	0.359	0.374	0.438	0.401	0.380	0.538	0.582	1.000	0.518	0.279	0.432	0.472	0.425
	b_9	0.295	0.335	0.338	0.355	0.375	0.460	0.505	0.518	1.000	0.336	0.411	0.459	0.438
	b_{10}	0.284	0.173	0.151	0.257	0.284	0.211	0.285	0.279	0.336	1.000	0.230	0.337	0.308
	b_{11}	0.338	0.397	0.331	0.334	0.374	0.342	0.400	0.432	0.411	0.230	1.000	0.620	0.574
	b_{12}	0.383	0.371	0.382	0.377	0.413	0.476	0.451	0.472	0.459	0.337	0.620	1.000	0.623
	b_{13}	0.410	0.400	0.387	0.349	0.460	0.469	0.431	0.425	0.438	0.308	0.574	0.623	1.000
Sig.（单侧）	b_1		0.000	0.000	0.000	0.000	0.000	0.000	0.000	0.000	0.000	0.000	0.000	0.000
	b_2	0.000		0.000	0.000	0.000	0.000	0.000	0.000	0.000	0.000	0.000	0.000	0.000
	b_3	0.000	0.000		0.000	0.000	0.000	0.000	0.000	0.000	0.000	0.000	0.000	0.000
	b_4	0.000	0.000	0.000		0.000	0.000	0.000	0.000	0.000	0.000	0.000	0.000	0.000

续表

		b_1	b_2	b_3	b_4	b_5	b_6	b_7	b_8	b_9	b_{10}	b_{11}	b_{12}	b_{13}
Sig.（单侧）	b_5	0.000	0.000	0.000	0.000		0.000	0.000	0.000	0.000	0.000	0.000	0.000	0.000
	b_6	0.000	0.000	0.000	0.000	0.000		0.000	0.000	0.000	0.000	0.000	0.000	0.000
	b_7	0.000	0.000	0.000	0.000	0.000	0.000		0.000	0.000	0.000	0.000	0.000	0.000
	b_8	0.000	0.000	0.000	0.000	0.000	0.000	0.000		0.000	0.000	0.000	0.000	0.000
	b_9	0.000	0.000	0.000	0.000	0.000	0.000	0.000	0.000		0.000	0.000	0.000	0.000
	b_{10}	0.000	0.000	0.000	0.000	0.000	0.000	0.000	0.000	0.000		0.000	0.000	0.000
	b_{11}	0.000	0.000	0.000	0.000	0.000	0.000	0.000	0.000	0.000	0.000		0.000	0.000
	b_{12}	0.000	0.000	0.000	0.000	0.000	0.000	0.000	0.000	0.000	0.000	0.000		0.000
	b_{13}	0.000	0.000	0.000	0.000	0.000	0.000	0.000	0.000	0.000	0.000	0.000	0.000	

注：行列式 =0.004。

表 4-28 不能判断是否应该删除某一题项。对应的相关系数的行列式的值等于 0.04，从数学角度看，存在可逆矩阵，这说明了可以进行 KMO 和 Bartlett 球形检验，也可以进行因子分析。KMO 和 Bartlett 球形检验结果如表 4-29 所示。

表 4-29　情境兴趣预测问卷 KMO 和 Bartlett 球形检验

取样足够度的 Kaiser–Meyer–Olkin 度量		0.911
Bartlett 球形检验	近似卡方	3833.126
	df	78
	Sig.	0.000

KMO 值等于 0.911，接近于 1，球形检验结果表明存在显著性差异，这进一步说明变量适合于因子分析。

表 4-30 是情境兴趣预测问卷反映像矩阵。矩阵分为两个部分，它实际上是由两个方阵组成，上半部分方阵是反映像协方差矩阵，下半部分方阵是反映像相关矩阵。

表 4-30　情境兴趣预测问卷反映像矩阵

		b_1	b_2	b_3	b_4	b_5	b_6	b_7	b_8	b_9	b_{10}	b_{11}	b_{12}	b_{13}
反映像协方差	b_1	0.627	-0.174	-0.057	-0.014	-0.077	-0.055	-0.006	-0.011	0.035	-0.098	-0.004	-0.016	-0.040
	b_2	-0.174	0.614	-0.008	-0.103	-0.056	-0.030	0.020	-0.029	-0.030	0.051	-0.070	0.008	-0.030
	b_3	-0.057	-0.008	0.505	-0.241	-0.004	-0.075	-0.004	-0.055	0.003	0.075	0.001	-0.010	-0.034
	b_4	-0.014	-0.103	-0.241	0.495	-0.101	0.021	-0.032	-0.007	-0.019	-0.068	-0.005	-0.016	0.032
	b_5	-0.077	-0.056	-0.004	-0.101	0.625	-0.056	0.044	-0.023	-0.043	-0.058	-0.021	-0.012	-0.082
	b_6	-0.055	-0.030	-0.075	0.021	-0.056	0.499	-0.160	-0.076	-0.048	0.052	0.065	-0.060	-0.052
	b_7	-0.006	0.020	-0.004	-0.032	0.044	-0.160	0.509	-0.134	-0.089	-0.048	-0.039	-0.010	-0.022
	b_8	-0.011	-0.029	-0.055	-0.007	-0.023	-0.076	-0.134	0.517	-0.102	-0.029	-0.049	-0.029	0.015
	b_9	0.035	-0.030	0.003	-0.019	-0.043	-0.048	-0.089	-0.102	0.592	-0.100	-0.037	-0.034	-0.033

		b_1	b_2	b_3	b_4	b_5	b_6	b_7	b_8	b_9	b_{10}	b_{11}	b_{12}	b_{13}
反映像协方差	b_{10}	−0.098	0.051	0.075	−0.068	−0.058	0.052	−0.048	−0.029	−0.100	0.786	0.038	−0.074	−0.045
	b_{11}	−0.004	−0.070	0.001	−0.005	−0.021	0.065	−0.039	−0.049	−0.037	0.038	0.521	−0.168	−0.122
	b_{12}	−0.016	0.008	−0.010	−0.016	−0.012	−0.060	−0.010	−0.029	−0.034	−0.074	−0.168	0.454	−0.127
	b_{13}	−0.040	−0.030	−0.034	0.032	−0.082	−0.052	−0.022	0.015	−0.033	−0.045	−0.122	−0.127	0.485
反映像相关	b_1	0.924[a]	−0.280	−0.101	−0.024	−0.122	−0.098	−0.011	−0.019	0.057	−0.140	−0.008	−0.029	−0.072
	b_2	−0.280	0.919[a]	−0.014	−0.186	−0.091	−0.055	0.036	−0.052	−0.049	0.074	−0.125	0.016	−0.056
	b_3	−0.101	−0.014	0.871[a]	−0.481	−0.008	−0.149	−0.009	−0.108	0.006	0.119	0.001	−0.021	−0.069
	b_4	−0.024	−0.186	−0.481	0.861[a]	−0.182	0.041	−0.064	−0.013	−0.034	−0.109	−0.010	−0.033	0.066
	b_5	−0.122	−0.091	−0.008	−0.182	0.944[a]	−0.101	0.079	−0.041	−0.071	−0.082	−0.037	−0.023	−0.149
	b_6	−0.098	−0.055	−0.149	0.041	−0.101	0.910[a]	−0.316	−0.149	−0.088	0.082	0.128	−0.126	−0.105
	b_7	−0.011	0.036	−0.009	−0.064	0.079	−0.316	0.908[a]	−0.261	−0.163	−0.076	−0.076	−0.020	−0.045
	b_8	−0.019	−0.052	−0.108	−0.013	−0.041	−0.149	−0.261	0.937[a]	−0.184	−0.045	−0.095	−0.061	0.030
	b_9	0.057	−0.049	0.006	−0.034	−0.071	−0.088	−0.163	−0.184	0.946[a]	−0.147	−0.067	−0.066	−0.061
	b_{10}	−0.140	0.074	0.119	−0.109	−0.082	0.082	−0.076	−0.045	−0.147	0.879[a]	0.059	−0.125	−0.073
	b_{11}	−0.008	−0.125	0.001	−0.010	−0.037	0.128	−0.076	−0.095	−0.067	0.059	0.897[a]	−0.346	−0.242
	b_{12}	−0.029	0.016	−0.021	−0.033	−0.023	−0.126	−0.020	−0.061	−0.066	−0.125	−0.346	0.914[a]	−0.270
	b_{13}	−0.072	−0.056	−0.069	0.066	−0.149	−0.105	−0.045	0.030	−0.061	−0.073	−0.242	−0.270	0.925[a]

注：a 表示取样足够度度量（MSA）。

表 4-30 的结构与表 4-22 一样，反映像相关矩阵主对角线上的值是取样适当性量数，即 MSA 值，如 b_1 的 MSA 值等于 0.924[a]，从表 4-30 可以看出，每一变量的 MSA 值都大于 0.85，适合于进行因子分析。

在问卷变量进行适合因素分析的前提下，采用主成分分析进行因子分析，SPSS 提供了两种抽取共同因素的方法：限定特征值和固定提取的因子数。由于在编制问卷时从理论上确定数学文化情境兴趣的维度包括了文本兴趣、任务兴趣、知识兴趣三个方面，因此，采用固定因子数的办法抽取共同因素，这里的因子数为固定 3 个因素。

表 4-31　情境兴趣预测问卷解释的总方差

成分	初始特征值			提取平方和载入			旋转平方和载入		
	合计	方差的百分比（%）	累计方差贡献率（%）	合计	方差的百分比（%）	累计方差贡献率（%）	合计	方差的百分比（%）	累计方差贡献率（%）
1	5.820	44.767	44.767	5.820	44.767	44.767	2.736	21.043	21.043
2	1.126	8.664	53.430	1.126	8.664	53.430	2.629	20.223	41.266
3	0.965	7.420	60.850	0.965	7.420	60.850	2.546	19.584	60.850
4	0.868	6.677	67.527						
5	0.701	5.395	72.922						
6	0.599	4.607	77.529						
7	0.588	4.527	82.056						
8	0.469	3.605	85.661						
9	0.453	3.485	89.146						
10	0.403	3.102	92.248						
11	0.376	2.890	95.138						
12	0.332	2.557	97.695						
13	0.300	2.305	100.000						

注：提取方法为主成分分析法。

　　表 4-31 是共同因素解释的总方差统计表。在固定抽取 3 个因素时，虽然第 3 个主成分的特征值没有达到 1，只有 0.965，但与 1 非常接近。图 4-3 是情境兴趣预测问卷的碎石图，直观呈现了主成分数与特征值的关系。

　　表 4-31 和图 4-3 呈现了情境兴趣预测问卷共同因素特征值和主成分的对应关系。在抽取 3 个共同因素时，第 3 个因素特征值为 0.965，前 3 个因素累计提取平方和为 60.850%，因此，抽取 3 个因素比较合理。

　　表 4-32 是旋转后的主成分矩阵表，其结构与意义和表 4-25 一样，采用方差最大变异进行正交旋转，统计显示在 6 次旋转迭代后收敛。

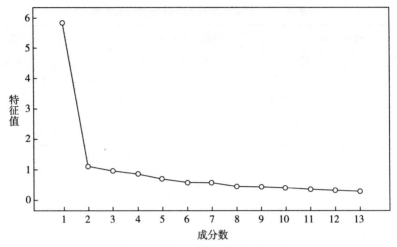

图 4-3　情境兴趣预测问卷碎石图

表 4-32　情境兴趣预测问卷旋转成分矩阵

变量	成分		
	1	2	3
b_4	0.756	0.304	0.079
b_3	0.717	0.420	−0.005
b_2	0.693	0.112	0.288
b_1	0.640	0.098	0.352
b_5	0.568	0.146	0.419
b_7	0.151	0.801	0.247
b_8	0.257	0.722	0.269
b_6	0.339	0.703	0.193
b_9	0.137	0.621	0.411
b_{12}	0.244	0.349	0.704
b_{11}	0.242	0.235	0.701
b_{13}	0.304	0.278	0.695
b_{10}	0.056	0.140	0.590

注：提取方法为主成分分析法。旋转法为具有 Kaiser 标准化的正交旋转法。旋转在 6 次迭代后收敛。

旋转后的主成分矩阵表明了题项与主成分之间的关系，共同因素1的题项为 b_4，b_3，b_2，b_1，b_5；共同因素2的题项为 b_7，b_8，b_6，b_9；共同因素3的题项为 b_{12}，b_{11}，b_{13}，b_{10}。共同因素与题项的关系如表4-33所示。

表4-33　情境兴趣预测问卷共同因素与题项的关系

因素	题项	原来维度	最后确定维度
1	1. 我喜欢阅读数学教材中的"数学文化"和"数学广角"	文本兴趣	文本兴趣
1	2. 我课外喜欢阅读有关数学文化的丛书	文本兴趣	文本兴趣
1	3. 我喜欢阅读教材中数学文化是因为形式多样	文本兴趣	文本兴趣
1	4. 我喜欢上数学文化课是因为内容丰富多彩	文本兴趣	文本兴趣
1	5. 我喜欢上数学文化课是因为呈现形式吸引人	文本兴趣	文本兴趣
2	6. 我喜欢阅读数学文化是因为可以知道很多数学的逸闻趣事	任务兴趣	任务兴趣
2	7. 我喜欢阅读数学文化是因为可以学到很多知识	任务兴趣	任务兴趣
2	8. 我喜欢阅读数学文化是因为可以了解数学的由来与发展	任务兴趣	任务兴趣
2	9. 我喜欢阅读数学文化是因为可以知道数学在实际生活中的应用	任务兴趣	任务兴趣
3	10. 我喜欢阅读数学文化是因为有助于考试	任务兴趣	知识兴趣
3	11. 我对数学文化中介绍的数学的应用感到好奇	知识兴趣	知识兴趣
3	12. 我对数学文化中的数学知识感到好奇	知识兴趣	知识兴趣
3	13. 我对数学文化中的数学方法有好奇心	知识兴趣	知识兴趣

在此涉及题项"我喜欢阅读数学文化是因为有助于考试"的处理。在编制问卷时，根据题目内容把它作为任务兴趣的题项，在统计分析后，该题与11题、12题、13题反映同一因素，因此，把该项归入知识兴趣维度，一方面，这符合统计结果；另一方面，把该题项归入知识兴趣后，每一个因素都由4个或者5个题项去反映，问卷结构更加合理。

（4）个体兴趣预测问卷建构效度分析。同理，对个体兴趣问卷进行探索性因素分析，其统计结果如表4-34至表4-39所示。

表4-34是个体兴趣预测问卷题项的相关矩阵和对应系数的显著性检验结果统计表。从题项间的相关系数来看，不存在这样的题项：该题项与其他题项的相关普遍较低，同时，相关系数检验表明都存在显著性差异，因此，没有办法从相

关矩阵判别是否应该删除某一题项。统计结果显示行列式的值等于 0.009，因此可以进行因素分析。

表4-34　个体兴趣预测问卷相关矩阵及显著性检验结果

		c_1	c_2	c_3	c_4	c_5	c_6	c_7	c_8	c_9	c_{10}
相关	c_1	1.000	0.615	0.464	0.456	0.352	0.513	0.383	0.425	0.456	0.505
	c_2	0.615	1.000	0.546	0.521	0.396	0.524	0.464	0.459	0.500	0.557
	c_3	0.464	0.546	1.000	0.522	0.419	0.558	0.478	0.477	0.490	0.520
	c_4	0.456	0.521	0.522	1.000	0.505	0.500	0.547	0.533	0.457	0.488
	c_5	0.352	0.396	0.419	0.505	1.000	0.440	0.450	0.298	0.475	0.356
	c_6	0.513	0.524	0.558	0.500	0.440	1.000	0.563	0.528	0.446	0.504
	c_7	0.383	0.464	0.478	0.547	0.450	0.563	1.000	0.601	0.485	0.519
	c_8	0.425	0.459	0.477	0.533	0.298	0.528	0.601	1.000	0.467	0.557
	c_9	0.456	0.500	0.490	0.457	0.475	0.446	0.485	0.467	1.000	0.536
	c_{10}	0.505	0.557	0.520	0.488	0.356	0.504	0.519	0.557	0.536	1.000
Sig.（单侧）	c_1		0.000	0.000	0.000	0.000	0.000	0.000	0.000	0.000	0.000
	c_2	0.000		0.000	0.000	0.000	0.000	0.000	0.000	0.000	0.000
	c_3	0.000	0.000		0.000	0.000	0.000	0.000	0.000	0.000	0.000
	c_4	0.000	0.000	0.000		0.000	0.000	0.000	0.000	0.000	0.000
	c_5	0.000	0.000	0.000	0.000		0.000	0.000	0.000	0.000	0.000
	c_6	0.000	0.000	0.000	0.000	0.000		0.000	0.000	0.000	0.000
	c_7	0.000	0.000	0.000	0.000	0.000	0.000		0.000	0.000	0.000
	c_8	0.000	0.000	0.000	0.000	0.000	0.000	0.000		0.000	0.000
	c_9	0.000	0.000	0.000	0.000	0.000	0.000	0.000	0.000		0.000
	c_{10}	0.000	0.000	0.000	0.000	0.000	0.000	0.000	0.000	0.000	

注：行列式 =0.009。

表4-35 是个体兴趣预测问卷 KMO 和 Bartlett 球形检验统计表。从表4-35 可以看出，个体兴趣问卷 KMO 值等于 0.927，Bartlett 球形检验显示存在显著性差异，因此，可以对问卷进行因素分析。

表 4-35　个体兴趣预测问卷 KMO 和 Bartlett 球形检验统计

取样足够度的 Kaiser–Meyer–Olkin 度量		0.927
Bartlett 球形检验	近似卡方	3343.018
	df	45
	Sig.	0.000

表 4-36 是个体兴趣预测问卷反映像矩阵统计表，与前面反映像统计表意义一样。可以看到，除了 c_5 变量反映像相关系数为 0.892^a，没有达到 0.9，其他变量系数都超过了 0.9，进一步说明变量都可以进入因素分析。

表 4-36　个体兴趣预测问卷反映像矩阵

		c_1	c_2	c_3	c_4	c_5	c_6	c_7	c_8	c_9	c_{10}
反映像协方差	c_1	0.540	-0.171	-0.016	-0.036	-0.010	-0.092	0.041	-0.021	-0.051	-0.062
	c_2	-0.171	0.470	-0.078	-0.061	-0.010	-0.038	-0.017	0.002	-0.049	-0.077
	c_3	-0.016	-0.078	0.529	-0.069	-0.038	-0.105	-0.010	-0.029	-0.060	-0.058
	c_4	-0.036	-0.061	-0.069	0.506	-0.142	-0.010	-0.073	-0.096	0.002	-0.019
	c_5	-0.010	-0.010	-0.038	-0.142	0.621	-0.071	-0.081	0.088	-0.137	0.017
	c_6	-0.092	-0.038	-0.105	-0.010	-0.071	0.496	-0.100	-0.070	0.013	-0.024
	c_7	0.041	-0.017	-0.010	-0.073	-0.081	-0.100	0.484	-0.143	-0.047	-0.051
	c_8	-0.021	0.002	-0.029	-0.096	0.088	-0.070	-0.143	0.496	-0.052	-0.097
	c_9	-0.051	-0.049	-0.060	0.002	-0.137	0.013	-0.047	-0.052	0.555	-0.100
	c_{10}	-0.062	-0.077	-0.058	-0.019	0.017	-0.024	-0.051	-0.097	-0.100	0.501
反映像相关	c_1	0.915^a	-0.340	-0.029	-0.069	-0.018	-0.177	0.080	-0.040	-0.092	-0.120
	c_2	-0.340	0.923^a	-0.157	-0.125	-0.019	-0.079	-0.035	0.003	-0.096	-0.158
	c_3	-0.029	-0.157	0.950^a	-0.134	-0.067	-0.204	-0.020	-0.056	-0.110	-0.113
	c_4	-0.069	-0.125	-0.134	0.934^a	-0.254	-0.020	-0.147	-0.192	0.004	-0.038
	c_5	-0.018	-0.019	-0.067	-0.254	0.892^a	-0.128	-0.148	0.159	-0.233	0.030
	c_6	-0.177	-0.079	-0.204	-0.020	-0.128	0.936^a	-0.203	-0.141	0.024	-0.047
	c_7	0.080	-0.035	-0.020	-0.147	-0.148	-0.203	0.920^a	-0.293	-0.091	-0.105

		c_1	c_2	c_3	c_4	c_5	c_6	c_7	c_8	c_9	c_{10}
反映像相关	c_8	−0.040	0.003	−0.056	−0.192	0.159	−0.141	−0.293	0.908ª	−0.100	−0.195
	c_9	−0.092	−0.096	−0.110	0.004	−0.233	0.024	−0.091	−0.100	0.937ª	−0.189
	c_{10}	−0.120	−0.158	−0.113	−0.038	0.030	−0.047	−0.105	−0.195	−0.189	0.943ª

注：a 表示取样足够度度量（MSA）。

表 4-37 是共同因素解释的总方差统计表。在编制问卷时根据已有兴趣研究，个体兴趣维度包括了现实兴趣和潜在兴趣两个维度，因此，在采用主成分分析提取共同因素时固定因子数为 2。从表 4-37 可以看出，第 2 个主成分的特征值只有 0.785，如果采用限制特征值大于 1 的方法只能抽取 1 个主成分，此时解释的总方差为 53.856%，在抽取 2 个主成分时解释的总方差为 61.710%。

表 4-37　个体兴趣预测问卷共同因素解释的总方差

成分	初始特征值			提取平方和载入			旋转平方和载入		
	合计	方差的百分比（%）	累计方差贡献率（%）	合计	方差的百分比（%）	累计方差贡献率（%）	合计	方差的百分比（%）	累计方差贡献率（%）
1	5.386	53.856	53.856	5.386	53.856	53.856	3.495	34.947	34.947
2	0.785	7.854	61.710	0.785	7.854	61.710	2.676	26.763	61.710
3	0.752	7.516	69.226						
4	0.593	5.926	75.152						
5	0.514	5.140	80.291						
6	0.491	4.914	85.205						
7	0.413	4.130	89.336						
8	0.388	3.884	93.220						
9	0.343	3.426	96.646						
10	0.335	3.354	100.000						

注：提取方法为主成分分析法。

表 4-38 是旋转成分矩阵统计表。从表 4-38 可以看出问卷题项与主成分的对应关系，主成分 1 包括的题项有 c_1、c_2、c_{10}、c_8、c_3、c_6，主成分 2 包括的题项有 c_5、c_7、c_4、c_9。

表 4-38　个体兴趣预测问卷旋转成分矩阵

变量	成分	
	1	2
c_1	0.803	0.136
c_2	0.777	0.263
c_{10}	0.728	0.313
c_8	0.612	0.410
c_3	0.600	0.450
c_6	0.593	0.480
c_5	0.096	0.863
c_7	0.427	0.660
c_4	0.440	0.651
c_9	0.495	0.534

注：提取方法为主成分分析法。旋转法为具有 Kaiser 标准化的正交旋转法。旋转在 3 次迭代后收敛。

　　在编制问卷时把题项"阅读数学文化，数学家探索数学的精神会鼓舞我"归入到现实兴趣，统计分析表明应归入潜在兴趣，精神对人的影响既是现实的影响，也有潜在的影响，但更应该关注其潜在的影响，因此归入潜在兴趣比较合理；题项"了解数学文化后，与以往相比我更加喜欢上数学课"原先归入潜在兴趣，统计分析后应归入现实兴趣。考虑到调查的对象是小学生，回答问题的时间不宜太久，同时考虑到问卷整体结构题项的均衡性，所以，现实兴趣只保留 3 个题项。表 4-39 中的"√"表示保留，"×"表示删除。删除"数学文化的学习更加强了我学好数学的信心"这一题项是因为该题项应该是反映潜在兴趣维度，但统计结果却是反映现实兴趣，删除"老师介绍数学文化时我的注意力非常集中"是从问卷整体结构考虑，该题项与"了解数学文化后，与以往相比我更加喜欢上数学课"内容相似。

表 4-39　个体兴趣预测问卷共同因素与题项的关系

因素	题项	原来维度	最后确定维度	备注
1	1. 数学文化使数学变得很有趣	现实兴趣	现实兴趣	√
1	2. 数学文化让我对数学更好奇	现实兴趣	现实兴趣	√

因素	题项	原来维度	最后确定维度	备注
1	3.老师介绍数学文化时我的注意力非常集中	现实兴趣	现实兴趣	×
2	4.阅读数学文化，数学家探索数学的精神会鼓舞我	现实兴趣	潜在兴趣	√
2	5.阅读数学文化，我认识到数学非常有用	潜在兴趣	潜在兴趣	√
1	6.了解数学文化后，与以往相比我更加喜欢上数学课	潜在兴趣	现实兴趣	√
2	7.了解数学文化后，与以往相比，我会主动解书上和练习册中的思考题	潜在兴趣	潜在兴趣	√
1	8.了解数学的广泛运用后，我会花更多的时间去学习数学	潜在兴趣	现实兴趣	×
2	9.我认为数学文化的学习提高了我解决数学问题的能力	潜在兴趣	潜在兴趣	×
1	10.数学文化的学习更加强了我学好数学的信心	潜在兴趣	现实兴趣	×

通过统计分析并结合专家意见，最后确定了数学文化维度与题项以及数学学习兴趣维度与题项的关系，如表 4-40 所示。

表 4-40 问卷题项之间的关系

维度	数学文化				数学学习兴趣				
	数学知识与方法	数学活动	数学应用意识	数学思维	文本兴趣	任务兴趣	知识兴趣	现实兴趣	潜在兴趣
题项	a_1, a_2, a_3, a_5, a_6, a_8, a_{15}	a_9, a_{10}, a_{11}	a_{12}, a_{13}, a_{14}	d_2, d_3, d_4	b_1, b_2, b_3, b_4, b_5	b_6, b_7, b_8, b_9	B_{10}, b_{11}, b_{12}, b_{13}	c_1, c_2, c_6	c_4, c_5, c_7

第三节 修订后的研究框架

一、总的研究框架

本书总的假设是数学文化对数学学习兴趣的影响是正向的、积极的。根据研究假设和预测统计结果，确定了数学文化各因素以及情境兴趣和个体兴趣各因素与题项的关系。

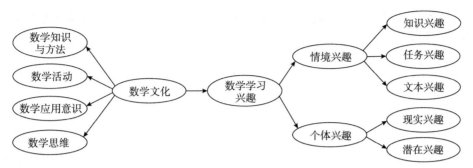

图 4-4　修订后的研究框架

最终的调查问卷与预测调查问卷相比，只是删除了第一部分的题项 4 和题项 5。为了使最终问卷与调查问卷尽可能一致，以便于理解，因此，呈现的小学数学文化调查问卷是预测时的问卷，但最终问卷维度与项目关系和预测问卷不一样。根据预调查的结果对研究框架进行了修订，修订后的研究框架如图 4-4 所示。

二、数学文化与个体兴趣框架

本书具体假设包括了数学文化各个维度对个体兴趣的影响是积极的、正向的。本书研究中有多个潜变量需要处理，适合于采用结构方程进行分析。需要验证的数学文化与个体兴趣之间的模型如图 4-5 所示。

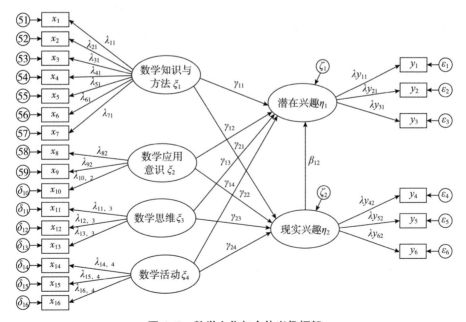

图 4-5　数学文化与个体兴趣框架

在数学文化与个体兴趣模型图中，x– 指测量方程描述外源指标与数学文化潜变量之间的关系：

$$x_1 = \lambda_{11}\xi_1 + \delta_1$$
$$x_2 = \lambda_{21}\xi_1 + \delta_2$$
$$x_3 = \lambda_{31}\xi_1 + \delta_3$$
$$\cdots$$
$$x_7 = \lambda_{71}\xi_1 + \delta_7$$
$$x_8 = \lambda_{82}\xi_2 + \delta_8 \qquad (4\text{--}4)$$
$$x_9 = \lambda_{92}\xi_2 + \delta_9$$
$$x_{10} = \lambda_{10,2}\xi_2 + \delta_{10}$$
$$\cdots$$
$$x_{16} = \lambda_{16,4}\xi_4 + \delta_{16}$$

用矩阵表示为：$x = \Lambda_x\xi + \delta$，其中：

$$x = \begin{pmatrix} x_1 \\ x_2 \\ x_4 \\ \vdots \\ x_{16} \end{pmatrix}, \quad \Lambda_x \text{ 是一个 16 行 4 列的矩阵}, \quad \xi = \begin{pmatrix} \xi_1 \\ \xi_2 \\ \xi_3 \\ \xi_4 \end{pmatrix} \quad \delta = \begin{pmatrix} \delta_1 \\ \delta_2 \\ \delta_3 \\ \vdots \\ \delta_{16} \end{pmatrix} \circ$$

同理，y– 指标测量方程描述内生指标与个体兴趣内生潜变量之间的关系：

$$y_1 = \lambda_{y11}\eta_1 + \varepsilon_1$$
$$y_2 = \lambda_{y21}\eta_1 + \varepsilon_2$$
$$y_3 = \lambda_{y31}\eta_1 + \varepsilon_3 \qquad (4\text{--}5)$$
$$y_4 = \lambda_{y42}\eta_2 + \varepsilon_4$$
$$y_5 = \lambda_{y52}\eta_2 + \varepsilon_5$$
$$y_6 = \lambda_{y62}\eta_2 + \varepsilon_6$$

用矩阵表示为：$y = \Lambda_y\eta + \varepsilon$，其中：

$$y = \begin{pmatrix} y_1 \\ y_2 \\ y_3 \\ \vdots \\ y_6 \end{pmatrix}, \quad \Lambda_y \text{ 是一个 6 行 2 列的矩阵}, \quad \eta = \begin{pmatrix} \eta_1 \\ \eta_2 \end{pmatrix}, \quad \varepsilon = \begin{pmatrix} \varepsilon_1 \\ \varepsilon_2 \\ \varepsilon_3 \\ \vdots \\ \varepsilon_6 \end{pmatrix} \circ$$

　　每个内生潜变量都对应着一个结构方程，有几个内生潜变量，就有几个结构方程。模型中数学文化与个体兴趣的结构方程为：

$$\eta_1 = \gamma_{11}\xi_1 + \gamma_{12}\xi_2 + \gamma_{13}\xi_3 + \gamma_{14}\xi_4 + \beta_{12}\eta_2 + \zeta_1$$
$$\eta_2 = \gamma_{21}\xi_1 + \gamma_{22}\xi_2 + \gamma_{23}\xi_3 + \gamma_{24}\xi_4 + \zeta_2 \tag{4-6}$$

用矩阵表示为：$\eta = \Gamma\xi + B\eta + \zeta$，其中：

$$\Gamma = \begin{pmatrix} \gamma_{11} & \gamma_{12} & \gamma_{13} & \gamma_{14} \\ \gamma_{21} & \gamma_{22} & \gamma_{23} & \gamma_{24} \end{pmatrix}, \quad B = \begin{pmatrix} 0 & \beta_{12} \\ 0 & 0 \end{pmatrix}, \quad \zeta = \begin{pmatrix} \zeta_1 \\ \zeta_2 \end{pmatrix}。$$

因此，结构方程矩阵表示为：

$$\begin{pmatrix} \eta_1 \\ \eta_2 \end{pmatrix} = \begin{pmatrix} \gamma_{11} & \gamma_{12} & \gamma_{13} & \gamma_{14} \\ \gamma_{21} & \gamma_{22} & \gamma_{23} & \gamma_{24} \end{pmatrix} \begin{pmatrix} \xi_1 \\ \xi_2 \\ \xi_3 \\ \xi_4 \end{pmatrix} + \begin{pmatrix} 0 & \beta_{12} \\ 0 & 0 \end{pmatrix} \begin{pmatrix} \eta_1 \\ \eta_2 \end{pmatrix} + \begin{pmatrix} \zeta_1 \\ \zeta_2 \end{pmatrix} \tag{4-7}$$

模型中假设：

（1）测量方程的误差项 ε、δ 的均值为零；

（2）结构方程的残差项 ζ 的均值为零；

（3）误差项 ε、δ 与因子 η、ξ 之间不相关，ε 与 δ 不相关；

（4）残差项 ζ 与 ξ、ε、δ 不相关。

三、数学文化与情境兴趣框架

　　本书具体假设包括了数学文化各个维度对情境兴趣的影响是积极的、正向的。同样地，研究中有多个潜变量需要处理，适合于采用结构方程进行分析。数学文化与情境兴趣的关系如图 4-6 所示，其测量方程、结构方程与上述数学文化与个体兴趣类似，模型基本假设也一致，在此不重复叙述。

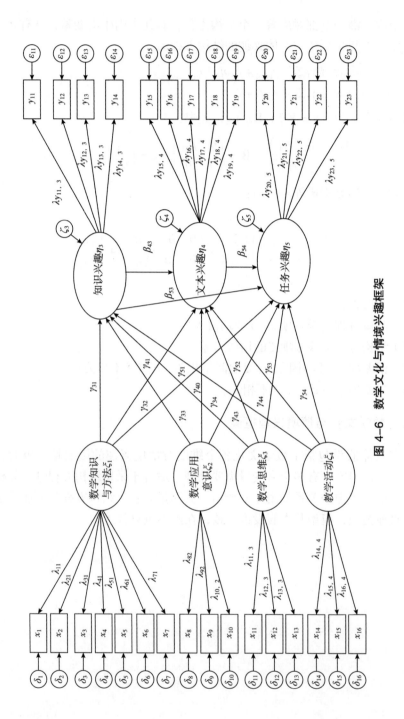

图 4-6 数学文化与情境兴趣框架

第五章　数学文化的形态特点与接受度

数学课程标准强调把数学文化融于教材，客观上要求必须深入研究数学文化的形态、特点与价值，这是本书研究的逻辑起点。数学有三种形态，[①]与之对应，数学文化也有不同形态，一是原始形态的数学文化；二是课程形态的数学文化，也可称之为课程状态的数学文化；三是课堂上以学习形式出现的学习形态的数学文化。

第一节　数学文化的形态特点

一、原始形态数学文化的特点

原始形态的数学文化是数学家创建数学结构过程中的原始状态，主要研究对象是数学家群体，具有真实特性。"数学家的任务是发展猜想——关于数学行为的推测与假设——然后可以尝试去证明"。[②]数学家威廉·瑟斯顿把数学家的工作描述得更生动，他说："在数学发展时，我们把它并入思想中，当思想变得更老练时，我们产生新的数学概念和结构。"[③]数学发展的动力源于两个方面，一是生产实践，对自然的探索是数学发展的源泉；二是数学内部发展遇到的问题，对数学自身问题的研究促进着数学的发展。原始形态的数学文化表现为数学家群体对生产实践和数学自身发展中提出的问题的具体解决，反映在数学家建构数学结构的过程中体现出来的数学探索精神，具有严谨性和客观性。从根本上讲，数学的发展与人类生产实践和社会变化密切相关，但数学的发展对于现实世界而言

---

① 张广祥，张奠宙.代数教学中的模式直观［J］.数学教育学报，2006，15（1）：1-4.
②③ 伊瓦斯·彼得逊.数学巡礼［M］.裘光明，译.长沙：湖南教育出版社，2002.

又相对独立。一种数学理论一旦建立，一门数学分支学科一旦产生，数学家和广大的数学爱好者在不受外部影响的情况下，仅依靠逻辑思维将其向前推进，并由此产生新的数学理论和数学思想，在这个过程中，数学不仅是数学知识的集合，更是包含数学家探索精神的创造性活动。作为原始形态的数学文化，必须客观、真实地反映某一数学问题的提出、发现、发展的过程等，体现问题解决和数学建构过程。

原始形态数学文化的真实特性通过两方面表现出来：一是真实的研究；二是求真的品格。真实的研究是指对某一问题进行了深入的分析，不作假，不抄袭他人的结果，数学史就真实地反映了一定时期数学的研究状况。求真的品格是数学家在数学探索活动中反映出的人格魅力。罗巴切夫斯基明知公布非欧几何的发现会被不为理解的人们攻击和嘲讽，但他坚信自己的发现是正确的，并坚定地宣传和捍卫自己的新思想。康托尔也一样，他创立的集合论具有划时代的意义，然而，在康托尔所处的时代，一些数学家对其理论都不理解，便把其理论作为一个有趣的"病理学的情形"来看待。尖锐的对立使得康托尔精神上屡遭打击，但他依旧坚持自己的理论是正确的，仍以超常的毅力继续他的集合论工作。求真就是追求真理，获得真理，也就是获得数学对象的正确认识，获得数学问题的正确解决。真实特性把数学家的数学探索活动和活动对人生的意义结合起来，数学和人文在此获得统一。

原始形态的数学文化具有严谨性和客观性。举一个例子来说明数学探索过程中的严谨性与客观性，如哥德巴赫猜想：每个大于 2 的偶数都是两个素数之和，如 $4=2+2$，$6=3+3$，$8=3+5$，$10=5+5$，$12=5+7$，$14=7+7$，有人用计算机对 100000000 以下的所有偶数都进行了验算，证明这些偶数对哥德巴赫猜想是成立的。[①] 即使如此，或是验证更大的数也满足哥德巴赫猜想，这也不能说明哥德巴赫猜想被证明了，必须进行严格的推理证明。数学具有很强的积累性，数学的这一特点使得数学文化与其他形式的文化不同，比如建筑文化，一旦拆毁就不复存在，即便恢复也是后续的创造替代原有的创造，但数学文化不是如此，它总是在原有基础上自洽地、相容地不断向前发展。数学家就某一领域的数学问题进行研究时，总是遵循一定的范式，然后在此基础上进行严格的推理。在描述某一问题的思维框架时，推理必须逻辑自洽，或者说逻辑自洽是其思考的唯一标准。逻辑自洽使得数学客观的特点充分展示出来，它不会因人而异，无论是谁，也不管采用什么样的符号系统，只要遵循了这样的范式都会演绎出相同的结论，数学

---

① 斯基·德夫林.数学：新的黄金时代［M］.李文林，袁向东，李家宏，等译.上海：上海教育出版社，2001.

的确定性也由此而来。例如非欧几何，它是从欧氏几何第五公设的相反出发，也即是说通过直线外一点可以引出不止一条而是至少两条直线平行于已知直线，用它作为替代公设进行逻辑推导。后续的理论都是在继承和发展原有的基础上发展起来的，这种发展也是逻辑自洽的，从而保证了数学在一定理论范围内的严谨性和客观性，但这并不是说数学是绝对的真，哥德尔证明了这样一条定理："任何包含了算术的数学体系，如果是协调的，就不可能完全。"①

二、课程形态数学文化的特点

在奥恩斯坦等（2004）看来，哲学是课程的来源之一，并认为哲学可以被看作课程开发的出发点，它为学习教育提供理论支撑。②张维忠在评价怀尔德提出的数学文化系统观时认为这是 20 世纪 30 年代以来出现的第一个成熟的数学哲学观，基于数学文化哲学观如何去认识和建设数学课程呢？课程形态的数学文化首要考虑的是其教育特性，主要研究群体是课程专家。数学课程建设是数学教育改革的核心，是提升数学教学质量的重要措施。作为课程形态的数学文化，必须审视课程目标价值取向，选择教学内容，思考呈现形式。莫里兹说，与工具品格相比，数学的另外一种文化品格更重要，面临被人淡忘的情况，至少今天已经不为广大教育工作者重视。③传统的数学课程片面强调知识的学习，忽视了学生人文精神，对数学核心素养关注不够，忽视了数学文化对学生素质的作用。数学文化走进中小学课程，渗入日常课堂，就是要通过数学文化的赏析，摆脱数学存在的脱离社会文化的孤立主义倾向，④让学生在数学活动过程中感受和认识数学的价值，从而解决传统数学教育教学中的弊端，并逐步建设起新型的课程文化。

课程形态的数学文化具有理解性和可接受性。数学内容常常是形式的、抽象的、难以理解的。作为课程形态的数学文化，必须考虑学生的年龄特点和认知基础，采用适合于对象的语言和表现形式，把数学的内容、思想、精神、方法、观点直观地呈现给学习者。仍以哥德巴赫猜想为例，国内各版本的小学数学教材几乎都介绍哥德巴赫猜想，西南师范大学出版社出版的小学数学教材以连环画形式进行介绍（见图5-1），⑤人民教育出版社小学数学教材通过具体实际例子说明

① 张景中，彭翕成. 数学哲学［M］. 武汉：湖北科学技术出版社，2016.

② 阿伦·C. 奥恩斯坦，琳达·S. 贝阿尔—霍伦斯坦，爱德华·F. 帕荣克. 当代课程问题［M］. 余强，译. 杭州：浙江教育出版社，2004.

③ ［美］莫里兹. 数学的本性［M］. 朱剑英，译. 大连：大连理工大学出版社，2008.

④ 李改杨，罗德斌，吴洁，等. 数学文化赏析［M］，北京：科学出版社，2011.

⑤ 宋乃庆. 义务教育教科书：数学（五年级下册）［M］. 重庆：西南师范大学出版社，2013.

（见图5-2）。①虽然这样的处理不够严密，但它把复杂的问题形象化、直观化，易于学生理解和接受。数学文化课程绝对不是单纯的传授知识，更重要的是要让小学生体会数学文化的理论，培养小学生对数学学习的兴趣。

陈景润与哥德巴赫猜想

1.陈景润（1933～1996年）是我国现代享誉世界的著名数学家。他在中学时就对哥德巴赫猜想产生了浓厚的兴趣。

2.哥德巴赫是德国数学家，在200多年前提出了一个猜想：每个大于4的偶数是两个奇质数的和。

图5-1　西南师范大学出版社小学数学教材中哥德巴赫猜想

你知道吗?　　　　**哥德巴赫猜想**

从上面的游戏我们看到：4=2+2，6=3+3，8=5+3，10=7+3，12=7+5，14=11+3……那么，是不是所有大于2的偶数，都可以表示为两个质数的和呢？

图5-2　人民教育出版社小学数学教材中哥德巴赫猜想

新课程标准强调数学素养是每一个公民应该具备的基本素养，强调要加强数学文化的教学。教材一定是为了学习而编写，学生的学习也在整合的情境中表现出来。②小学数学设置"你知道吗""数学广角""数学文化""数学百花园"等栏目，把数学文化整合于小学数学教材，这不仅丰富了数学课程的内容和形式，也是数学文化教育性的具体体现，是培养学生的好奇心和数学兴趣的需要。

---

① 卢江，杨刚.义务教育教科书：数学（四年级下册）［M］.北京：人民教育出版社，2010.
② 弗朗索瓦—玛丽·热拉尔，易克萨维耶·罗日叶.为了学习的教科书编写、评估、使用［M］.汪凌，周振平，译.上海：华东师范大学出版社，2009.

三、学习形态数学文化的特点

学习形态的数学文化具有动态特性，它发生在课堂学习中特定的时间和空间，其主要对象是教师和学生。教师根据自己的专业基础和对课程形态数学文化的理解，结合学生的实际情况进行教学设计，将陈述于教材上的课程形态的数学文化转变为学习形态的数学文化，开放性和情境性是学习形态数学文化的主要特点。

课堂学习是数学文化传承的基本形式。在学习活动中，师生间相互作用，这种相互作用通过数学课程、教材这些物化了的数学文化因素联系起来。学习形态数学文化的动态性体现在两个方面：第一，课程内容选择的自主性。传统观点认为教材是教师从教的依据，教学内容必须源自教材，这在一定程度上限制了教师的选择。数学课程改革改变了传统的观点，认为教材只是教师教学和学生学习的可供利用的教学资源，教师可以根据情况选择教学内容，这使得教师从传统意义上的教材使用者变成了课程的开发者，教师具有课程内容选择的自主性。第二，课程内容设计的再创造。教学活动既有规范性，它表现在相对稳定的时间、空间、对象、内容和目标等方面；教学活动又是一种再创造，教师要创造性地使用教材，要结合学生的实际情况对教材内容重新加工组织，在设计中融入自己的教学智慧，备课和上课都是教师创造性的活动。

学习形态的数学文化是一种情境文化，具有开放性。数学学习总是包含特定的数学问题和数学情境。问题是数学的心脏，纯粹的数学问题是形式化的，它抽象掉了问题的原有背景，让学生难以理解。数学情境是知识赖以产生意义的背景及环境，创设情境是为了让学生理解问题，主动学习，因为知识与学习总是与环境相联、具有情境性的。在数学情境里，学生本身是作为情境的一个部分存在，学习产生的条件是作为主体的学生真正进入问题，并认清和发现问题的障碍。课堂情境制约着学生的课堂行为，对学生学习产生决定性的、持久性的制约，但同时又具有开发性。不同学生的数学基础知识、基本技能、基本思想和基本活动经验是不同的，同样的问题和情境，思考问题的方式，解决问题的方法常常不同，建构知识的方式各异，学生的发展具有开发性。

四、不同形态数学文化之间的关系

根据原始形态、课程形态、学习形态数学文化的特点，可以建立如下三种形态数学文化关系的模型（见图 5-3）。

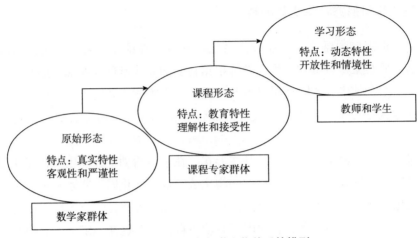

图 5-3　三种形态数学文化关系的模型

原始形态的数学文化是后两种形态数学文化的基础,后两种形态数学文化都是依据一定的原始形态数学文化结合数学教育教学规律进行创造性活动的结果,课程形态的数学文化是另外两种数学文化联系的中介。虽然课程形态的数学文化首要考虑的是教育特性,关注学生对文化的理解程度和可接受程度,但课程形态的数学文化和学习形态的数学文化都必须以原始形态的数学文化为基础,内容必须是真实的,必须符合数学客观实际。学习形态的数学文化具有开放性和情境性,这种开放性和情境性不是随意的,是教师和学生根据自己对原始形态、课程形态数学文化的认识和理解,结合自身的教学实践进行的再创造。

当前中小学强调数学文化教学实践,应根据课堂教学的需要,抓住课程形态和学习形态数学文化的特点,自觉进行数学文化课程开发。一直以来,我们缺乏对数学文化形态的深入研究,实践中对数学文化认识也不够深入。认清数学文化形态特点,有利于逐步建设先进的数学文化。

第二节　数学文化在小学生教育中的价值

数学文化的要义在于它对人生的意义,在于它对学生学习发展、公民素养养成的作用。数学文化直接支配着学生的数学学习行为,影响着学生的人生观和价值观。荣格说,一切文化最终都沉淀为人格。数学文化对小学生的价值在于激发数学兴趣和情感，帮助学生认识数学、理解数学和学习数学，发展学生的学习能力、实践能力和创新能力，发展学生的核心素养和数学核心素养，培养学生的数学精神和品格。

一、激发学生的数学兴趣和情感

兴趣是个体对所处环境认识对象的带情感的认识倾向，它代表着对特定人、事、物的喜欢程度，是一种支持学习的情感经历。激发学生的数学兴趣和情感是数学活动和数学学习的关键。英国数学家怀尔斯 10 岁时，在放学回家的路上偶然在路边的书店翻阅一本叫《大问题》的趣味册子时被费马大定理的故事所吸引，从而对数学产生了浓厚的兴趣，最后走上数学之路。他说："它（指费马大定理，费马大定理可以叙述为，如果 x，y，z 都是正整数，则对于方程 $x^n + y^n = z^n$ 来说，不可能将一个高于 2 次的正整数幂写成两个同次幂的和，也就是此时无解，或者也可以叙述为：x，y，z 都是正整数，n 是大于 2 的正整数，则 $x^n + y^n \neq z^n$）看上去如此的简单，但是历史上所有的大数学家都未能解决它。这里摆着一个我——一个 10 岁的孩子——能理解的问题，从那时起，我知道我永远不会放弃它，我必须解决它。"[1] 普遍观点认为：我国中小学生解题能力强，但学生数学课业负担重，数学兴趣不浓厚，创新思维不足，有的学生甚至在小学就开始讨厌数学。有关调查显示，数学文化对不同层次、不同地域学生学习兴趣都有影响，特别是对农村学生的影响更大，高达 90.77% 的农村学生在调查中认为数学文化的学习使其更喜欢数学。[2]

二、帮助学生认识数学、理解数学和学习数学

数学强调逻辑，具有形式化的特点。国内外数学课程都遵循数学内在的逻辑关系，只是我国数学课程形式化现象突出。以小学四年级数学教材为例，国内小学数学四年级上册教材通常是 120 个页面左右，而美国加利福尼亚州立小学数学四年级上册有 800 多个页面，其题材选择更加广泛，内容呈现形式也更加多样。又因为数学课堂强调讲授，练习倾向严重，课程评价强调结果，分数化现象严重，这遮掩了数学多姿多彩的特点。就现实而言，数学在各行业获得了广泛的应用。例如，数学运用于医学，使医学科学从传统的定性描述发展到定量与定性相结合，数学与信息技术结合，人们享受着网购、在线学习、远程交流等，享受着数学所带来的便利，学生却不了解其背后的原理，不了解数学在生活中的应用。

① 李改杨，罗德斌，吴洁，等 . 数学文化赏析［M］. 北京：科学出版社，2011.
② 康世刚，张辉蓉 . 数学文化对小学生数学学习的影响研究［J］. 基础教育，2018（119）2：1–10.

美国、英国、法国、德国、日本、韩国等发达国家编写了大量图文并茂的数学文化丛书，而且几乎都是从幼儿园一直到小学和中学连续编写。国内李大潜院士、张景中院士等高度重视数学文化在中小学的发展，他们主持编写了各种各样的数学文化读物，李大潜主编了《数学文化小丛书》，包括了《奇妙的无穷》《走进高斯》等分册，张景中主编了《少年数学实验》《数学家的眼光》《帮你学数学》等数学文化科普读物，这正是运用数学文化去帮助学生认识数学、理解数学和学习数学。

三、发展学生的学习能力、实践能力和创新能力

数学学习能力是学生运用数学知识解决数学问题和实际问题的能力。要发展数学学习能力，学生在数学学习过程中必须坚持不懈，不断实践、不断创新。实践创新是学生发展的核心素养之一。数学中的实践包括两个方面的含义：一是把数学运用于社会生活和生产实际；二是数学学习中所遇到的问题的解决。通过数学文化课程拓宽数学课程内容，可以使学生了解数学在各行各业中的应用，理解数学广泛应用性的特点，从而培养和发展学生的应用意识。数学学习中可能遇到各种各样的数学问题，需要学生大胆实践，不断尝试和创新。数学学习中的创新是指善于发现问题和提出问题，有解决问题的兴趣和热情，能选择合理的解决问题的方案。[1] 问题解决过程中，一个新颖的思路，一种不同常规的解法，对学生而言都是创新。高斯在小学三年级时就很快计算出了"$1 + 2 + 3 + \cdots + 88 + 99 + 100$"的结果，让其他埋头苦算的同学甚至老师都大吃一惊。高斯通过观察发现：$1 + 100 = 101$，$2 + 99 = 101$，$3 + 98 = 101$，这样下去就有 50 个 101，因为 $50 \times 101 = 5050$，所以他很快通过观测心算出了结果。高斯巧妙地利用加法交换律和结合律，把连续相加的问题变成了简单乘法，这种不同寻常的思路和方法，对其而言就是一种创新。数学文化的学习，学生可以感受、体会和发现其中蕴含的数学思想和方法，从而发展学生的学习能力、实践能力和创新能力。

四、发展学生的核心素养和数学核心素养

信息技术的发展对人的自我实现、工作实践和社会生活提出了新挑战，全球化、信息化、数据化和知识爆炸成为时代的特点。教育必须反映时代要求，面对时代发展所提出的挑战，从学生实际和社会期望出发，培养学生适应未来社会发

---

① 核心素养研究课题组 . 中国学生发展核心素养［J］. 中国教育学刊，2016（10）：1–3.

展所必须具备的素养和能力。核心素养是指学生的必备品格与关键能力。[①] 核心素养具有教育性，核心素养的发展可以通过教育去实现；核心素养具有养成性，它是在教育过程中逐渐养成的；核心素养具有阶段性，不同学段的核心素养内容不一样；核心素养具有必备性，它是未来学习和生活中必须具备的素养和能力。核心素养不会自动生成，它蕴含于各学科教学过程中，是各学科核心素养的综合体现。小学阶段，数学核心素养是指学生具有必备的数学知识技能、良好的数学学习习惯和数学思维品质。数学核心素养的三个方面是相互作用、相互联系、不可分割的整体，知识素养是基础，学习习惯是保障，数学思想品质是目标。例如，小学阶段教师讲述 $2+3=3+2$，$6+8=8+6$，$12+15=15+12$，由此，用不完全归纳说明了加法交换律 $a+b=b+a$，掌握加法交换律是基础，但让学生体会归纳的思想，培养学生逻辑推理素养才是数学的本质。数学文化内容包括数学史、数学知识物化内容，也包括数学的思想、方法和精神，同时也包括了数学在政治、经济和社会中的应用，它本身是数学教育的内容。传统的数学课程、教学和评价过于注重知识和分数，忽略了数学文化的其他方面，这不利于学生素养的发展。数学课程标准强调把数学文化融于课程、贯穿于课堂，其目的正是在于促进学生核心素养及数学核心素养的形成和发展。

五、培养学生的数学精神和品格

在数学发展的历史长河中，勇于探索、崇尚真理、不畏艰辛、辛勤工作的数学家太多太多。例如，大数学家欧拉，在他 28 岁的时候因计算彗星的轨迹这一天文学难题积劳成疾，导致右眼失明，1766 年在他近 60 岁的时候左眼也失明了，但他仍以惊人的毅力工作，在他双目失明后他仍然以超人的毅力完成了 400 多篇论文和多部专著。[②③] 又如法国数学家伽罗瓦因追求真理两次被捕，但即使是在监狱里他也顽强地进行自己的数学研究。[④] 把数学家研究数学、解决问题的故事编入中小学教材其目的不是要进行学术形态文化的介绍，不是要理解研究者如何进行猜想的发现、推理的证明，而是要让学生了解数学探索的艰辛、理解数学家探索的精神、激发学生勇攀科学高峰的热情，从而培养学生的数学精神和品格。在调研中，一位小学四年级学生在阅读了陈景润与哥德巴赫猜想后写到：我没有理由不认真学习，我也要像他那样投身于数学研究，这正如 10 岁时的怀尔斯对于费马大定理的憧憬一样。数学的内容、思想、方法以及数学家探索数学的

① 林崇德.21 世纪学生发展核心素养研究［M］.北京：北京师范大学出版社，2016.

②④ 吴文俊.世界著名数学家传记（上集）［M］.北京：科学出版社，2003.

③ 张楚廷.数学文化［M］.北京：高等教育出版社，2000.

精神，都是数学文化的内容。数学的思维和精神，正是数学文化价值的精髓。克莱因说：数学决定了大部分哲学思想的内容和研究方法……作为理性精神的化身……成为了思想和行动的指南。[①] 把数学文化渗透于中小学数学课程当中，最终目的是培养学生的数学精神和品格。

第三节　小学生对数学文化内容的不同呈现方式的接受度

接受度又称认同感，指学生对小学数学文化的正面态度或行为意向。书籍和教材都是文化的主要载体，随着信息技术的发展，电子教材也越来越贴近生活，无论是纸质教材还是电子教材，它们都承担着科学文化积累、继承和发展的任务，承担着文化传播的任务。小学生对数学文化融合与课程是否接受？如果学生对整合于教材的数学文化都抗拒，那么本书的研究假设就很难成立。从逻辑上说，要构建数学文化对小学生数学学习兴趣影响的测评模型，还必须要回答学生对数学文化的接受情况。这里的研究基于这样的假定：通过阅读学生不但可以获得大量知识，同时依据对相同数学文化的不同形式呈现，学生能从内容的兴趣性、形象性、可读性和连贯性等方面认识数学文化的内容及其所蕴含的思想，进而对呈现方式做出选择。任何内容都通过一定形式表现出来，不管什么形式都会表现一定的内容。本书研究中并未直接去调查学生对数学文化概念和内容的理解，而是通过学生对形式的接受度去推断。研究表明，如果学生读不懂就会对阅读内容无兴趣。[②] 换个角度理解，如果学生认为是有趣的，那说明读懂了内容，如果学生对某种形式接受度高，也就对其更有兴趣，从而也说明了学生对这种形式下的内容接受度较高。

一、研究过程

为研究学生对不同呈现方式的接受度，我们编写了《小学生数学文化接受度问卷调查表》进行了调查（见附录一）。问卷采用5级量表制，首先呈现聪明的高斯、哥德巴赫猜想、祖冲之与圆周率数学文化内容的三种不同编写方式，其次出示题项。调查时要求学生先阅读问卷中呈现的数学文化内容，然后填写问卷和

---

①　M. 克莱因. 西方文化中的数学［M］. 张祖贵，译. 上海：复旦大学出版社，2005.

②　Wade S E, Buxton W M, Kelly M, et al. Using think-alouds to examine reader-test interest［J］. Reading Res. Quart, 1999, 34（2）：194-216.

回答有关问题。

调查对象来自重庆市某区县四、五、六三个年级，抽样时考虑了样本的代表性和分布。有效问卷为四年级学生 240 份，五年级学生 232 份，六年级学生 220 份，共计 692 份。

采用定量与定性相结合的原则对问卷进行综合分析。首先对问卷进行定量统计分析，其次采用等距原则进行等级评定，五级评分标准是：A 等级（1.00~1.80）为反对，B 等级（1.80~2.60）为较反对，C 等级（2.60~3.40）为中立，D 等级（3.40~4.20）为比较赞同，E 等级（4.20~5.00）为赞同。

学生在对数学文化呈现方式进行判断时，必须通过阅读，在理解阅读内容后进行选择。在学生完成问卷调查后，对部分学生进行了访谈，访谈的目的是了解学生选择某种方式的原因，在一定程度上了解学生对所呈现的数学文化内容的接受和认同程度。访谈提纲（见附录四）由三个问题组成：你读懂有关内容了吗？你最喜欢哪一种编写方式？你为什么喜欢这种编写方式？访谈过程中，根据学生的回答情况，适时追问。

二、结果与讨论

（一）问卷调查结果

（1）小学生数学文化呈现方式接受度。呈现方式的平均得分及等级评定，反映出学生对新课程小学数学文化的接受度。小学生对数学文化编写方式的接受度如表 5-1 所示。

表 5-1 呈现方式的接受度

方式	连环画	情境图	纯文本
平均分	4.0426	3.2872	3.0585
等级	D	C	C

三种呈现方式平均得分从高到低的顺序是连环画、情境图、纯文本。连环画呈现方式的平均分为 4.0426，等级评定为 D，情境图呈现方式和纯文本呈现方式等级评定为 C。

（2）不同年级对呈现方式接受度的影响。为弄清楚不同年级学生对不同编写方式的接受情况，统计了不同年级学生呈现方式的评价得分，结果如表 5-2 所示。

表 5-2　不同年级呈现方式的接受度

年级	连环画	情境图	纯文本
四年级	3.82（D）	3.17（C）	3.10（C）
五年级	4.43（E）	3.60（D）	2.99（B）
六年级	4.05（D）	3.15（C）	3.06（C）

不同年级学生对数学文化编写方式的接受度呈现相同趋势，连环画呈现方式接受度高于情境图呈现方式接受度，且都高于纯文本呈现方式接受度，这与总体情况相同。但也出现不同特点，五年级学生对连环画呈现方式接受度等级评定达到 E，而纯文本形式等级评定为 B。

（3）学校类别对呈现方式接受度的影响。调查对象包括了乡村小学、乡镇小学和城市小学的学生，表 5-3 是不同类别学校对数学文化呈现方式的接受情况统计表。

表 5-3　不同类别学校呈现方式的接受度

小学	连环画	情境图	纯文本
乡村小学	3.79（D）	3.12（C）	3.11（C）
乡镇小学	4.30（E）	3.48（D）	2.98（B）
城市小学	4.12（D）	3.26（C）	3.19（C）

不同类别学校对数学文化编写方式的接受度与总的情况相同，对连环画呈现方式接受度高于另外两种形式。从表 5-2 和表 5-3 可以看出，不同类别学校、年级对学生数学文化接受度几乎一致。

（4）影响接受度的主要因素。在研究过程中，从内容的兴趣性、形象性、可读性和连贯性等几个方面对影响小学生数学文化呈现方式接受度的原因进行了调查，结果如 5-4 所示。

表 5-4　影响接受度的主要因素

年级	兴趣性	形象性	可读性	连贯性	其他
四年级	223	198	190	150	10
五年级	201	185	192	162	12
六年级	202	180	180	170	23

·126·

统计结果表明，数学文化的兴趣性、形象性、可读性和连贯性都是影响小学生数学文化呈现方式接受度的原因。在统计过程中发现，在回答做出呈现方式选择因素时，虽然有学生选择其他，但都没有具体说明是什么因素。

（二）访谈结果

在学生完成问卷后，从每个班抽取 5 名学生进行访谈，每个年级都访谈了25 人。在回答第 1 个问题"你读懂有关内容了吗？"学生几乎都回答能读懂有关内容。对第 2 个问题"你最喜欢哪一种编写方式？"的统计如表 5-5 所示。

表 5-5　学生最喜欢的编写方式统计表

年级	连环画	情境图	纯文本
四年级	20（80%）	4（16%）	1（4%）
五年级	18（72%）	5（20%）	2（8%）
六年级	17（68%）	4（16%）	4（16%）

统计结果表明，73% 左右的被调查学生都选择连环画呈现方式。在回答"你为什么喜欢这种编写方式？"这一问题时，学生的回答主要集中于有趣、形象直观、更容易读懂、故事比较完整；访谈时，在回答了最喜欢的编写方式是情境图后，回答"你为什么喜欢这种编写方式？"这一问题时，学生的回答主要是简洁、能读懂；在回答了最喜欢的编写方式是纯文本后，回答"你为什么喜欢这种编写方式？"这一问题时，学生的回答主要是能读懂、节约纸张，有一名学生回答得非常特别，他说：我喜欢阅读，所以纯文本的方法较好。访谈结果进一步证明有趣、形象直观、容易读懂是影响接受度的主要因素。

从访谈情况来看，能读懂内容是学生选择呈现方式的关键因素。学生读不懂内容，根本不会对内容产生兴趣，只有在读懂课程内容的情况下，学生才会结合自己的特点考虑外在的形式，如可读性、形象性、简洁性和连贯性等特性，当然这些特性也影响着学生是否理解了内容。有时学生并未真正读懂情境图，以问卷中聪明的高斯的情境图为例，学生阅读时就未真正理解。

设计该内容的目的是希望学生在阅读后能够认真思考：高斯到底是怎么计算的呢？同时通过自己动手计算、查阅书籍、上网查询，或是询问老师、同伴、家长获得答案。访谈过程中在回答第 3 个问题"你为什么喜欢这种编写方式？"时，有学生是这样理解该情境图：图片里有老师在给同学们讲课，这要求在学习该内容时教师要进行讲解，这样也就更能理解。情境图只是借助教师人物形象提出"$1+2+3+\cdots+99+100$ 的和是多少？"这一问题让学生进行思考，并不是要求教师讲解，由此可以看出学生并没有真正理解情境图。数学文化整合于课程是弹性设计，其主要目的不是知识讲解和传授，而在于学生数学阅读习惯的培养，兴趣的激发，思维的拓展。

（三）调查结论与讨论

就小学数学文化的呈现方式而言，小学生连环画呈现方式的接受度等级评定为 D，情境图呈现方式和纯文本呈现方式等级评定为 C，小学生连环画呈现方式的接受度高于其他两种形式。分析其原因主要有以下三个方面：第一，用连环画形式呈现可以把抽象的数学内容直观表现，易于学生理解，符合小学生的认知特点和心理需求，正如刘应明院士所言：连环画形式呈现的科普读物，相信不少孩子会感到"数学好玩"。第二，以连环画形式呈现数学文化内容，相对于另外两种呈现方式而言，人物的对话使得数学文化更具动态性，学生可以借助图画进行想象和联想。第三，在连环画形式呈现时，通常用几幅画陈述同一件事，使故事具有完整性。一名五年级学生在回答你最喜欢哪一种呈现方式的问题时写道："读了陈景润与哥德巴赫猜想的故事，想想陈景润用了十多年的时间去证明（哥德巴赫猜想），纸都用了六麻袋，使我认识到学好数学必须努力。"

学生对连环画呈现方式接受度高于情境图和纯文本的接受度。就年级和不同类型学校对小学数学文化的呈现方式来说，可以得到相同的结论，连环画的呈现方式接受度高于情境图接受度，而情境图的接受度高于纯文本接受度。原以为低年级对连环画呈现方式接受度要高于高年级，但调查的结果为四年级对连环画呈现方式接受度低于五、六年级，该结果出乎意料。分析原因，主要是学生刚升到四年级（调查是在第一学期开学不久进行调查的），识字还不多，对内容的理解相对较弱，容易出现偏差，特别是对以纯文本形式呈现的内容。

兴趣性、形象性、可读性和连贯性是影响学生接受数学文化的主要因素，阅读时能读懂数学文化的内容是学生选择呈现方式的关键因素。在选择数学文化内容时，要考虑学生的年龄特征，选择学生能读懂、可接受的内容，在把数学文化整合于课程时要综合考虑形象性、可读性和连贯性。就小学数学教材的编写而言，考虑到小学生对数学文化内容的呈现方式的接受度，宜采用连环画形式呈现数学文化。但由于我国对教材实行严格审查制度，教材开本和页面数量都有严格规定，以连环画形式呈现小学数学内容，虽然直观形象和便于理解，同时故事也相对完整，但是一个故事通常是 1~2 页，受版面因素影响，这会限制把更多的数学文化融于数学教材。这启示课程专家在把数学文化融于小学数学教材时，要灵活运用不同的呈现方式，小学低段可以连环画为主，另外两种方式为辅，在高段，特别是五、六年级小学数学教材，由于学生具备一定的阅读能力，可以纯文本为主，其他形式为辅。加强对学生进行数学文化方面的教育活动，是课程改革的趋势，其作用是拓宽视野、激发兴趣，让学生接受文化熏陶，培养和提高学生数学素养。在把数学文化融于教材时，要根据内容的需要，表述简明扼要，同时编排形式要新颖灵活，不拘一格。

研究结果表明，虽然小学生对数学文化不同呈现方式的接受度不一样，但学生对其接受度都达到了 C 等级，数学文化内容的兴趣性、形象性影响着小学生对数学文化的接受情况，整体而言，小学生对以"你知道吗""数学万花筒"等形式整合于小学数学教程的数学文化比较接受。

第六章 数学文化对小学生数学学习兴趣
影响的测评模型构建

在文献综述的基础上，结合专家访谈结果构建研究框架，自编了《数学文化与小学生数学学习兴趣调查表》（见附录二）进行测试。无论是数学文化还是小学生数学学习兴趣都是不可直接测量的，适合于用结构方程理论去描述数学文化、小学数学学习兴趣以及两者的关系。预测问卷探索性因素分析初步确认了问卷的结构，为了构建数学文化对小学生数学学习兴趣影响的测评模型，需要进一步分析。

第一节 样本分布及模型条件

一、样本分布情况

正式问卷调查集中在 2018 年 12 月至 2019 年 1 月，选择这个时间段进行调查主要考虑到调查对象基本完成了本学期的课程学习。调查对象是来自重庆小学校四、五、六年级学生，在抽取调查学校时考虑了分层情况，第一层次主城区调查了北碚区、南岸区、沙坪坝区，第二层次调查了永川区、潼南区、合川区、涪陵区，第三层次调查了云阳县、彭水县、黔江区、酉阳县，调查共发放问卷2213 份，收回有效问卷 1926 份，无效问卷 287 份。问卷编码、录入以及无效问卷审查这些程序都与预测问卷处理过程一样。

如表 6-1 所示，从样本分布情况来看，男女生人数基本相当，比较均衡，调查的四、五、六年级学生人数也基本相当，都大于 500 人，但各类学校人数不均衡，特别是乡村小学生人数偏少，分析原因主要在于对学校类别的认定，传统的认定办法是将农村小学都认定为乡村小学，重庆撤乡并镇以后，很多小学都在镇上，都被认定为乡镇小学，比如调查中调查了永川最偏远的朱沱镇某小学，施测人员认为学校是乡村小学，但学校领导认为学校应该是乡镇小学，所以，在此尊重教师和学生对学校类别的认定。

表6-1　正式问卷分布情况

性别	有效问卷（份）	学校		年级	
男	964	乡村小学	102	四年级	634
女	962	乡镇小学	758	五年级	704
		城市小学	1066	六年级	588

注：N=1926。

二、因子分析的条件检查

数学文化正式调查问卷KMO和Bartlett球形检验结果如表6-2所示，从表6-2可知KMO值为0.861，近似卡方值为5605.972，自由度为120，Bartlett球形检验结果存在显著性差异。相关系数矩阵的行列式的值为0.54（见表6-3），行列式的值不等于零，说明其存在可逆矩阵，反映像相关矩阵如表6-4所示。与预测问卷分析一样，可以通过相关系数显著性检验结果去判断该变量是否适合因子分析，如数学文化问卷一共有15个题项，那么就可以分别计算某一题项与其他14个题项的相关系数，这就有14个相关系数，如果这些相关系数统计检验的结果多数不相关，则表示该变量可能不适合进行因子分析，利用MSA值进行判断，MSA值愈接近于1，说明此题项适合进行因子分析，反之，MSA值愈接近于0，则不适合进行因子分析。从表4-22数学文化预测问卷反映像相关矩阵的统计结果可以看出，第4题和第7题不适合进入因子分析程序。其余题项都满足上面两个条件，也就是说，不但相关系数检验存在显著性差异，而且MSA都大于0.5，数学文化正式调查问卷KMO值、球形检验结果、相关系数行列式的值和反映像相关矩阵都说明数学文化正式问卷可以进行因子分析。

表6-2　数学文化正式调查问卷KMO和Bartlett球形检验结果

取样足够度的Kaiser-Meyer-Olkin度量		0.861
Bartlett球形检验	近似卡方	5605.972
	df	120
	Sig.	0.000

表6-3　数学文化正式问卷相关矩阵

相关		a_1	a_2	a_3	a_5	a_6	a_8	a_9	a_{10}	a_{11}	a_{12}	a_{13}	a_{14}	a_{15}	d_2	d_3	d_4
	a_1	1.000	0.222	0.284	0.229	0.053	0.262	0.185	0.183	0.288	0.302	0.275	0.227	0.245	0.302	0.224	0.268
	a_2	0.222	1.000	0.102	0.107	0.046	0.156	0.107	0.137	0.142	0.198	0.119	0.171	0.153	0.117	0.131	0.124
	a_3	0.284	0.102	1.000	0.161	0.106	0.164	0.186	0.160	0.259	0.223	0.268	0.273	0.193	0.152	0.153	0.140
	a_5	0.229	0.107	0.161	1.000	0.166	0.216	0.153	0.175	0.193	0.208	0.200	0.186	0.166	0.113	0.138	0.130
	a_6	0.053	0.046	0.106	0.166	1.000	0.084	0.141	0.105	0.151	0.111	0.174	0.143	0.104	-0.018	0.007	0.040
	a_8	0.262	0.156	0.164	0.216	0.084	1.000	0.258	0.283	0.328	0.329	0.223	0.195	0.295	0.103	0.103	0.088
	a_9	0.185	0.107	0.186	0.153	0.141	0.258	1.000	0.332	0.263	0.247	0.277	0.261	0.212	0.147	0.143	0.140
	a_{10}	0.183	0.137	0.160	0.175	0.105	0.283	0.332	1.000	0.265	0.250	0.243	0.238	0.231	0.111	0.075	0.096
	a_{11}	0.288	0.142	0.259	0.193	0.151	0.328	0.263	0.265	1.000	0.422	0.310	0.306	0.304	0.112	0.116	0.148
	a_{12}	0.302	0.198	0.223	0.208	0.111	0.329	0.247	0.250	0.422	1.000	0.352	0.332	0.321	0.117	0.122	0.137
	a_{13}	0.275	0.119	0.268	0.200	0.174	0.223	0.277	0.243	0.310	0.352	1.000	0.538	0.249	0.150	0.179	0.184
	a_{14}	0.227	0.171	0.273	0.186	0.143	0.195	0.261	0.238	0.306	0.332	0.538	1.000	0.281	0.114	0.126	0.149
	a_{15}	0.245	0.153	0.193	0.166	0.104	0.295	0.212	0.231	0.304	0.321	0.249	0.281	1.000	0.146	0.151	0.168
	d_2	0.302	0.117	0.152	0.113	-0.018	0.103	0.147	0.111	0.112	0.117	0.150	0.114	0.146	1.000	0.500	0.450
	d_3	0.224	0.131	0.153	0.138	0.007	0.103	0.143	0.075	0.116	0.122	0.179	0.126	0.151	0.500	1.000	0.444
	d_4	0.268	0.124	0.140	0.130	0.040	0.088	0.140	0.096	0.148	0.137	0.184	0.149	0.168	0.450	0.444	1.000

续表

Sig.（单侧）	a_1	a_2	a_3	a_5	a_6	a_8	a_9	a_{10}	a_{11}	a_{12}	a_{13}	a_{14}	a_{15}	d_2	d_3	d_4
a_1		0.000	0.000	0.000	0.010	0.000	0.000	0.000	0.000	0.000	0.000	0.000	0.000	0.000	0.000	0.000
a_2	0.000		0.000	0.000	0.022	0.000	0.000	0.000	0.000	0.000	0.000	0.000	0.000	0.000	0.000	0.000
a_3	0.000	0.000		0.000	0.000	0.000	0.000	0.000	0.000	0.000	0.000	0.000	0.000	0.000	0.000	0.000
a_5	0.000	0.000	0.000		0.000	0.000	0.000	0.000	0.000	0.000	0.000	0.000	0.000	0.000	0.000	0.000
a_6	0.010	0.022	0.000	0.000		0.000	0.000	0.000	0.000	0.000	0.000	0.000	0.000	0.220	0.381	0.041
a_8	0.000	0.000	0.000	0.000	0.000		0.000	0.000	0.000	0.000	0.000	0.000	0.000	0.000	0.000	0.000
a_9	0.000	0.000	0.000	0.000	0.000	0.000		0.000	0.000	0.000	0.000	0.000	0.000	0.000	0.000	0.000
a_{10}	0.000	0.000	0.000	0.000	0.000	0.000	0.000		0.000	0.000	0.000	0.000	0.000	0.000	0.001	0.000
a_{11}	0.000	0.000	0.000	0.000	0.000	0.000	0.000	0.000		0.000	0.000	0.000	0.000	0.000	0.000	0.000
a_{12}	0.000	0.000	0.000	0.000	0.000	0.000	0.000	0.000	0.000		0.000	0.000	0.000	0.000	0.000	0.000
a_{13}	0.000	0.000	0.000	0.000	0.000	0.000	0.000	0.000	0.000	0.000		0.000	0.000	0.000	0.000	0.000
a_{14}	0.000	0.000	0.000	0.000	0.000	0.000	0.000	0.000	0.000	0.000	0.000		0.000	0.000	0.000	0.000
a_{15}	0.000	0.000	0.000	0.000	0.000	0.000	0.000	0.000	0.000	0.000	0.000	0.000		0.000	0.000	0.000
d_2	0.000	0.000	0.000	0.000	0.220	0.000	0.000	0.000	0.000	0.000	0.000	0.000	0.000		0.000	0.000
d_3	0.000	0.000	0.000	0.000	0.381	0.000	0.000	0.001	0.000	0.000	0.000	0.000	0.000	0.000		0.000
d_4	0.000	0.000	0.000	0.000	0.041	0.000	0.000	0.000	0.000	0.000	0.000	0.000	0.000	0.000	0.000	

注：a 行列式=0.054.

表6—4 数学文化正式问卷反映像矩阵

	a_1	a_2	a_3	a_5	a_6	a_8	a_9	a_{10}	a_{11}	a_{12}	a_{13}	a_{14}	a_{15}	d_2	d_3	d_4
a_1	0.733	-0.098	-0.113	-0.079	0.030	-0.069	90.284E-005	-0.005	-0.059	-0.065	-0.052	0.005	-0.039	-0.110	0.001	-0.067
a_2	-0.098	0.910	0.006	-0.011	-0.008	-0.038	0.001	-0.039	0.000	-0.063	0.031	-0.060	-0.028	-0.005	-0.039	-0.019
a_3	-0.113	0.006	0.836	-0.031	-0.031	-0.001	-0.033	-0.013	-0.071	-0.017	-0.048	-0.074	-0.026	-0.020	-0.030	0.001
a_5	-0.079	-0.011	-0.031	0.873	-0.107	-0.075	-0.009	-0.046	-0.016	-0.036	-0.022	-0.025	-0.015	0.003	-0.040	-0.017
a_6	0.030	-0.008	-0.031	-0.107	0.931	0.009	-0.058	-0.013	-0.050	0.003	-0.062	-0.015	-0.022	0.040	0.020	-0.016
a_8	-0.069	-0.038	-0.001	-0.075	0.009	0.771	-0.076	-0.097	-0.097	-0.090	-0.014	0.020	-0.102	0.003	-0.007	0.028
a_9	0.284	0.001	-0.033	-0.009	-0.058	-0.076	0.798	-0.167	-0.048	-0.030	-0.053	-0.045	-0.023	-0.028	-0.026	-0.013
a_{10}	-0.005	-0.039	-0.013	-0.046	-0.013	-0.097	-0.167	0.803	-0.053	-0.030	-0.034	-0.033	-0.052	-0.026	0.028	0.004
a_{11}	-0.059	0.000	-0.071	-0.016	-0.050	-0.097	-0.048	-0.053	0.708	-0.156	-0.032	-0.045	-0.070	0.014	0.005	-0.022
a_{12}	-0.065	-0.063	-0.017	-0.036	0.003	-0.090	-0.030	-0.030	-0.156	0.693	-0.078	-0.054	-0.086	0.009	0.003	0.001
a_{13}	-0.052	0.031	-0.048	-0.022	-0.062	-0.014	-0.053	-0.034	-0.032	-0.078	0.632	-0.260	-0.007	0.002	-0.038	-0.024
a_{14}	0.005	-0.060	-0.074	-0.025	-0.015	0.020	-0.045	-0.033	-0.045	-0.054	-0.260	0.647	-0.070	0.006	0.009	-0.011
a_{15}	-0.039	-0.028	-0.026	-0.015	-0.022	-0.102	-0.023	-0.052	-0.070	-0.086	-0.007	-0.070	0.792	-0.011	-0.023	-0.034
d_2	-0.110	-0.005	-0.020	0.003	0.040	0.003	-0.028	-0.026	0.014	0.009	0.002	0.006	-0.011	0.658	-0.236	-0.177
d_3	0.001	-0.039	-0.030	-0.040	0.020	-0.007	-0.026	0.028	0.005	0.003	-0.038	0.009	-0.023	-0.236	0.676	-0.180
d_4	-0.067	-0.019	0.001	-0.017	-0.016	0.028	-0.013	0.004	-0.022	0.001	-0.024	-0.011	-0.034	-0.177	-0.180	0.711

反映像协方差

续表

		a_1	a_2	a_3	a_5	a_6	a_8	a_9	a_{10}	a_{11}	a_{12}	a_{13}	a_{14}	a_{15}	d_2	d_3	d_4
反映像相关	a_1	0.889[a]	-0.120	-0.144	-0.099	0.036	-0.092	0.000	-0.006	-0.082	-0.092	-0.076	0.007	-0.051	-0.158	0.001	-0.093
	a_2	-0.120	0.890[a]	0.007	-0.013	-0.009	-0.045	0.002	-0.045	0.000	-0.079	0.041	-0.078	-0.033	-0.006	-0.049	-0.023
	a_3	-0.144	0.007	0.917[a]	-0.037	-0.036	-0.001	-0.040	-0.015	-0.093	-0.023	-0.066	-0.101	-0.032	-0.027	-0.040	0.002
	a_5	-0.099	-0.013	-0.037	0.909[a]	-0.119	-0.092	-0.011	-0.055	-0.021	-0.046	-0.029	-0.034	-0.018	0.003	-0.052	-0.021
	a_6	0.036	-0.009	-0.036	-0.119	0.830[a]	0.011	-0.067	-0.015	-0.062	0.004	-0.081	-0.020	-0.026	0.051	0.026	-0.019
	a_8	-0.092	-0.045	-0.001	-0.092	0.011	0.885[a]	-0.096	-0.123	-0.131	-0.123	-0.021	0.028	-0.131	0.005	-0.010	0.038
	a_9	0.000	0.002	-0.040	-0.011	-0.067	-0.096	0.897[a]	-0.209	-0.064	-0.040	-0.074	-0.063	-0.029	-0.039	-0.036	-0.018
	a_{10}	-0.006	-0.045	-0.015	-0.055	-0.015	-0.123	-0.209	0.886[a]	-0.071	-0.040	-0.047	-0.046	-0.065	-0.035	0.038	0.005
	a_{11}	-0.082	0.000	-0.093	-0.021	-0.062	-0.131	-0.064	-0.071	0.898[a]	-0.223	-0.048	-0.066	-0.094	0.021	0.007	-0.031
	a_{12}	-0.092	-0.079	-0.023	-0.046	0.004	-0.123	-0.040	-0.040	-0.223	0.896[a]	-0.118	-0.081	-0.116	0.013	0.004	0.001
	a_{13}	-0.076	0.041	-0.066	-0.029	-0.081	-0.021	-0.074	-0.047	-0.048	-0.118	0.835[a]	-0.406	-0.010	0.003	-0.058	-0.036
	a_{14}	0.007	-0.078	-0.101	-0.034	-0.020	0.028	-0.063	-0.046	-0.066	-0.081	-0.406	0.825[a]	-0.098	0.009	0.014	-0.016
	a_{15}	-0.051	-0.033	-0.032	-0.018	-0.026	-0.131	-0.029	-0.065	-0.094	-0.116	-0.010	-0.098	0.922[a]	-0.015	-0.031	-0.046
	d_2	-0.158	-0.006	-0.027	0.003	0.051	0.005	-0.039	-0.035	0.021	0.013	0.003	0.009	-0.015	0.763[a]	-0.354	-0.259
	d_3	0.001	-0.049	-0.040	-0.052	0.026	-0.010	-0.036	0.038	0.007	0.004	-0.058	0.014	-0.031	-0.354	0.770[a]	-0.260
	d_4	-0.093	-0.023	0.002	-0.021	-0.019	0.038	-0.018	0.005	-0.031	0.001	-0.036	-0.016	-0.046	-0.259	-0.260	0.820[a]

注：a 表示取样足够度量（MSA）。

同理，情境兴趣正式调查问卷 KMO 和 Bartlett 球形检验结果如表 6–5 所示，其 KMO 值等于 0.910，近似卡方值为 7407.455，自由度为 78，Bartlett 球形检验结果显示存在显著性差异，同时相关系数矩阵的行列式的值为 0.021（见表 6–6），反映像相关矩阵（见表 6–7）也说明可以进行因子分析。

表 6–5　情境兴趣正式问卷 KMO 和 Bartlett 球形检验结果

取样足够度的 Kaiser–Meyer–Olkin 度量		0.910
Bartlett 球形检验	近似卡方	7407.455
	df	78
	Sig.	0.000

表 6–6　情境兴趣正式问卷相关矩阵

		b_1	b_2	b_3	b_4	b_5	b_6	b_7	b_8	b_9	b_{10}	b_{11}	b_{12}	b_{13}
相关	b_1	1.000	0.467	0.364	0.334	0.310	0.306	0.293	0.276	0.244	0.205	0.357	0.346	0.323
	b_2	0.467	1.000	0.368	0.379	0.352	0.293	0.291	0.256	0.265	0.177	0.370	0.368	0.349
	b_3	0.364	0.368	1.000	0.548	0.321	0.338	0.262	0.338	0.273	0.206	0.319	0.341	0.303
	b_4	0.334	0.379	0.548	1.000	0.359	0.338	0.309	0.314	0.269	0.226	0.337	0.327	0.318
	b_5	0.310	0.352	0.321	0.359	1.000	0.355	0.291	0.297	0.278	0.236	0.344	0.334	0.334
	b_6	0.306	0.293	0.338	0.338	0.355	1.000	0.463	0.428	0.355	0.228	0.329	0.361	0.286
	b_7	0.293	0.291	0.262	0.309	0.291	0.463	1.000	0.473	0.416	0.274	0.302	0.339	0.309
	b_8	0.276	0.256	0.338	0.314	0.297	0.428	0.473	1.000	0.445	0.286	0.363	0.374	0.332
	b_9	0.244	0.265	0.273	0.269	0.278	0.355	0.416	0.445	1.000	0.307	0.326	0.322	0.300
	b_{10}	0.205	0.177	0.206	0.226	0.236	0.228	0.274	0.286	0.307	1.000	0.253	0.288	0.255
	b_{11}	0.357	0.370	0.319	0.337	0.344	0.329	0.302	0.363	0.326	0.253	1.000	0.572	0.458
	b_{12}	0.346	0.368	0.341	0.327	0.334	0.361	0.339	0.374	0.322	0.288	0.572	1.000	0.536
	b_{13}	0.323	0.349	0.303	0.318	0.334	0.286	0.309	0.332	0.300	0.255	0.458	0.536	1.000
Sig.（单侧）	b_1		0.000	0.000	0.000	0.000	0.000	0.000	0.000	0.000	0.000	0.000	0.000	0.000
	b_2	0.000		0.000	0.000	0.000	0.000	0.000	0.000	0.000	0.000	0.000	0.000	0.000
	b_3	0.000	0.000		0.000	0.000	0.000	0.000	0.000	0.000	0.000	0.000	0.000	0.000

续表

		b_1	b_2	b_3	b_4	b_5	b_6	b_7	b_8	b_9	b_{10}	b_{11}	b_{12}	b_{13}
Sig. （单侧）	b_4	0.000	0.000	0.000		0.000	0.000	0.000	0.000	0.000	0.000	0.000	0.000	0.000
	b_5	0.000	0.000	0.000	0.000		0.000	0.000	0.000	0.000	0.000	0.000	0.000	0.000
	b_6	0.000	0.000	0.000	0.000	0.000		0.000	0.000	0.000	0.000	0.000	0.000	0.000
	b_7	0.000	0.000	0.000	0.000	0.000	0.000		0.000	0.000	0.000	0.000	0.000	0.000
	b_8	0.000	0.000	0.000	0.000	0.000	0.000	0.000		0.000	0.000	0.000	0.000	0.000
	b_9	0.000	0.000	0.000	0.000	0.000	0.000	0.000	0.000		0.000	0.000	0.000	0.000
	b_{10}	0.000	0.000	0.000	0.000	0.000	0.000	0.000	0.000	0.000		0.000	0.000	0.000
	b_{11}	0.000	0.000	0.000	0.000	0.000	0.000	0.000	0.000	0.000	0.000		0.000	0.000
	b_{12}	0.000	0.000	0.000	0.000	0.000	0.000	0.000	0.000	0.000	0.000	0.000		0.000
	b_{13}	0.000	0.000	0.000	0.000	0.000	0.000	0.000	0.000	0.000	0.000	0.000	0.000	

注：a 行列式 = 0.021.

表6-7　情境兴趣正式问卷反映像矩阵

		b_1	b_2	b_3	b_4	b_5	b_6	b_7	b_8	b_9	b_{10}	b_{11}	b_{12}	b_{13}
反映像协方差	b_1	0.690	−0.188	−0.076	−0.022	−0.037	−0.035	−0.037	−0.009	0.004	−0.026	−0.053	−0.022	−0.032
	b_2	−0.188	0.662	−0.056	−0.069	−0.079	−0.009	−0.033	0.025	−0.029	0.023	−0.048	−0.038	−0.047
	b_3	−0.076	−0.056	0.621	−0.239	−0.029	−0.050	0.031	−0.061	−0.021	−0.006	−0.002	−0.033	−0.011
	b_4	−0.022	−0.069	−0.239	0.617	−0.075	−0.035	−0.041	−0.012	−0.003	−0.031	−0.033	0.002	−0.029
	b_5	−0.037	−0.079	−0.029	−0.075	0.729	−0.090	−0.013	−0.016	−0.027	−0.050	−0.048	−0.013	−0.058
	b_6	−0.035	−0.009	−0.050	−0.035	−0.090	0.656	−0.153	−0.092	−0.049	−0.001	−0.018	−0.047	0.015
	b_7	−0.037	−0.033	0.031	−0.041	−0.013	−0.153	0.638	−0.141	−0.110	−0.050	0.010	−0.022	−0.028
	b_8	−0.009	0.025	−0.061	−0.012	−0.016	−0.092	−0.141	0.625	−0.135	−0.049	−0.047	−0.032	−0.030
	b_9	0.004	−0.029	−0.021	−0.003	−0.027	−0.049	−0.110	−0.135	0.695	−0.103	−0.041	−0.009	−0.027
	b_{10}	−0.026	0.023	−0.006	−0.031	−0.050	−0.001	−0.050	−0.049	−0.103	0.831	−0.017	−0.051	−0.034
	b_{11}	−0.053	−0.048	−0.002	−0.033	−0.048	−0.018	0.010	−0.047	−0.041	−0.017	0.588	−0.189	−0.082
	b_{12}	−0.022	−0.038	−0.033	0.002	−0.013	−0.047	−0.022	−0.032	−0.009	−0.051	−0.189	0.538	−0.171
	b_{13}	−0.032	−0.047	−0.011	−0.029	−0.058	0.015	−0.028	−0.030	−0.027	−0.034	−0.082	−0.171	0.634

续表

		b_1	b_2	b_3	b_4	b_5	b_6	b_7	b_8	b_9	b_{10}	b_{11}	b_{12}	b_{13}
反映像相关	b_1	0.919[a]	-0.278	-0.116	-0.034	-0.052	-0.052	-0.056	-0.013	0.005	-0.034	-0.083	-0.037	-0.048
	b_2	-0.278	0.911[a]	-0.087	-0.108	-0.114	-0.013	-0.051	0.038	-0.042	0.031	-0.078	-0.063	-0.072
	b_3	-0.116	-0.087	0.878[a]	-0.386	-0.043	-0.078	0.049	-0.098	-0.032	-0.008	-0.004	-0.057	-0.018
	b_4	-0.034	-0.108	-0.386	0.884[a]	-0.111	-0.055	-0.065	-0.019	-0.005	-0.043	-0.055	0.004	-0.046
	b_5	-0.052	-0.114	-0.043	-0.111	0.949[a]	-0.130	-0.019	-0.024	-0.038	-0.064	-0.073	-0.021	-0.085
	b_6	-0.052	-0.013	-0.078	-0.055	-0.130	0.924[a]	-0.236	-0.144	-0.072	-0.001	-0.030	-0.079	0.024
	b_7	-0.056	-0.051	0.049	-0.065	-0.019	-0.236	0.901[a]	-0.223	-0.166	-0.069	0.017	-0.038	-0.044
	b_8	-0.013	0.038	-0.098	-0.019	-0.024	-0.144	-0.223	0.915[a]	-0.205	-0.068	-0.077	-0.055	-0.048
	b_9	0.005	-0.042	-0.032	-0.005	-0.038	-0.072	-0.166	-0.205	0.923[a]	-0.135	-0.064	-0.015	-0.040
	b_{10}	-0.034	0.031	-0.008	-0.043	-0.064	-0.001	-0.069	-0.068	-0.135	0.943[a]	-0.025	-0.077	-0.047
	b_{11}	-0.083	-0.078	-0.004	-0.055	-0.073	-0.030	0.017	-0.077	-0.064	-0.025	0.909[a]	-0.336	-0.134
	b_{12}	-0.037	-0.063	-0.057	0.004	-0.021	-0.079	-0.038	-0.055	-0.015	-0.077	-0.336	0.888[a]	-0.293
	b_{13}	-0.048	-0.072	-0.018	-0.046	-0.085	0.024	-0.044	-0.048	-0.040	-0.047	-0.134	-0.293	0.919[a]

注：a 表示取样足够度度量（MSA）。

个体兴趣正式调查问卷 KMO 和 Bartlete 球形检验结果如表 6-8 所示。其 KMO 值为 0.828，近似卡方值为 3007.656，自由度为 15，Bartlett 球形检验结果显示存在显著性差异，相关系数矩阵的行列式的值为 0.209（见表 6-9），反映像相关矩阵（见表 6-10）也说明可以进行因子分析。对 c_1，c_2，c_6，c_4，c_5，c_7 项目进行统计，同样说明可以进行因子分析。

表 6-8　个体兴趣正式问卷 KMO 和 Bartlett 球形检验结果

取样足够度的 Kaiser–Meyer–Olkin 度量		0.828
Bartlett 球形检验	近似卡方	3007.656
	df	15
	Sig.	0.000

表 6-9　个体兴趣正式问卷相关矩阵

		c_1	c_2	c_4	c_5	c_6	c_7
相关	c_1	1.000	0.539	0.367	0.332	0.400	0.364
	c_2	0.539	1.000	0.420	0.309	0.410	0.430
	c_4	0.367	0.420	1.000	0.372	0.408	0.456
	c_5	0.332	0.309	0.372	1.000	0.411	0.314
	c_6	0.400	0.410	0.408	0.411	1.000	0.465
	c_7	0.364	0.430	0.456	0.314	0.465	1.000

注：a 行列式 =0.209。

表 6-10　个体兴趣正式问卷反映像矩阵

		c_1	c_2	c_4	c_5	c_6	c_7
反映像协方差	c_1	0.648	−0.238	−0.054	−0.081	−0.087	−0.042
	c_2	−0.238	0.612	−0.103	−0.025	−0.072	−0.109
	c_4	−0.054	−0.103	0.675	−0.125	−0.081	−0.161
	c_5	−0.081	−0.025	−0.125	0.760	−0.159	−0.036
	c_6	−0.087	−0.072	−0.081	−0.159	0.649	−0.162
	c_7	−0.042	−0.109	−0.161	−0.036	−0.162	0.661
反映像相关	c_1	0.817[a]	−0.378	−0.082	−0.116	−0.134	−0.065
	c_2	−0.378	0.811[a]	−0.161	−0.036	−0.114	−0.171
	c_4	−0.082	−0.161	0.859[a]	−0.174	−0.123	−0.240
	c_5	−0.116	−0.036	−0.174	0.861[a]	−0.226	−0.050
	c_6	−0.134	−0.114	−0.123	−0.226	0.848[a]	−0.247
	c_7	−0.065	−0.171	−0.240	−0.050	−0.247	0.844[a]

注：a 表示取样足够度度量（MSA）。

三、模型适配度指标

小学生数学文化问卷和小学生数学学习兴趣问卷都是自编问卷，在测量过程中有多个潜变量，在采用结构方程对数据进行分析时，涉及对模型适配性的判定，模型适配度常用评价指标和判定标准如表 6-11 所示。

表 6-11　模型适配度常用评价指标和判定标准

统计检验量	适配的标准或临界值
x^2 值	显著性概率值 $p > 0.05$（在进行显著性检验时未达显著水平）
GFI 值	> 0.90
AGFI 值	> 0.90
RMR 值	< 0.05
RMSEA 值	< 0.05（适配良好），< 0.8（适配合理）
NFI 值	> 0.90
RFI 值	> 0.90
IFI 值	> 0.90
TLI 值	> 0.90
CFI 值	> 0.90

资料来源：吴明隆.结构方程模型——AMOS 的操作与应用［M］.重庆：重庆大学出版社，2010.

　　如果卡方检验显著（相应的概率小于 0.01 或 0.05），认为拟合的模型不好，如果卡方值不显著，认为拟合的模型较好。然而，许多因素影响卡方值的大小，如样本量就是一个因素，样本量越大，卡方值会越大。有研究者认为卡方值也不是衡量模型好坏的理想指数。[1]卡方值的大小受诸多因素影响，特别容易受样本容量的影响，本书中正式调查的有效样本量是 1926 份，卡方值很大，卡方值越大在检验中就越容易具有显著性差异，用卡方指数去判定不进行统计分析就知道会拒绝模型，这是不合理的，因此模型中不报告该指标。在运用 AMOS 进行结构方程模型分析时，模型适配会报告 CMIN/DF 值，它是卡方值与自由度的比值，在报告模型适配指标时，会根据输出结果顺序报告相应指标结果。

---

① 侯杰泰，温忠麟，成子娟.结构方程模型及其应用［M］.北京：教育科学出版社，2012.

第二节　数据分析结果

一、数学文化因子分析结果

（一）一阶验证性因子分析

采用验证性因子分析对预测时所构建的数学文化维度结构进行检验。在 AMOS 里绘制模型，导入数据并运行未标准化估计（Unstandardized Estimates），输出模型如图 6-1 所示。

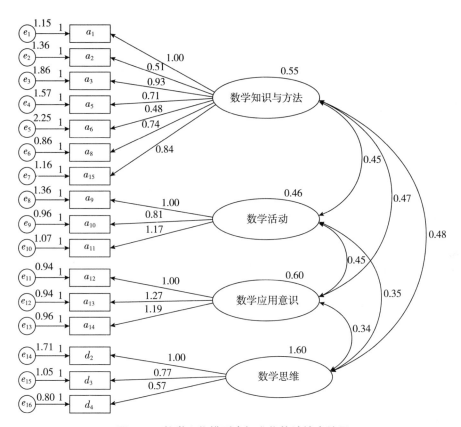

图 6-1　数学文化模型未标准化估计输出结果

导入数据，运行标准化估计（Standardized Estimates），输出模型如图 6-2 所示。

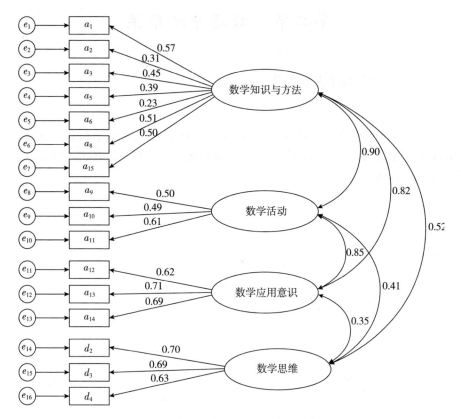

图 6-2　数学文化模型标准化估计输出结果

在验证因子分析时，数学文化模型回归系数估计如表 6-12 所示，表 6-12 中的数据会直观呈现在图 6-1 中。表 6-12 的第一列是题项，也就是观测变量，第二列是箭头符号，与构建的模型图中的指向一样，由潜变量指向观测变量，第三列是潜变量，也就是数学文化的因子，第四列是回归系数，第五列是标准差，第六列是检验统计量 CR 值，$CR = x^2/df$，它是卡方值与自由度的比值，第七列是显著性检验结果，第八列是模型路径。表 6-12 中的 $sxzsyff$ 是数学知识与方法因子的变量名，用数学知识与方法的第一个字母组合表示，其他类似，$sxhd$ 是数学活动的变量名，同样是用数学活动的第一个字母组合去表示，$sxyyys$ 是数学应用意识的变量名，$sxsw$ 是数学思维变量名。

在统计分析时，都是用样本去估计总体，也即是说统计结果是样本的结果，统计总体是否也是如此要进行检验。从表 6-12 可以看出，回归系数在 0.01 水平下显著，也即是说拒绝原假设，接受备择假设。回归系数显著，说明有显著影响，如数学知识与方法对 a_2 的回归系数是 0.508，即 a_2 对数学知识与方法因子的边际效应为 0.508，就统计意义而言，假设其他路径系数不变，数学知识与方法改变"1 个单位"，则 a_2 改变 0.508 个单位。表 6-12 显示，回归系数都是正的，没有出现负值，这说明影响都是正向的。

表 6-12　数学文化模型回归系数统计表

变量	路径	变量	Estimate	S.E.	C.R.	P	Label
a_1	<---	sxzsyff	1.000				
a_2	<---	sxzsyff	0.508	0.045	11.237	***	par_1
a_3	<---	sxzsyff	0.933	0.061	15.416	***	par_2
a_5	<---	sxzsyff	0.713	0.053	13.482	***	par_3
a_6	<---	sxzsyff	0.476	0.059	8.077	***	par_4
a_8	<---	sxzsyff	0.739	0.046	15.987	***	par_5
a_{15}	<---	sxzsyff	0.845	0.053	15.945	***	par_6
a_9	<---	sxhd	1.000				
a_{10}	<---	sxhd	0.807	0.052	15.460	***	par_7
a_{11}	<---	sxhd	1.167	0.072	16.109	***	par_8
a_{12}	<---	sxyyys	1.000				
a_{13}	<---	sxyyys	1.267	0.062	20.389	***	par_9
d_2	<---	sxsw	1.000				
d_3	<---	sxsw	0.768	0.039	19.925	***	par_10
d_4	<---	sxsw	0.573	0.029	19.482	***	par_11
a_{14}	<---	sxyyys	1.193	0.060	19.935	***	par_18

表 6-13 是标准化回归系数统计表，它的前四列与表 6-12 的结构一样。程序输出时对数据进行了标准化处理，目的是便于比较，也就是说标准化处理后系数之间可以进行比较。例如，表 6-13 中自变量因子 sxzsyff 对题项 a_1 的标准化回归系数为 0.569，对 a_6 的标准化回归系数为 0.229，前者大于后者。标

准化处理后系数会呈现在模型图中，通常保留两位小数，采用的方法是四舍五入法。

表 6-13　数学文化模型标准化回归系数统计表

变量	路径	变量	Estimate
a_1	<---	sxzsyff	0.569
a_2	<---	sxzsyff	0.307
a_3	<---	sxzsyff	0.452
a_5	<---	sxzsyff	0.388
a_6	<---	sxzsyff	0.229
a_8	<---	sxzsyff	0.509
a_{15}	<---	sxzsyff	0.503
a_9	<---	sxhd	0.502
a_{10}	<---	sxhd	0.487
a_{11}	<---	sxhd	0.607
a_{12}	<---	sxyyys	0.623
a_{13}	<---	sxyyys	0.710
d_2	<---	sxsw	0.695
d_3	<---	sxsw	0.687
d_4	<---	sxsw	0.629
a_{14}	<---	sxyyys	0.685

　　表 6-14 是模型因子协方差统计表，表 6-14 中 *sxzsyff*、*sxhd*、*sxyyys*、*sxsw* 分别指数学知识与方法、数学活动、数学应用意识和数学思维这 4 个因子。从表 6-14 可以看出，统计结果显示都具有显著性。数学文化各因子都是正相关，不存在负相关，这就是说，如果某一因素增加，则其他因素也增加，比如学生的数学文化知识与方法增加，则其他如数学活动也会增加。

　　从数学文化学习角度来看，这一统计结果符合数学教育认识规律，一般随着数学知识积累增加，数学活动、数学思维、数学应用意识也会增加，不会具有负相关。换一个角度理解，也就是说不会存在学生数学知识增加而数学应用意识或数学思维降低的情况。

表6-14　数学文化模型协方差统计表

变量	路径	变量	Estimate	S.E.	C.R.	P	Label
sxzsyff	<-->	*sxhd*	0.453	0.032	14.089	***	par_13
sxhd	<-->	*sxyyys*	0.445	0.032	14.005	***	par_14
sxyyys	<-->	*sxsw*	0.340	0.036	9.503	***	par_15
sxhd	<-->	*sxsw*	0.354	0.038	9.333	***	par_16
sxzsyff	<-->	*sxyyys*	0.471	0.032	14.676	***	par_17
sxzsyff	<-->	*sxsw*	0.482	0.043	11.301	***	par_18

表6-15是潜变量因子相关系数表，它表示的是 *sxzsyff*、*sxyyys*、*sxsw*、*sxhd* 两两间的相关系数。表6-14和表6-15具有联系，在数理统计中相关系数通常用 ρ 表示，计算两个随机变量 X，Y 的相关系数的公式是 $\rho = \dfrac{Cov(X,Y)}{\sigma_X \sigma_Y}$，其中，分子就是协方差，分母是标准差。从表6-15可以看出，*sxzsyff* 与 *sxhd* 的相关系数为0.903，相关系数最高，*sxhd* 与 *sxsw* 的相关系数为0.413。

表6-15　数学文化模型相关系数统计表

变量	路径	变量	Estimate
sxzsyff	<-->	*sxhd*	0.903
sxhd	<-->	*sxyyys*	0.849
sxyyys	<-->	*sxsw*	0.348
sxhd	<-->	*sxsw*	0.413
sxzsyff	<-->	*sxyyys*	0.823
sxzsyff	<-->	*sxsw*	0.516

表6-16是模型误差项统计表，统计结果显示方差都为正，在0.01水平下显著，这说明模型拟合较好。

表6-16　数学文化模型方差统计表

变量	Estimate	S.E.	C.R.	P	Label
$sxzsyff$	0.548	0.048	11.374	***	par_19
$sxhd$	0.460	0.047	9.760	***	par_20
$sxyyys$	0.597	0.047	12.701	***	par_21
$sxsw$	1.596	0.118	13.544	***	par_22
e_1	1.147	0.046	25.177	***	par_23
e_2	1.360	0.046	29.588	***	par_24
e_3	1.855	0.066	28.208	***	par_25
e_4	1.575	0.054	29.022	***	par_26
e_5	2.253	0.076	29.571	***	par_27
e_6	0.859	0.032	26.605	***	par_28
e_7	1.158	0.042	27.470	***	par_29
e_8	1.363	0.051	26.569	***	par_30
e_9	0.964	0.036	26.942	***	par_31
e_{10}	1.075	0.049	22.104	***	par_32
e_{12}	0.945	0.046	20.558	***	par_33
e_{13}	0.960	0.044	21.581	***	par_34
e_{14}	1.705	0.090	19.043	***	par_35
e_{15}	1.053	0.054	19.526	***	par_36
e_{16}	0.801	0.035	22.886	***	par_37
e_{11}	0.942	0.040	23.453	***	par_38

表 6-17 是模型适配情况统计表。表 6-17 中列出模型 CMIN/DF、RMR、GFI 等常用统计量的输出结果。从表 6-17 可以看出，CMIN/DF 值偏高，RMR 值偏低，其他各项拟合值都在临界值内。

表 6-17　数学文化模型拟合指数表

适配指数	CMIN/DF	RMR	GFI	AGFI	NFI	RFI	IFI	TLI	CFI	RMSEA
数值	5.542	0.075	0.964	0.950	0.903	0.961	0.919	0.901	0.919	0.049

数学文化模型估计和适配指数说明，数学文化问卷可以抽取 4 个因子，模型具有较好的构建效度。从数学文化 4 个因子相关系数来看，数学知识与方法、数学应用意识、数学思维之间相关系数较大，一方面说明题项之间的区分度可能太小，使得学生回答具有一致性；另一方面说明可以进一步就因子题项进行分析。

（二）二阶验证性因子分析

二阶验证性因子分析的目的是要验证是否存在更高一级的共同因子，也就是说，所构建的一阶因子是否共同受一个更高一阶的潜在特征的影响，或者说是否存在一个高阶因子可以解释 *sxzsyff*、*sxhd*、*sxyyys*、*sxsw* 这 4 个一阶因子。从图 6-2 和相关系数表可以看出，*sxzsyff*、*sxhd*、*sxyyys*、*sxsw* 这 4 个因子间高度相关，如 sxzsyff 与 sxhd 的相关系数是 0.903，*sxzsyff* 与 *sxyyys* 的相关系数为 0.823，*sxhd* 与 *sxyyys* 的相关系数为 0.849，因此应该进行高阶因子分析。数学文化问卷的二阶验证性因子分析：一是证明数学文化存在一个多层级同时也是一个多维度结构，二是检验数学文化是否可以通过数学知识与方法、数学活动、数学应用意识、数学思维这 4 个因子来测量研究的构念。如果不能证实数学文化的多维构念，即使验证了 *sxzsyff*、*sxhd*、*sxyyys*、*sxsw* 相对某一个变量的因果关系，也不能得出结论，数学文化与这个变量同样存在因果关系。

进行二阶验证性因子分析，如同一阶验证性因子分析一样，输出结果同样包括了未标准化估计输出结果图和标准化输出结果图两种情况，在这里以及后续模型图呈现时只呈现标准化估计模型图，这样处理完全只是为了叙述简洁。标准化处理后的模型图如图 6-3 所示。

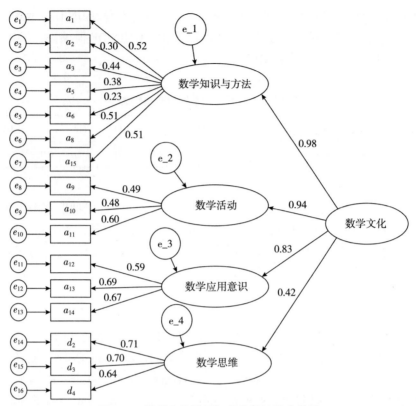

图 6-3　数学文化模型标准化估计输出结果

　　表 6-18 与表 6-19 分别是回归系数统计表与标准化回归系数统计表，其结构与意义分别与表 6-12、表 6-13 相同，在此不再赘述。从表 6-18 可以看出，在 0.01 显著水平下检验，回归系数都显著。回归系数显著，说明有显著性影响，数学文化对数字知识与方法、数学活动、数学应用意识和数学思维都有影响，另外，回归系数没有出现负值，说明影响都是正向的。

表 6-18　数学文化模型回归系数统计表

变量	路径	变量	Estimate	S.E.	C.R.	P	Label
sxzsyff	<---	sxwh	1.089	0.076	14.366	***	par_13
sxhd	<---	sxwh	1.000				
sxyyys	<---	sxwh	0.980	0.067	14.719	***	par_14
sxsw	<---	sxwh	0.873	0.077	11.306	***	par_15

续表

变量	路径	变量	Estimate	S.E.	C.R.	P	Label
a_1	<---	sxzsyff	1.000				
a_2	<---	sxzsyff	0.528	0.049	10.755	***	par_1
a_3	<---	sxzsyff	0.948	0.066	14.448	***	par_2
a_5	<---	sxzsyff	0.740	0.057	13.048	***	par_3
a_6	<---	sxzsyff	0.509	0.061	8.414	***	par_4
a_8	<---	sxzsyff	0.796	0.050	15.957	***	par_5
a_{15}	<---	sxzsyff	0.901	0.056	16.001	***	par_6
a_9	<---	sxhd	1.000				
a_{10}	<---	sxhd	0.819	0.056	14.584	***	par_7
a_{11}	<---	sxhd	1.194	0.073	16.453	***	par_8
a_{12}	<---	sxyyys	1.000				
a_{13}	<---	sxyyys	1.288	0.063	20.385	***	par_9
d_2	<---	sxsw	1.000				
d_3	<---	sxsw	0.755	0.036	20.833	***	par_10
d_4	<---	sxsw	0.568	0.028	20.470	***	par_11
a_{14}	<---	sxyyys	1.220	0.061	20.058	***	par_12

表 6-19 是标准化回归系数统计表，与前面意义相同，标准化后的数据才可以进行比较与分析。如从表 6-19 可以看出，sxwh 对 sxzsyff 的载荷是 0.985，对 sxsw 的载荷是 0.423，模型图中的数据是保留两位小数的四舍五入的标准化回归系数。

表 6-19 数学文化模型标准化回归系数统计表

变量	路径	变量	Estimate
sxzsyff	<---	sxwh	0.985
sxhd	<---	sxwh	0.944
sxyyys	<---	sxwh	0.835

变量	路径	变量	Estimate
$sxsw$	<---	$sxwh$	0.423
a_1	<---	$sxzsyff$	0.525
a_2	<---	$sxzsyff$	0.302
a_3	<---	$sxzsyff$	0.438
a_5	<---	$sxzsyff$	0.382
a_6	<---	$sxzsyff$	0.228
a_8	<---	$sxzsyff$	0.505
a_{15}	<---	$sxzsyff$	0.507
a_9	<---	$sxhd$	0.494
a_{10}	<---	$sxhd$	0.484
a_{11}	<---	$sxhd$	0.603
a_{12}	<---	$sxyyys$	0.586
a_{13}	<---	$sxyyys$	0.690
d_2	<---	$sxsw$	0.707
d_3	<---	$sxsw$	0.697
d_4	<---	$sxsw$	0.643
a_{14}	<---	$sxyyys$	0.666

表 6-20 是方差统计表。从表 6-20 可以看出，e_1 和 e_2 有两个误差项没有达到显著性差异，似乎不符合要求。从统计结果来看，e_2 对应的 P 值为 0.026，大于 0.01 而小于 0.05，也就是说，如果显著性水平 α 的取值是 0.05，则统计结果会显示存在显著性差异。在建模过程中进行一阶验证性因子分析时，就模型估计结果和适配性指标咨询了统计专家。一位统计专家说：模型估计和适配都非常合理，合理得使人怀疑数据的真实性。换一个角度去理解其意思，在教育统计分析中，不可能存在完美的模型，只有相对适合，或许有少数如 1 个或者 2 个题项，抑或是 1 个或者 2 个模型适配指标不完全符合要求，这可能更说明调查的合理性。

表 6-20　数学文化模型方差统计表

变量	Estimate	S.E.	C.R.	P	Label
sxwh	0.415	0.044	9.438	***	par_16
e_1	0.015	0.020	0.760	0.447	par_17
e_2	0.050	0.023	2.225	0.026	par_18
e_3	0.174	0.023	7.469	***	par_19
e_4	1.456	0.107	13.664	***	par_20
e_1	1.336	0.049	27.367	***	par_21
e_2	1.415	0.047	30.116	***	par_22
e_3	1.927	0.067	28.813	***	par_23
e_4	1.627	0.055	29.449	***	par_24
e_5	2.396	0.078	30.529	***	par_25
e_6	0.939	0.034	27.756	***	par_26
e_7	1.190	0.043	27.715	***	par_27
e_8	1.443	0.053	27.214	***	par_28
e_9	1.021	0.037	27.433	***	par_29
e_{10}	1.158	0.049	23.452	***	par_30
e_{12}	1.047	0.048	21.838	***	par_31
e_{13}	1.068	0.046	22.987	***	par_32
e_{14}	1.774	0.093	18.989	***	par_33
e_{15}	1.067	0.054	19.585	***	par_34
e_{16}	0.811	0.036	22.663	***	par_35
e_{11}	1.092	0.042	25.836	***	par_36

表 6-21 是模型适配情况统计表。CMIN/DF 值与 RMR 值偏高，NFI 值与 RFI 值分别为 0.898 与 0.878，接近临界值 0.9，其他拟合指数都在临界值内，说明模型比较合理。

表 6-21　数学文化模型拟合指数表

适配指数	CMIN/DF	RMR	GFI	AGFI	NFI	RFI	IFI	TLI	CFI	RMSEA
数值	5.710	0.079	0.962	0.949	0.898	0.878	0.915	0.897	0.914	0.049

表 6-21 说明模型拟合指标较好,除数学思维因子载荷只有 0.423 外,其他 3 个二阶因子载荷都大于 0.8,这说明数学文化是一个可以测量的多维构念,它可以解释数学知识与方法、数学活动、数学应用意识以及数学思维这 4 个因子的高阶因子。

由此可以得出这一结论:数字文化是反映数学知识与方法、数学活动、数学应用意识以及数学思维 4 个维度的潜因子模型构念。

二、情境兴趣因子分析

(一)一阶验证性因子分析

同理,需要采用验证性因子分析对情境兴趣问卷和个体兴趣问卷进行类似的分析,情境兴趣问卷进行验证性因子分析标准化估计输出结果图如图 6-4 所示。

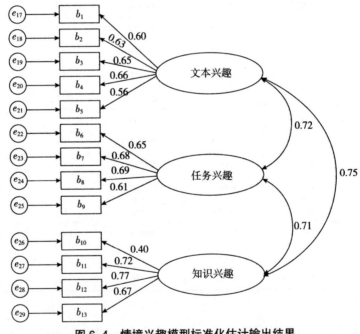

图 6-4　情境兴趣模型标准化估计输出结果

表 6-22 是情境兴趣模型回归系数统计表。与数学文化验证因子分析类似,表 6-22 中 *zsxq* 是知识兴趣的变量名,用知识兴趣的第一个字母组合表示,其他类似,*rwxq* 是任务兴趣的变量名,*wbxq* 是文本兴趣的变量名,表 6-22 中各列的意义与表 6-12 类似。统计表 6-22 显示回归系数在 0.01 水平下显著。从统计表 6-22 可以看出,知识兴趣对 b_{13} 的回归系数是 1.609,即 b_{13} 对知识兴趣的边

际效应为 1.609，就统计意义而言，假设其他路径系数不变，知识兴趣改变 "1 个单位"，则 b_{13} 改变 "1.609 个单位"。

表 6-22 情境兴趣模型回归系数统计表

变量	路径	变量	Estimate	S.E.	C.R.	P	Label
b_{13}	<---	zsxq	1.609	0.104	15.508	***	par_1
b_{12}	<---	zsxq	1.906	0.118	16.112	***	par_2
b_{11}	<---	zsxq	1.765	0.112	15.809	***	par_3
b_{10}	<---	zsxq	1.000				
b_6	<---	rwxq	1.000				
b_7	<---	rwxq	0.848	0.037	23.217	***	par_4
b_8	<---	rwxq	0.970	0.041	23.568	***	par_5
b_9	<---	rwxq	0.798	0.037	21.451	***	par_6
b_1	<---	wbxq	1.000				
b_2	<---	wbxq	1.033	0.049	20.878	***	par_7
b_3	<---	wbxq	1.142	0.053	21.383	***	par_8
b_4	<---	wbxq	1.062	0.049	21.552	***	par_9
b_5	<---	wbxq	0.953	0.049	19.275	***	par_10

回归系数标准化后的输出结果如表 6-23 所示。根据标准化的目的，可以比较 zsxq 对题项 b_{13} 和 b_{12} 的回归系数的大小，表中 zsxq 对题项 b_{13} 的标准化回归系数为 0.671，对 b_{12} 的标准化回归系数为 0.773，前者小于后者。

表 6-23 情境兴趣模型标准化回归系数统计表

变量	路径	变量	Estimate
b_{13}	<---	zsxq	0.671
b_{12}	<---	zsxq	0.773
b_{11}	<---	zsxq	0.715
b_{10}	<---	zsxq	0.402
b_6	<---	rwxq	0.649
b_7	<---	rwxq	0.677
b_8	<---	rwxq	0.692

续表

变量	路径	变量	Estimate
b_9	<---	*rwxq*	0.608
b_1	<---	*wbxq*	0.597
b_2	<---	*wbxq*	0.628
b_3	<---	*wbxq*	0.650
b_4	<---	*wbxq*	0.658
b_5	<---	*wbxq*	0.561

　　表 6-24 是情境兴趣 3 个因子模型协方差统计表，从表 6-24 可以看出，情境兴趣因子之间是正相关的，不存在负相关，这就是说，如果某一因素增加，则其他因素也增加，比如学生的数学文化知识兴趣增加，则其他如任务兴趣和文本兴趣也会增加。

表 6-24　情境兴趣模型协方差统计表

变量	路径	变量	Estimate	S.E.	C.R.	P	Label
rwxq	<-->	*wbxq*	0.422	0.027	15.712	***	par_11
zsxq	<-->	*rwxq*	0.265	0.021	12.722	***	par_12
zsxq	<-->	*wbxq*	0.270	0.021	12.648	***	par_13

　　表 6-25 是情境兴趣因子相关系数表，即模型潜变量因子 *wbxq*、*rwxq*、*zsxq* 两两间的相关系数。从表 6-25 可以看出，3 个因子任意两个因子间的相关系数都在 0.7 左右。

表 6-25　情境兴趣模型相关系数统计表

变量	路径	变量	Estimate
rwxq	<-->	*wbxq*	0.718
zsxq	<-->	*rwxq*	0.711
zsxq	<-->	*wbxq*	0.751

　　表 6-26 是数学文化情境兴趣模型误差项统计表，统计结果显示方差都为正，在 0.01 水平下显著，这说明模型拟合较好。

表6-26　情境兴趣模型方差统计表

变量	Estimate	S.E.	C.R.	P	Label
$zsxq$	0.228	0.027	8.372	***	par_14
$rwxq$	0.610	0.043	14.333	***	par_15
$wbxq$	0.566	0.043	13.038	***	par_16
e_{17}	1.022	0.038	26.985	***	par_17
e_{18}	0.929	0.035	26.270	***	par_18
e_{19}	1.007	0.039	25.651	***	par_19
e_{20}	0.834	0.033	25.416	***	par_20
e_{21}	1.118	0.040	27.678	***	par_21
e_{22}	0.837	0.033	25.336	***	par_22
e_{23}	0.518	0.021	24.388	***	par_23
e_{24}	0.623	0.026	23.796	***	par_24
e_{25}	0.661	0.025	26.459	***	par_25
e_{29}	0.720	0.028	25.367	***	par_26
e_{28}	0.558	0.027	20.671	***	par_27
e_{27}	0.678	0.029	23.726	***	par_28
e_{26}	1.180	0.040	29.727	***	par_29

同理，在进行验证性因子分析时，列出模型CMIN/DF、RMR、GFI等常用统计量的输出结果如表6-27所示。从表6-27可以看出，CMIN/DF值偏高，RMR值稍微大于临界值0.05。其他统计量各项的值都符合要求。

表6-27　情境兴趣模型拟合指数表

适配指数	CMIN/DF	RMR	GFI	AGFI	NFI	RFI	IFI	TLI	CFI	RMSEA
数值	6.535	0.051	0.968	0.953	0.945	0.931	0.953	0.941	0.953	0.054

情境兴趣模型估计和适配指数说明，情境兴趣问卷可以抽取3个因子，模型具有较好的结构效度。情境兴趣3个因子相关系数较高，可以进行高阶分析，以验证是否存在更高一级的因子，也就是说，所构念的一阶因子是否共同受一个更高一阶的潜在特征的影响，或者说有一个高阶构念可以解释$wbxq$、$rwxq$、$zsxq$这3个一阶因子。

（二）二阶验证性因子分析

一阶验证性因子分析结果显示，*wbxq*、*rwxq*、*zsxq* 两两间的相关系数较高，*wbxq* 与 *rwxq* 的相关系数为 0.718，*wbxq* 与 *zsxq* 的相关系数为 0.751，*rwxq* 与 *zsxq* 的相关系数为 0.711，3 个因子间相关度较高，相关系数都在 0.7 以上，应该进行二阶验证性因子分析，验证是否存在更高一级的因子构念反映这 3 个因子，进行二阶验证性因子分析的模型如图 6-5 所示。

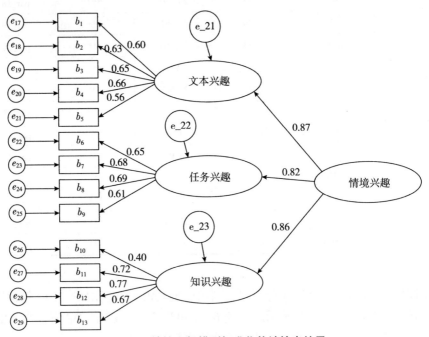

图 6-5　情境兴趣模型标准化估计输出结果

表 6-28 和表 6-29 分别是回归系数统计表与标准化回归系数统计表，从表 6-28 可以看出，在 0.01 显著性水平下检验，回归系数都显著。例如，*qjxq* 对 *rwxq* 的回归系数是 0.983，统计结果显示存在显著性差异，说明 *qjxq* 对 *rwxq* 有显著性影响。

表 6-28　情境兴趣模型回归系数统计表

变量	路径	变量	Estimate	S.E.	C.R.	P	Label
wbxq	<---	*qjxq*	1.000				
rwxq	<---	*qjxq*	0.983	0.056	17.458	***	par_11
zsxq	<---	*qjxq*	0.629	0.047	13.299	***	par_12

续表

变量	路径	变量	Estimate	S.E.	C.R.	P	Label
b_1	<---	wbxq	1.000				
b_2	<---	wbxq	1.033	0.049	20.878	***	par_1
b_3	<---	wbxq	1.142	0.053	21.383	***	par_2
b_4	<---	wbxq	1.062	0.049	21.552	***	par_3
b_5	<---	wbxq	0.953	0.049	19.275	***	par_4
b_6	<---	rwxq	1.000				
b_7	<---	rwxq	0.848	0.037	23.217	***	par_5
b_8	<---	rwxq	0.970	0.041	23.568	***	par_6
b_9	<---	rwxq	0.798	0.037	21.451	***	par_7
b_{10}	<---	zsxq	1.000				
b_{11}	<---	zsxq	1.765	0.112	15.809	***	par_8
b_{12}	<---	zsxq	1.906	0.118	16.112	***	par_9
b_{13}	<---	zsxq	1.609	0.104	15.508	***	par_10

从表6-29标准化回归系数统计表可以看出，qjxq 对 wbxq 的因子载荷是 0.871，对 rwxq 的因子载荷是 0.824，对 zsxq 的因子载荷是 0.863。

表6-29 情境兴趣模型标准化回归系数统计表

变量	路径	变量	Estimate
wbxq	<---	qjxq	0.871
rwxq	<---	qjxq	0.824
zsxq	<---	qjxq	0.863
b_1	<---	wbxq	0.597
b_2	<---	wbxq	0.628
b_3	<---	wbxq	0.650
b_4	<---	wbxq	0.658
b_5	<---	wbxq	0.561
b_6	<---	rwxq	0.649

变量	路径	变量	Estimate
b_7	<---	$rwxq$	0.677
b_8	<---	$rwxq$	0.692
b_9	<---	$rwxq$	0.608
b_{10}	<---	$zsxq$	0.402
b_{11}	<---	$zsxq$	0.715
b_{12}	<---	$zsxq$	0.773
b_{13}	<---	$zsxq$	0.671

表6-30是方差统计表。表6-30显示所有统计结果在0.01显著性水平下都显著，误差项方差都大于0，没有负值方差存在，如果存在方差值为负，说明模型不能很好解释样本数据，这从方差角度说明模型是合理的。

表 6-30 情境兴趣模型方差统计表

变量	Estimate	S.E.	C.R.	P	Label
$qjxq$	0.429	0.037	11.444	***	par_13
e_22	0.195	0.021	9.117	***	par_14
e_23	0.058	0.009	6.219	***	par_15
e_21	0.137	0.019	7.108	***	par_16
e_{17}	1.022	0.038	26.985	***	par_17
e_{18}	0.929	0.035	26.270	***	par_18
e_{19}	1.007	0.039	25.651	***	par_19
e_{20}	0.834	0.033	25.416	***	par_20
e_{21}	1.118	0.040	27.678	***	par_21
e_{22}	0.837	0.033	25.336	***	par_22
e_{23}	0.518	0.021	24.388	***	par_23
e_{24}	0.623	0.026	23.796	***	par_24
e_{25}	0.661	0.025	26.459	***	par_25
e_{29}	0.720	0.028	25.367	***	par_26
e_{28}	0.558	0.027	20.671	***	par_27

续表

变量	Estimate	S.E.	C.R.	P	Label
e_{27}	0.678	0.029	23.726	***	par_28
e_{26}	1.180	0.040	29.727	***	par_29

在进行验证性因子分析时，列出模型 CMIN/DF、RMR、GFI 等常用统计量的输出结果如表 6–31 所示。从表 6–31 可以看出，CMIN/DF 值偏高，RMR 值等于 0.051，稍微大于临界值 0.05，其他各项拟合值都符合要求，模型具有较好的结构效度。

表 6–31　情境兴趣模型拟合指数表

适配指数	CMIN/DF	RMR	GFI	AGFI	NFI	RFI	IFI	TLI	CFI	RMSEA
数值	6.535	0.051	0.968	0.953	0.945	0.931	0.953	0.941	0.953	0.050

二阶验证性因子分析模型拟合指标较好，3 个一阶因子的因子载荷都大于 0.8，这说明数学文化情境兴趣是一个可以测量的多维构念，数学文化情境兴趣可以解释为知识兴趣、任务兴趣、文本兴趣，它是这 3 个因子的高阶因子。

由此可以得出结论：小学生数学文化情境兴趣是数学文化知识兴趣、任务兴趣、文本兴趣这 3 个维度的潜因子模型构念。

三、个体兴趣因子分析

继续对个体兴趣问卷进行验证性因子分析，以对个体兴趣维度结构进行检验。个体兴趣模型标准化估计输出结果如图 6–6 所示。

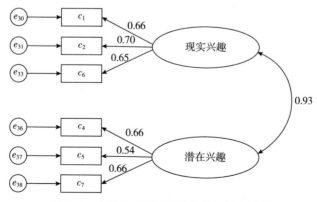

图 6–6　个体兴趣模型标准化估计输出结果

表 6-32 是个体兴趣模型回归系数统计表。表 6-32 中 *xsdxq* 与 *qzdxq* 分别是现实兴趣、潜在兴趣变量名，为了便于理解，分别用现实兴趣和潜在兴趣的第一个字母组合命名。从表 6-32 可以说明，回归系数在 0.01 水平下显著。从表 6-32 可以看出，现实兴趣对 c_2 的回归系数是 1.030，也就是说，c_2 对数学文化现实兴趣的边际效应为 1.030，就统计意义而言，假设其他路径系数不变，现实兴趣改变"1 个单位"，则 c_2 改变"1.030 个单位"。

表 6-32　个体兴趣模型回归系数统计表

变量	路径	变量	Estimate	S.E.	C.R.	P	Label
c_2	<---	*xsdxq*	1.030	0.044	23.657	***	par_1
c_6	<---	*xsdxq*	0.979	0.043	22.601	***	par_2
c_7	<---	*qzdxq*	1.016	0.045	22.387	***	par_3
c_4	<---	*qzdxq*	1.000				
c_5	<---	*qzdxq*	0.718	0.038	19.078	***	par_4
c_1	<---	*xsdxq*	1.000				

表 6-33 是标准化回归系数统计表。从表 6-33 可以看出，*xsdxq* 对题项 c_2 的标准化回归系数为 0.701，而对题项 c_6 的标准化回归系数为 0.655，前者较大，后者较小，比较而言，*qzdxq* 对 c_5 的标准化回归系数最小。

表 6-33　个体兴趣模型标准化回归系数

变量	路径	变量	Estimate
c_2	<---	*xsdxq*	0.701
c_6	<---	*xsdxq*	0.655
c_7	<---	*qzdxq*	0.664
c_4	<---	*qzdxq*	0.661
c_5	<---	*qzdxq*	0.538
c_1	<---	*xsdxq*	0.661

表 6–34 是个体兴趣 2 个因子模型协方差统计表。现实兴趣与潜在兴趣的协方差为 0.540。

表 6–34　个体兴趣模型协方差统计表

变量	路径	变量	Estimate	S.E.	C.R.	P	Label
xsdxq	<-->	*qzdxq*	0.540	0.030	18.040	***	par_5

表 6–35 是个体兴趣 2 个因子的相关系数统计表，从表 6–35 可以看出，现实兴趣与潜在兴趣之间的相关系数为 0.927。

表 6–35　个体兴趣模型相关系数统计表

变量	路径	变量	Estimate
xsdxq	<-->	*qzdxq*	0.927

表 6–36 是个体兴趣模型误差项统计表，统计结果显示方差都为正，在 0.01 水平下显著，这说明模型拟合较好。

表 6–36　个体兴趣模型方差统计表

变量	Estimate	S.E.	C.R.	P	Label
xsdxq	0.582	0.040	14.459	***	par_6
qzdxq	0.583	0.041	14.184	***	par_7
e_{33}	0.743	0.030	24.647	***	par_8
e_{36}	0.752	0.032	23.629	***	par_9
e_{37}	0.740	0.027	27.325	***	par_10
e_{38}	0.762	0.032	23.477	***	par_11
e_{31}	0.637	0.028	22.688	***	par_12
e_{30}	0.751	0.031	24.433	***	par_13

表 6–37 是模型拟合指数表。从表 6–37 的统计结果可以看出，CMIN/DF 值

偏高，其他各项拟合值都符合要求。现实兴趣和潜在兴趣之间高度相关，出现这种情况有两种可能：一种情况是，现实兴趣和潜在兴趣题项区分度不大，很难描述这两个因子，但在编制问卷时咨询有关专家，从专家角度认为题项可以反映相应的维度；另一种情况是，虽然从理论上把个体兴趣区分成现实兴趣和潜在兴趣，但测试时很难区分这两种兴趣。

表 6-37　个体兴趣模型拟合指数表

适配指数	CMIN/DF	RMR	GFI	AGFI	NFI	RFI	IFI	TLI	CFI	RMSEA
数值	18.06	0.046	0.975	0.935	0.952	0.910	0.955	0.915	0.954	0.08

个体兴趣模型估计值和配适指数说明，个体兴趣模型比较合理。现实兴趣与潜在兴趣高度相关，理论上应该进行高阶验证性因子分析。由于个体兴趣模型中只有 2 个因子，如果进行高阶验证性因子分析，模型是不可识别的，程序运算会出问题，或者是要增加限制条件。现实兴趣与潜在兴趣的相关系数为 0.927，基于高度相关的事实，可以判断个体兴趣是现实兴趣与潜在兴趣的高阶因子构念。

第三节　变量关系假设检验结果与分析

本书所要验证的假设是数学文化对小学生数学学习兴趣产生了积极的影响。研究试图证实数学文化各维度对数学学习兴趣会产生积极影响，研究中数学学习兴趣包括情境兴趣和个体兴趣，理想的结果是能证实数学文化各维度对情境兴趣和个体兴趣各维度都有积极影响，在此情况下就能判断研究假设成立。因此，需要从研究设计的基本模型出发，对变量关系进行假设检验。

一、数学文化对小学生数学学习情境兴趣影响假设检验结果与分析

（一）数学文化各维度对情境兴趣各维度的影响

从数学文化与情境兴趣基本模型出发，根据题项与变量的关系，构建模型以检验数学文化各维度对情境兴趣各维度的影响。在 AMOS 执行标准化估计输出结果如图 6-7 所示。

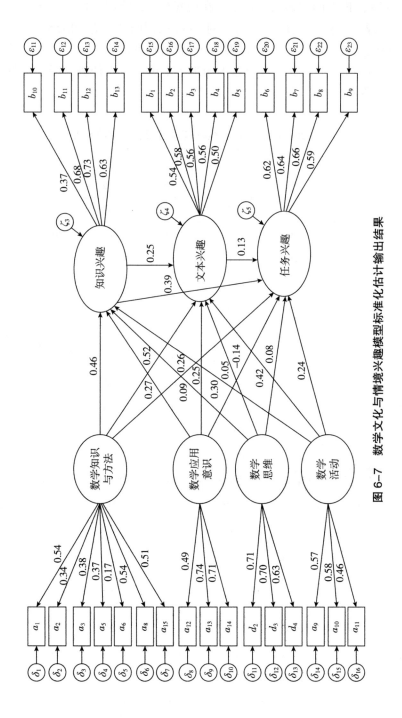

图 6-7　数学文化与情境兴趣模型标准化估计输出结果

　　表 6-38 是模型回归系数统计表，在观察统计结果时，应注意统计显示的特别数据，从表 6-38 可以看出，*sxyyys* 对 *rwxq* 的回归系数为 –0.155，为了便于看出，该行把它标注成深色，*sxyyys* 对 *rwxq* 的回归系数为 –0.155，也就是说在其他条件不变的情况下，数学应用意识增加 1 个单位，则任务兴趣会降低 0.155，这不符合数学学习实际。

表 6-38　数学文化与情境兴趣模型回归系数统计表

变量	路径	变量	Estimate	S.E.	C.R.	P	Label
zsxq	<---	*sxzsyff*	0.269	0.028	9.702	***	par_22
zsxq	<---	*sxyyys*	0.183	0.024	7.529	***	par_24
zsxq	<---	*sxsw*	0.029	0.009	3.084	0.002	par_25
zsxq	<---	*sxhd*	0.165	0.022	7.425	***	par_27
wbxq	<---	*sxzsyff*	0.453	0.042	10.812	***	par_23
wbxq	<---	*sxhd*	0.337	0.035	9.635	***	par_28
wbxq	<---	*sxyyys*	0.257	0.033	7.780	***	par_30
wbxq	<---	*sxsw*	0.026	0.012	2.126	0.033	par_31
wbxq	<---	*zsxq*	0.367	0.068	5.430	***	par_35
rwxq	<---	*sxsw*	0.042	0.015	2.891	0.004	par_26
rwxq	<---	*sxhd*	0.223	0.060	3.727	***	par_29
rwxq	<---	*sxzsyff*	0.253	0.075	3.374	***	par_32
rwxq	<---	*sxyyys*	–0.155	0.049	–3.164	0.002	par_34
rwxq	<---	*wbxq*	0.148	0.122	1.212	0.226	par_36
rwxq	<---	*zsxq*	0.645	0.087	7.427	***	par_37
a_1	<---	*sxzsyff*	1.000				
a_2	<---	*sxzsyff*	0.577	0.052	11.122	***	par_1
a_3	<---	*sxzsyff*	0.792	0.066	12.058	***	par_2
a_5	<---	*sxzsyff*	0.695	0.058	11.888	***	par_3
a_6	<---	*sxzsyff*	0.380	0.061	6.217	***	par_4
a_8	<---	*sxzsyff*	0.828	0.054	15.378	***	par_5
a_{15}	<---	*sxzsyff*	0.885	0.059	14.919	***	par_6

变量	路径	变量	Estimate	S.E.	C.R.	P	Label
a_{12}	<---	sxyyys	1.000				
a_{13}	<---	sxyyys	1.661	0.101	16.405	***	par_7
a_{14}	<---	sxyyys	1.576	0.095	16.520	***	par_8
d_2	<---	sxsw	1.000				
d_3	<---	sxsw	0.759	0.038	19.763	***	par_9
a_9	<---	sxhd	1.000				
a_{10}	<---	sxhd	0.843	0.062	13.600	***	par_10
a_{11}	<---	sxhd	0.792	0.063	12.588	***	par_11
d_4	<---	sxsw	0.556	0.028	19.687	***	par_12
b_1	<---	wbxq	1.000				
b_2	<---	wbxq	1.048	0.059	17.890	***	par_13
b_4	<---	wbxq	0.993	0.057	17.456	***	par_14
b_5	<---	wbxq	0.952	0.058	16.283	***	par_15
b_6	<---	rwxq	1.000				
b_7	<---	rwxq	0.843	0.041	20.756	***	par_16
b_8	<---	rwxq	0.966	0.046	21.095	***	par_17
b_9	<---	rwxq	0.814	0.042	19.571	***	par_18
b_{10}	<---	zsxq	1.000				
b_{11}	<---	zsxq	1.764	0.127	13.840	***	par_19
b_{12}	<---	zsxq	1.890	0.134	14.067	***	par_20
b_{13}	<---	zsxq	1.606	0.118	13.578	***	par_21
b_3	<---	wbxq	1.085	0.062	17.506	***	par_33

表6-39是模型标准化回归系数统计表。表6-39显示 sxzsyff 对 zsxq 的标准化回归系数是0.458，sxzsyff 对 wbxq 的标准化回归系数是0.520，sxzsyff 对 rwxq 的标准化回归系数是0.258，sxzsyff 对 wbxq 的影响大于对 zsxq 的影响，也大于对 rwxq 的影响，标准化回归系数显示，sxyyys 对 rwxq 的回归系数仍然为负值，在表6-39中依然把该行用深色标识出来，以便于观察。

表 6-39 数学文化与情境兴趣标准化回归系数统计表

变量	路径	变量	Estimate
zsxq	<---	sxzsyff	0.458
zsxq	<---	sxyyys	0.268
zsxq	<---	sxsw	0.089
zsxq	<---	sxhd	0.303
wbxq	<---	sxzsyff	0.520
wbxq	<---	sxhd	0.417
wbxq	<---	sxyyys	0.253
wbxq	<---	sxsw	0.055
wbxq	<---	zsxq	0.247
rwxq	<---	sxsw	0.079
rwxq	<---	sxhd	0.245
rwxq	<---	sxzsyff	0.258
rwxq	<---	sxyyys	−0.136
rwxq	<---	wbxq	0.132
rwxq	<---	zsxq	0.386
a_1	<---	sxzsyff	0.539
a_2	<---	sxzsyff	0.338
a_3	<---	sxzsyff	0.375
a_5	<---	sxzsyff	0.368
a_6	<---	sxzsyff	0.175
a_8	<---	sxzsyff	0.540
a_{15}	<---	sxzsyff	0.512
a_{12}	<---	sxyyys	0.487
a_{13}	<---	sxyyys	0.739
a_{14}	<---	sxyyys	0.715
d_2	<---	sxsw	0.710
d_3	<---	sxsw	0.704
a_9	<---	sxhd	0.571

续表

变量	路径	变量	Estimate
a_{10}	<---	sxhd	0.576
a_{11}	<---	sxhd	0.463
d_4	<---	sxsw	0.632
b_1	<---	wbxq	0.538
b_2	<---	wbxq	0.579
b_4	<---	wbxq	0.557
b_5	<---	wbxq	0.501
b_6	<---	rwxq	0.617
b_7	<---	rwxq	0.641
b_8	<---	rwxq	0.658
b_9	<---	rwxq	0.588
b_{10}	<---	zsxq	0.368
b_{11}	<---	zsxq	0.678
b_{12}	<---	zsxq	0.733
b_{13}	<---	zsxq	0.631
b_3	<---	wbxq	0.559

表 6-40 是误差项方差统计表。由表 6-40 可见，误差项方差都为正，在 0.01 水平下显著，统计结果显示都显著。

表 6-40　数学文化与情境兴趣模型方差统计表

变量	Estimate	S.E.	C.R.	P	Label
sxzsyff	0.536	0.051	10.450	***	par_38
sxyyys	0.395	0.041	9.608	***	par_39
sxsw	1.790	0.128	13.983	***	par_40
sxhd	0.623	0.063	9.827	***	par_41
ζ_3	0.114	0.016	7.030	***	par_42
ζ_4	0.086	0.015	5.641	***	par_43

续表

变量	Estimate	S.E.	C.R.	P	Label
ζ_5	0.218	0.021	10.304	***	par_44
e_1	1.307	0.051	25.390	***	par_45
e_2	1.378	0.047	29.274	***	par_46
e_3	2.048	0.071	28.802	***	par_47
e_4	1.647	0.057	28.896	***	par_48
e_5	2.450	0.080	30.599	***	par_49
e_6	0.893	0.035	25.366	***	par_50
e_7	1.182	0.045	26.153	***	par_51
e_8	1.270	0.047	27.300	***	par_52
e_9	0.906	0.061	14.903	***	par_53
e_{10}	0.939	0.057	16.510	***	par_54
e_{12}	1.048	0.057	18.233	***	par_55
e_{13}	0.830	0.037	22.663	***	par_56
e_{14}	1.286	0.061	21.233	***	par_57
e_{15}	0.891	0.042	20.989	***	par_58
e_{16}	1.430	0.056	25.619	***	par_59
e_{11}	1.757	0.099	17.812	***	par_60
e_{18}	0.884	0.033	26.625	***	par_61
e_{19}	1.050	0.039	27.075	***	par_62
e_{20}	0.891	0.033	27.129	***	par_63
e_{21}	1.097	0.039	28.144	***	par_64
e_{22}	0.840	0.033	25.409	***	par_65
e_{23}	0.524	0.021	24.621	***	par_66
e_{24}	0.629	0.026	24.001	***	par_67
e_{25}	0.647	0.025	26.217	***	par_68
e_{29}	0.718	0.028	25.214	***	par_69
e_{28}	0.566	0.027	20.707	***	par_70

续表

变量	Estimate	S.E.	C.R.	P	Label
e_{27}	1.179	0.040	29.689	***	par_71
e_{26}	0.674	0.029	23.484	***	par_72
e_{17}	0.998	0.036	27.506	***	par_73

由回归系数统计表 6-38 和标准化回归系数统计表 6-39 可知，$sxyyys$ 对 $rwxq$ 的路径系数为负值，这不符合常识，分析原因可能存在效应遮掩。

（二）效应遮掩分析

数学应用意识对任务兴趣的回归系数为负，这与实际经验不符合，分析原因可能存在效应遮掩，需进一步进行检验。从图 6-7 数学文化对情境兴趣影响模型图出发，要依次检验数学应用意识对任务兴趣、任务兴趣对文本兴趣、文本兴趣对数学应用意识的影响。

构建模型以检验数学应用意识对任务兴趣的影响，结果如图 6-8 所示。

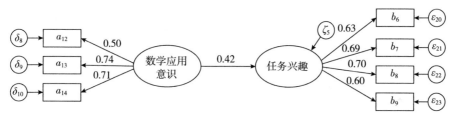

图 6-8 数学应用意识与任务兴趣模型标准化估计输出结果

表 6-41 与表 6-42 是模型回归系数统计表以及标准化回归系数统计表。从表 6-41 可以看出，$sxyyys$ 对 $rwxq$ 的回归系数是 0.494，在 0.01 显著性水平下显著。

表 6-41 数学应用意识与任务兴趣模型回归系数统计表

变量	路径	变量	Estimate	S.E.	C.R.	P	Label
$rwxq$	<---	$sxyyys$	0.494	0.045	11.038	***	par_6
a_{12}	<---	$sxyyys$	1.000				
a_{13}	<---	$sxyyys$	1.632	0.098	16.584	***	par_1
a_{14}	<---	$sxyyys$	1.525	0.091	16.743	***	par_2

续表

变量	路径	变量	Estimate	S.E.	C.R.	P	Label
b_6	<---	rwxq	1.000				
b_7	<---	rwxq	0.883	0.041	21.599	***	par_3
b_8	<---	rwxq	1.003	0.046	21.741	***	par_4
b_9	<---	rwxq	0.809	0.041	19.923	***	par_5

表 6-42 是标准化回归系数统计表。从表 6-42 可以看出，标准化后 sxyyys 对 rwxq 回归系数是 0.415。

表 6-42　数学应用意识与任务兴趣模型标准化回归系数统计表

变量	路径	变量	Estimate
rwxq	<---	sxyyys	0.415
a_{12}	<---	sxyyys	0.497
a_{13}	<---	sxyyys	0.741
a_{14}	<---	sxyyys	0.706
b_6	<---	rwxq	0.634
b_7	<---	rwxq	0.689
b_8	<---	rwxq	0.700
b_9	<---	rwxq	0.603

表 6-43 是模型方差统计表。统计显示误差项方差都为正，在 0.01 显著性水平下显著。

表 6-43　数学应用意识与任务兴趣模型方差统计表

变量	Estimate	S.E.	C.R.	P	Label
sxyyys	0.412	0.042	9.801	***	par_7
ζ_5	0.482	0.037	12.908	***	par_8
e_8	1.253	0.046	27.041	***	par_9
e_9	0.902	0.061	14.805	***	par_10
e_{10}	0.963	0.056	17.095	***	par_11

变量	Estimate	S.E.	C.R.	P	Label
e_{22}	0.865	0.036	24.341	***	par_12
e_{23}	0.502	0.023	21.952	***	par_13
e_{24}	0.611	0.029	21.417	***	par_14
e_{25}	0.669	0.026	25.400	***	par_15

为了分析效应遮掩，还需要检验 $sxyyys$ 对 $wbxq$、$wbxq$ 对 $rwxq$ 的影响。图 6-9 是数学应用意识对文本兴趣的影响模型图。

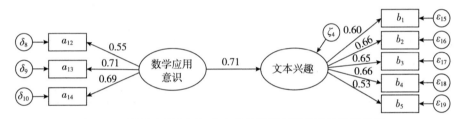

图 6-9　数学应用意识与文本兴趣模型标准化估计输出结果

表 6-44 是模型回归系数统计表。从表 6-44 可以看出，$sxyyys$ 对 $wbxq$ 的回归系数是 0.749，在 0.01 显著性水平下显著，即是说 $sxyyys$ 对 $wbxq$ 存在显著性影响。

表 6-44　数学应用意识与文本兴趣模型回归系数统计表

变量	路径	变量	Estimate	S.E.	C.R.	P	Label
$wbxq$	<---	$sxyyys$	0.749	0.048	15.579	***	par_6
a_{12}	<---	$sxyyys$	1.000				
a_{13}	<---	$sxyyys$	1.398	0.073	19.094	***	par_1
a_{14}	<---	$sxyyys$	1.332	0.070	18.947	***	par_2
b_1	<---	$wbxq$	1.000				
b_2	<---	$wbxq$	1.079	0.052	20.858	***	par_3
b_4	<---	$wbxq$	1.060	0.051	20.886	***	par_4
b_5	<---	$wbxq$	0.906	0.050	18.101	***	par_5
b_3	<---	$wbxq$	1.138	0.055	20.705	***	par_7

表 6-45 是标准化回归系数统计表。从表 6-45 可以看出，标准化后，*sxyyys* 对 *wbxq* 的回归系数是 0.713。

表 6-45　数学应用意识与文本兴趣模型标准化回归系数统计表

变量	路径	变量	Estimate
wbxq	<---	*sxyyys*	0.713
a_{12}	<---	*sxyyys*	0.554
a_{13}	<---	*sxyyys*	0.707
a_{14}	<---	*sxyyys*	0.687
b_1	<---	*wbxq*	0.596
b_2	<---	*wbxq*	0.655
b_4	<---	*wbxq*	0.657
b_5	<---	*wbxq*	0.533
b_3	<---	*wbxq*	0.647

表 6-46 是模型误差项方差统计表。从表 6-46 可以看出，误差项方差为正，在 0.01 显著性水平下显著。

表 6-46　数学应用意识与文本兴趣模型方差统计表

变量	Estimate	S.E.	C.R.	P	Label
sxyyys	0.511	0.045	11.297	***	par_8
ζ_4	0.278	0.026	10.540	***	par_9
e_8	1.154	0.044	26.232	***	par_10
e_9	0.998	0.050	19.885	***	par_11
e_{10}	1.013	0.048	21.016	***	par_12
e_{18}	0.875	0.036	24.639	***	par_13
e_{19}	1.013	0.041	24.901	***	par_14
e_{20}	0.837	0.034	24.588	***	par_15
e_{21}	1.168	0.042	27.684	***	par_16
e_{17}	1.023	0.039	26.356	***	par_17

构建如图 6-10 的文本兴趣对任务兴趣影响模型图，以继续检验 *wbxq* 对 *rwxq* 的影响。

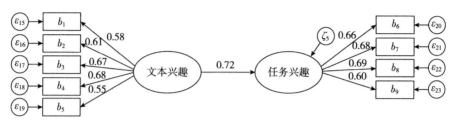

图 6-10　文本兴趣与任务兴趣模型标准化估计输出结果

表 6-47 是模型回归系数统计表。从表 6-47 可以看出，*wbxq* 对 *rwxq* 的回归系数是 0.769，在 0.01 水平下显著，*wbxq* 对 *rwxq* 有显著性影响。

表 6-47　文本兴趣与任务兴趣模型回归系数统计表

变量	路径	变量	Estimate	S.E.	C.R.	P	Label
rwxq	<---	*wbxq*	0.769	0.044	17.481	***	par_8
b_2	<---	*wbxq*	1.030	0.052	19.721	***	par_1
b_4	<---	*wbxq*	1.121	0.053	21.021	***	par_2
b_5	<---	*wbxq*	0.953	0.052	18.292	***	par_3
b_6	<---	*rwxq*	1.000				
b_7	<---	*rwxq*	0.849	0.037	23.020	***	par_4
b_8	<---	*rwxq*	0.951	0.041	23.034	***	par_5
b_9	<---	*rwxq*	0.780	0.037	20.976	***	par_6
b_3	<---	*wbxq*	1.206	0.058	20.880	***	par_7
b_1	<---	*wbxq*	1.000				

表 6-48 是标准化回归系数统计表。从表 6-48 可以看出，标准化后 *wbxq* 对 *rwxq* 的回归系数是 0.716，标准化后的数据会呈现在模型图 6-10 中。

表6-48　文本兴趣与任务兴趣模型标准化回归系数统计表

变量	路径	变量	Estimate
$rwxq$	<---	$wbxq$	0.716
b_2	<---	$wbxq$	0.611
b_4	<---	$wbxq$	0.678
b_5	<---	$wbxq$	0.548
b_6	<---	$rwxq$	0.656
b_7	<---	$rwxq$	0.685
b_8	<---	$rwxq$	0.685
b_9	<---	$rwxq$	0.601
b_3	<---	$wbxq$	0.670
b_1	<---	$wbxq$	0.583

　　表6-49是模型误差项方差统计表。从表6-49可以看出，误差项方差为正，在0.01显著性水平下显著。

表6-49　文本兴趣与任务兴趣模型方差统计表

变量	Estimate	S.E.	C.R.	P	Label
$wbxq$	0.539	0.043	12.485	***	par_9
ζ_5	0.304	0.026	11.688	***	par_10
e_{22}	0.826	0.034	24.571	***	par_11
e_{23}	0.508	0.022	23.444	***	par_12
e_{24}	0.634	0.027	23.415	***	par_13
e_{25}	0.671	0.026	26.221	***	par_14
e_{20}	0.795	0.033	23.977	***	par_15
e_{19}	0.961	0.040	24.277	***	par_16
e_{18}	0.960	0.037	26.119	***	par_17
e_{17}	1.048	0.039	26.799	***	par_18
e_{21}	1.142	0.042	27.512	***	par_19

在图 6-7 数学文化因子对情境兴趣因子模型中，*sxyyys* 对 *rwxq* 的回归系数为负值，为了检验是否存在效应遮掩，还得对模型图 6-11 进行检验。

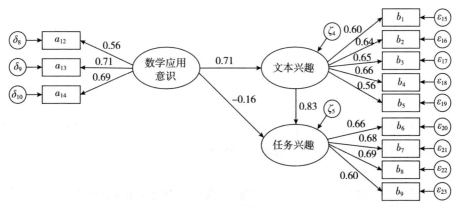

图 6-11　数学应用意识与文本兴趣、任务兴趣模型标准化估计输出结果

表 6-50 是模型回归系数统计表。从表 6-50 可知，模型中 *sxyyys* 对 *rwxq* 的回归系数为负值，统计结果显示不显著。

表 6-50　数学应用意识与文本兴趣、任务兴趣模型回归系数统计表

变量	路径	变量	Estimate	S.E.	C.R.	P	Label
wbxq	<---	*sxyyys*	0.746	0.047	15.716	***	par_9
rwxq	<---	*sxyyys*	−0.171	0.056	−3.045	0.002	par_11
rwxq	<---	*wbxq*	0.871	0.064	13.516	***	par_12
a_{12}	<---	*sxyyys*	1.000				
a_{13}	<---	*sxyyys*	1.393	0.073	19.134	***	par_1
a_{14}	<---	*sxyyys*	1.327	0.070	18.979	***	par_2
b_1	<---	*wbxq*	1.000				
b_2	<---	*wbxq*	1.058	0.050	21.247	***	par_3
b_4	<---	*wbxq*	1.061	0.049	21.575	***	par_4
b_5	<---	*wbxq*	0.946	0.049	19.184	***	par_5
b_6	<---	*rwxq*	1.000				

变量	路径	变量	Estimate	S.E.	C.R.	P	Label
b_7	<---	$rwxq$	0.848	0.037	23.028	***	par_6
b_8	<---	$rwxq$	0.951	0.041	23.053	***	par_7
b_9	<---	$rwxq$	0.780	0.037	20.987	***	par_8
b_3	<---	$wbxq$	1.137	0.053	21.347	***	par_10

对回归系数进行标准统计，以便于比较。表 6-51 是标准化回归系数统计表，标准化后 $sxyyys$ 对 $rwxq$ 的回归系数是 -0.156。

表 6-51　数学应用意识与文本兴趣、任务兴趣模型标准化回归系数统计表

变量	路径	变量	Estimate
$wbxq$	<---	$sxyyys$	0.713
$rwxq$	<---	$sxyyys$	-0.156
$rwxq$	<---	$wbxq$	0.828
a_{12}	<---	$sxyyys$	0.556
a_{13}	<---	$sxyyys$	0.707
a_{14}	<---	$sxyyys$	0.686
b_1	<---	$wbxq$	0.595
b_2	<---	$wbxq$	0.641
b_4	<---	$wbxq$	0.656
b_5	<---	$wbxq$	0.556
b_6	<---	$rwxq$	0.656
b_7	<---	$rwxq$	0.684
b_8	<---	$rwxq$	0.686
b_9	<---	$rwxq$	0.601
b_3	<---	$wbxq$	0.645

表 6-52 是模型误差项方差统计表。从表 6-52 可以看出，误差项方差为正，在 0.01 显著性水平下显著。

表 6-52 数学应用意识与文本兴趣、任务兴趣模型方差统计表

变量	Estimate	S.E.	C.R.	P	Label
$sxyyys$	0.514	0.045	11.333	***	par_13
ζ_4	0.276	0.026	10.660	***	par_14
ζ_5	0.295	0.027	11.110	***	par_15
e_8	1.151	0.044	26.195	***	par_16
e_9	1.000	0.050	19.931	***	par_17
e_{10}	1.016	0.048	21.088	***	par_18
e_{18}	0.903	0.035	26.072	***	par_19
e_{19}	1.018	0.039	25.949	***	par_20
e_{20}	0.839	0.033	25.652	***	par_21
e_{21}	1.128	0.040	27.879	***	par_22
e_{22}	0.825	0.034	24.582	***	par_23
e_{23}	0.508	0.022	23.472	***	par_24
e_{24}	0.634	0.027	23.421	***	par_25
e_{25}	0.671	0.026	26.230	***	par_26
e_{17}	1.025	0.038	27.146	***	par_27

由检验结果可知，首先检验数学应用意识对文本兴趣的影响存在显著性差异；其次检验文本兴趣对任务兴趣的影响存在显著性差异；在具有中介影响的模型中数学应用意识对任务兴趣的影响没有显著性差异，由此可知，存在效应遮掩。

（三）数学文化对小学生数学学习情境兴趣的影响模型

数学文化与情境兴趣是可以测量的高阶构念，构建数学文化对情境兴趣模型，在 AMOS 里进行标准化估计，结果如图 6-12 所示。

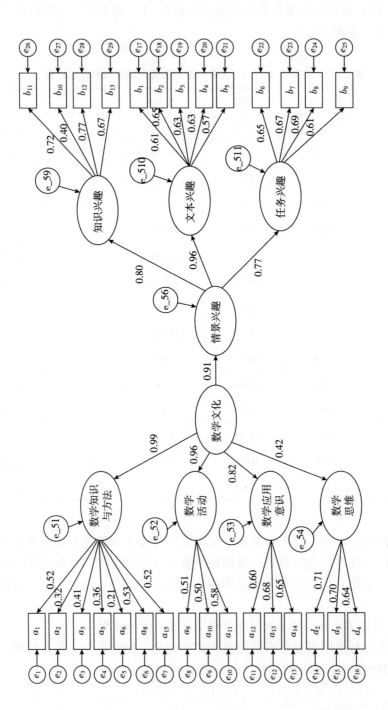

图6-12 数学文化与情境兴趣模型标准化估计输出结果

表 6-53 是数学文化与情境兴趣回归系数统计表。从表 6-53 可见，回归系数在给定 0.01 显著性水平下显著。例如 *sxwh* 对 *qjxq* 的回归系数为 0.962，统计显示具有显著性差异，说明 *sxwh* 对 *qjxq* 的影响是显著的。

表 6-53　数学文化与情境兴趣模型回归系数统计表

变量	路径	变量	Estimate	S.E.	C.R.	P	Label
qjxq	<---	*sxwh*	0.962	0.054	17.670	***	par_26
sxhd	<---	*sxwh*	0.962	0.059	16.212	***	par_1
sxzsyff	<---	*sxwh*	1.000				
sxyyys	<---	*sxwh*	0.915	0.054	16.851	***	par_14
sxsw	<---	*sxwh*	0.801	0.065	12.276	***	par_15
wbxq	<---	*qjxq*	1.000				
zsxq	<---	*qjxq*	0.918	0.044	20.693	***	par_27
rwxq	<---	*qjxq*	0.819	0.043	19.144	***	par_28
a_1	<---	*sxzsyff*	1.000				
a_2	<---	*sxzsyff*	0.564	0.048	11.785	***	par_2
a_3	<---	*sxzsyff*	0.894	0.062	14.393	***	par_3
a_5	<---	*sxzsyff*	0.712	0.054	13.143	***	par_4
a_6	<---	*sxzsyff*	0.475	0.058	8.164	***	par_5
a_8	<---	*sxzsyff*	0.844	0.049	17.328	***	par_6
a_{15}	<---	*sxzsyff*	0.934	0.055	17.118	***	par_7
a_9	<---	*sxhd*	1.000				
a_{10}	<---	*sxhd*	0.816	0.051	15.971	***	par_8
a_{11}	<---	*sxhd*	1.114	0.063	17.577	***	par_9
a_{12}	<---	*sxyyys*	1.000				
a_{13}	<---	*sxyyys*	1.224	0.058	20.993	***	par_10
d_2	<---	*sxsw*	1.000				
d_3	<---	*sxsw*	0.756	0.036	20.941	***	par_11
d_4	<---	*sxsw*	0.568	0.028	20.538	***	par_12

变量	路径	变量	Estimate	S.E.	C.R.	P	Label
a_{14}	<---	sxyyys	1.161	0.056	20.615	***	par_13
b_1	<---	wbxq	1.000				
b_2	<---	wbxq	1.045	0.046	22.683	***	par_16
b_3	<---	wbxq	1.088	0.049	22.277	***	par_17
b_4	<---	wbxq	0.995	0.045	22.210	***	par_18
b_5	<---	wbxq	0.946	0.046	20.542	***	par_19
b_6	<---	rwxq	1.000				
b_7	<---	rwxq	0.838	0.036	23.248	***	par_20
b_8	<---	rwxq	0.959	0.041	23.614	***	par_21
b_9	<---	rwxq	0.797	0.037	21.613	***	par_22
b_{11}	<---	zsxq	1.000				
b_{10}	<---	zsxq	0.555	0.036	15.627	***	par_23
b_{12}	<---	zsxq	1.070	0.037	28.576	***	par_24
b_{13}	<---	zsxq	0.910	0.035	25.781	***	par_25

表 6-54 是标准化回归系数统计表。从表 6-54 可以看出，数学文化对情境兴趣的回归系数为 0.909，而 qjxq 对 wbxq、zsxq 和 rwxq 的回归系数分别是 0.964、0.803 和 0.772。

表 6-54　数学文化与情境兴趣模型标准化回归系数统计表

变量	路径	变量	Estimate
qjxq	<---	sxwh	0.909
sxhd	<---	sxwh	0.955
sxzsyff	<---	sxwh	0.992
sxyyys	<---	sxwh	0.820
sxsw	<---	sxwh	0.421
wbxq	<---	qjxq	0.964

续表

变量	路径	变量	Estimate
$zsxq$	<---	$qjxq$	0.803
$rwxq$	<---	$qjxq$	0.772
a_1	<---	$sxzsyff$	0.519
a_2	<---	$sxzsyff$	0.319
a_3	<---	$sxzsyff$	0.409
a_5	<---	$sxzsyff$	0.364
a_6	<---	$sxzsyff$	0.211
a_8	<---	$sxzsyff$	0.530
a_{15}	<---	$sxzsyff$	0.520
a_9	<---	$sxhd$	0.510
a_{10}	<---	$sxhd$	0.498
a_{11}	<---	$sxhd$	0.582
a_{12}	<---	$sxyyys$	0.605
a_{13}	<---	$sxyyys$	0.676
d_2	<---	$sxsw$	0.707
d_3	<---	$sxsw$	0.698
d_4	<---	$sxsw$	0.643
a_{14}	<---	$sxyyys$	0.654
b_1	<---	$wbxq$	0.610
b_2	<---	$wbxq$	0.649
b_3	<---	$wbxq$	0.633
b_4	<---	$wbxq$	0.630
b_5	<---	$wbxq$	0.570
b_6	<---	$rwxq$	0.653
b_7	<---	$rwxq$	0.674
b_8	<---	$rwxq$	0.689

变量	路径	变量	Estimate
b_9	<---	*rwxq*	0.611
b_{11}	<---	*zsxq*	0.719
b_{10}	<---	*zsxq*	0.397
b_{12}	<---	*zsxq*	0.770
b_{13}	<---	*zsxq*	0.673

表 6-55 是模型误差项方差统计表。从表 6-55 可以看出，误差项方差都为正，这说明模型比较好地拟合样本数据。

表 6-55　数学文化与情境兴趣模型方差统计表

变量	Estimate	S.E.	C.R.	P	Label
sxwh	0.490	0.044	11.115	***	par_29
e_56	0.095	0.014	6.782	***	par_30
e_51	0.008	0.015	0.500	0.617	par_31
e_53	0.199	0.023	8.704	***	par_32
e_54	1.456	0.106	13.800	***	par_33
e_59	0.255	0.022	11.871	***	par_34
e_511	0.249	0.022	11.366	***	par_35
e_52	0.043	0.021	2.077	0.038	par_36
e_510	0.042	0.014	3.082	0.002	par_37
e_1	1.346	0.047	28.456	***	par_38
e_2	1.398	0.046	30.330	***	par_39
e_3	1.986	0.067	29.741	***	par_40
e_4	1.653	0.055	30.070	***	par_41
e_5	2.416	0.079	30.748	***	par_42
e_6	0.906	0.032	28.281	***	par_43

变量	Estimate	S.E.	C.R.	P	Label
e_7	1.168	0.041	28.440	***	par_44
e_8	1.412	0.051	27.547	***	par_45
e_9	1.003	0.036	27.813	***	par_46
e_{10}	1.204	0.047	25.375	***	par_47
e_{12}	1.085	0.047	22.901	***	par_48
e_{13}	1.099	0.046	23.848	***	par_49
e_{14}	1.775	0.093	19.101	***	par_50
e_{15}	1.065	0.054	19.634	***	par_51
e_{16}	0.812	0.036	22.744	***	par_52
e_{11}	1.056	0.041	25.560	***	par_53
e_{17}	0.997	0.036	27.734	***	par_54
e_{18}	0.888	0.033	26.948	***	par_55
e_{19}	1.045	0.038	27.290	***	par_56
e_{20}	0.887	0.032	27.343	***	par_57
e_{21}	1.103	0.039	28.382	***	par_58
e_{22}	0.830	0.033	25.213	***	par_59
e_{23}	0.522	0.021	24.518	***	par_60
e_{24}	0.628	0.026	23.928	***	par_61
e_{25}	0.658	0.025	26.397	***	par_62
e_{29}	0.716	0.028	25.367	***	par_63
e_{28}	0.565	0.027	20.971	***	par_64
e_{26}	0.670	0.028	23.650	***	par_65
e_{27}	1.187	0.040	29.785	***	par_66

　　表6-56是数学文化与情境兴趣影响模型适配指数统计表。除CMIN/DF与RMR稍大于临界值，NFI值与RFI值都稍低于0.9临界值，其他统计指标都在临界值内，模型适配较好。

表 6-56　数学文化与情境兴趣模型拟合指数表

适配指数	CMIN/DF	RMR	GFI	AGFI	NFI	RFI	IFI	TLI	CFI	RMSEA
数值	4.288	0.066	0.943	0.933	0.895	0.884	0.917	0.909	0.917	0.041

由此可以得出结论：数学文化对情境兴趣的影响是正向的、积极的。

二、数学文化对个体兴趣影响假设检验的结果与分析

（一）数学文化各维度对个体兴趣各维度的影响

检验数学文化各因子对个体兴趣各因子的影响，数学文化与个体兴趣模型标准化输出结果如图 6-13 所示。

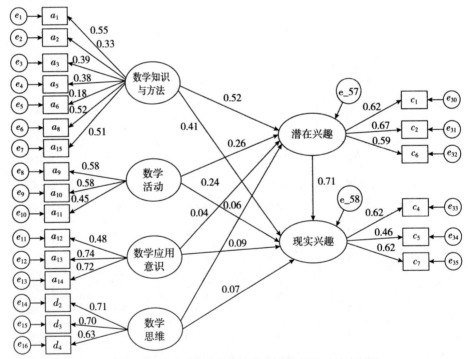

图 6-13　数学文化与个体兴趣模型标准化估计输出结果

表 6-57 是模型回归系数统计表。由表 6-57 可知，回归系数没有出现负值，因此，数学文化各因子对个体兴趣的影响都是正向的。

表 6-57 数学文化与个体兴趣模型回归系数统计表

变量	路径	变量	Estimate	S.E.	C.R.	P	Label
qzdxq	<---	sxzsyff	0.474	0.039	12.239	***	par_17
qzdxq	<---	sxhd	0.351	0.036	9.744	***	par_19
qzdxq	<---	sxyyys	0.260	0.035	7.332	***	par_21
qzdxq	<---	sxsw	0.018	0.015	1.205	0.228	par_23
xsdxq	<---	sxzsyff	0.234	0.044	5.302	***	par_18
xsdxq	<---	sxhd	0.049	0.037	1.328	0.184	par_20
xsdxq	<---	sxyyys	0.100	0.035	2.826	0.005	par_22
xsdxq	<---	sxsw	0.034	0.014	2.410	0.016	par_24
xsdxq	<---	qzdxq	0.696	0.064	10.817	***	par_25
a_1	<---	sxzsyff	1.000				
a_2	<---	sxzsyff	0.554	0.051	10.781	***	par_1
a_3	<---	sxzsyff	0.811	0.066	12.256	***	par_2
a_5	<---	sxzsyff	0.694	0.058	11.870	***	par_3
a_6	<---	sxzsyff	0.388	0.061	6.361	***	par_4
a_8	<---	sxzsyff	0.780	0.053	14.719	***	par_5
a_{15}	<---	sxzsyff	0.856	0.059	14.498	***	par_6
a_9	<---	sxhd	1.000				
a_{10}	<---	sxhd	0.828	0.068	12.121	***	par_7
a_{11}	<---	sxhd	0.758	0.065	11.616	***	par_8
a_{12}	<---	sxyyys	1.000				
a_{13}	<---	sxyyys	1.673	0.105	15.954	***	par_9
d_2	<---	sxsw	1.000				
d_3	<---	sxsw	0.755	0.038	19.673	***	par_10
d_4	<---	sxsw	0.554	0.028	19.623	***	par_11
a_{14}	<---	sxyyys	1.593	0.099	16.126	***	par_12
c_1	<---	qzdxq	1.000				
c_2	<---	qzdxq	1.029	0.050	20.790	***	par_13

变量	路径	变量	Estimate	S.E.	C.R.	P	Label
c_6	<---	qzdxq	0.946	0.049	19.396	***	par_14
c_7	<---	xsdxq	1.011	0.051	19.907	***	par_15
c_4	<---	xsdxq	1.000				
c_5	<---	xsdxq	0.671	0.042	15.923	***	par_16

表 6-58 是标准化回归系数统计表。标准化后可以进行回归系数大小比较，同时也会呈现在模型中对应路径上。例如，*sxzsyff* 对 *qzdxq* 的标准化回归系数是 0.520，通过四舍五入保留两位小数后，其结果会呈现在图 6-12 对应的路径上。

表 6-58　数学文化与个体兴趣模型标准化回归系数统计表

变量	路径	变量	Estimate
qzdxq	<---	sxzsyff	0.520
qzdxq	<---	sxhd	0.413
qzdxq	<---	sxyyys	0.238
qzdxq	<---	sxsw	0.035
xsdxq	<---	sxzsyff	0.259
xsdxq	<---	sxhd	0.058
xsdxq	<---	sxyyys	0.092
xsdxq	<---	sxsw	0.068
xsdxq	<---	qzdxq	0.705
a_1	<---	sxzsyff	0.551
a_2	<---	sxzsyff	0.333
a_3	<---	sxzsyff	0.393
a_5	<---	sxzsyff	0.376
a_6	<---	sxzsyff	0.182
a_8	<---	sxzsyff	0.520
a_{15}	<---	sxzsyff	0.506

变量	路径	变量	Estimate
a_9	<---	sxhd	0.582
a_{10}	<---	sxhd	0.576
a_{11}	<---	sxhd	0.451
a_{12}	<---	sxyyys	0.484
a_{13}	<---	sxyyys	0.739
d_2	<---	sxsw	0.712
d_3	<---	sxsw	0.702
d_4	<---	sxsw	0.632
a_{14}	<---	sxyyys	0.717
c_1	<---	qzdxq	0.623
c_2	<---	qzdxq	0.665
c_6	<---	qzdxq	0.594
c_7	<---	xsdxq	0.620
c_4	<---	xsdxq	0.620
c_5	<---	xsdxq	0.459

表 6-59 是误差项方差统计表。从表 6-59 可以看出，误差项方差为正，在 0.01 显著性水平下显著。

表 6-59　数学文化与个体兴趣模型方差统计表

变量	Estimate	S.E.	C.R.	P	Label
sxzsyff	0.560	0.054	10.448	***	par_26
sxhd	0.646	0.070	9.265	***	par_27
sxyyys	0.390	0.041	9.479	***	par_28
sxsw	1.799	0.129	13.978	***	par_29
e_57	0.234	0.025	9.441	***	par_30
e_58	0.073	0.019	3.873	***	par_31

变量	Estimate	S.E.	C.R.	P	Label
e_1	1.283	0.053	24.392	***	par_32
e_2	1.384	0.047	29.161	***	par_33
e_3	2.016	0.071	28.281	***	par_34
e_4	1.636	0.057	28.546	***	par_35
e_5	2.444	0.080	30.511	***	par_36
e_6	0.920	0.036	25.410	***	par_37
e_7	1.191	0.046	25.809	***	par_38
e_8	1.263	0.066	19.070	***	par_39
e_9	0.891	0.046	19.387	***	par_40
e_{10}	1.450	0.057	25.251	***	par_41
e_{12}	0.907	0.065	13.924	***	par_42
e_{13}	0.932	0.061	15.330	***	par_43
e_{14}	1.747	0.099	17.606	***	par_44
e_{15}	1.054	0.058	18.295	***	par_45
e_{16}	0.830	0.037	22.614	***	par_46
e_{11}	1.275	0.047	27.251	***	par_47
e_{30}	0.736	0.030	24.503	***	par_48
e_{32}	0.765	0.030	25.453	***	par_49
e_{33}	0.730	0.030	24.049	***	par_50
e_{34}	0.768	0.027	28.288	***	par_51
e_{35}	0.745	0.031	24.042	***	par_52
e_{31}	0.622	0.027	22.724	***	par_53

统计检验结果说明，数学文化各因子对个体兴趣各因子的影响都是正向的、积极的。

（二）数学文化对个体兴趣的影响模型

构建数学文化对个体兴趣的影响模型，在 AMOS 里进行标准化估计，结果如图 6-14 所示。

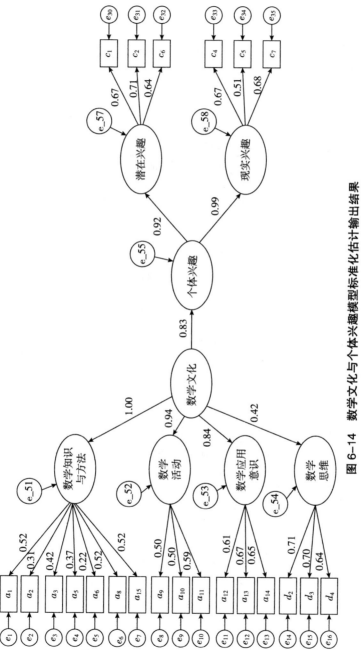

图6-14　数学文化与个体兴趣模型标准化估计输出结果

表 6-60 是数学文化对个体兴趣影响的回归系数统计表。从表 6-60 可以看出，在给定 0.01 显著性水平下。$sxwh$ 对 $gtxq$ 的回归系数 0.833，统计结果说明有显著影响。

表 6-60　数学文化与个体兴趣模型回归系数统计表

变量	路径	变量	Estimate	S.E.	C.R.	P	Label
$gtxq$	<---	$sxwh$	0.833	0.049	17.028	***	par_21
$sxhd$	<---	$sxwh$	0.926	0.059	15.636	***	par_1
$sxzsyff$	<---	$sxwh$	1.000				
$sxyyys$	<---	$sxwh$	0.928	0.055	16.750	***	par_14
$sxsw$	<---	$sxwh$	0.786	0.065	12.032	***	par_15
$qzdxq$	<---	$gtxq$	1.000				
$xsdxq$	<---	$gtxq$	1.088	0.051	21.263	***	par_16
a_1	<---	$sxzsyff$	1.000				
a_2	<---	$sxzsyff$	0.551	0.048	11.478	***	par_2
a_3	<---	$sxzsyff$	0.918	0.063	14.581	***	par_3
a_5	<---	$sxzsyff$	0.715	0.055	13.098	***	par_4
a_6	<---	$sxzsyff$	0.490	0.059	8.348	***	par_5
a_8	<---	$sxzsyff$	0.821	0.049	16.888	***	par_6
a_{15}	<---	$sxzsyff$	0.925	0.055	16.880	***	par_7
a_9	<---	$sxhd$	1.000				
a_{10}	<---	$sxhd$	0.821	0.053	15.407	***	par_8
a_{11}	<---	$sxhd$	1.141	0.067	17.059	***	par_9
a_{12}	<---	$sxyyys$	1.000				
a_{13}	<---	$sxyyys$	1.207	0.058	20.979	***	par_10
d_2	<---	$sxsw$	1.000				
d_3	<---	$sxsw$	0.755	0.036	20.879	***	par_11
d_4	<---	$sxsw$	0.568	0.028	20.506	***	par_12
a_{14}	<---	$sxyyys$	1.151	0.056	20.652	***	par_13
c_1	<---	$qzdxq$	1.000				
c_2	<---	$qzdxq$	1.031	0.041	24.931	***	par_17
c_6	<---	$qzdxq$	0.946	0.041	23.062	***	par_18
c_7	<---	$xsdxq$	1.011	0.041	24.486	***	par_19

变量	路径	变量	Estimate	S.E.	C.R.	P	Label
c_4	<---	xsdxq	1.000				
c_5	<---	xsdxq	0.666	0.035	19.239	***	par_20

表 6-61 是数学文化对个体兴趣影响的标准化回归系数统计表。gtxq 对 qzdxq 的回归系数是 0.921，对 xsdxq 的回归系数是 0.993，对后者的影响大于对前者的影响。

表 6-61　数学文化与个体兴趣模型标准化回归系数统计表

变量	路径	变量	Estimate
gtxq	<---	sxwh	0.828
sxhd	<---	sxwh	0.941
sxzsyff	<---	sxwh	0.998
sxyyys	<---	sxwh	0.835
sxsw	<---	sxwh	0.418
qzdxq	<---	gtxq	0.921
xsdxq	<---	gtxq	0.993
a_1	<---	sxzsyff	0.522
a_2	<---	sxzsyff	0.313
a_3	<---	sxzsyff	0.422
a_5	<---	sxzsyff	0.367
a_6	<---	sxzsyff	0.218
a_8	<---	sxzsyff	0.518
a_{15}	<---	sxzsyff	0.518
a_9	<---	sxhd	0.504
a_{10}	<---	sxhd	0.495
a_{11}	<---	sxhd	0.589
a_{12}	<---	sxyyys	0.609
a_{13}	<---	sxyyys	0.671
d_2	<---	sxsw	0.707
d_3	<---	sxsw	0.697
d_4	<---	sxsw	0.643
a_{14}	<---	sxyyys	0.653

变量	路径	变量	Estimate
c_1	<---	$qzdxq$	0.669
c_2	<---	$qzdxq$	0.711
c_6	<---	$qzdxq$	0.641
c_7	<---	$xsdxq$	0.675
c_4	<---	$xsdxq$	0.675
c_5	<---	$xsdxq$	0.509

表 6-62 是模型输出的方差统计表。从表 6-62 可以看出，误差项方差都为正，这说明模型比较好地拟合样本数据。在 0.01 显著水平下，误差项 e_51，e_58，e_52 统计显示不具有显著性差异，但 e_52 统计显示的概率值为 0.009，小于 0.01，应该是系统输出问题。

表 6-62　数学文化与个体兴趣模型方差统计表

变量	Estimate	S.E.	C.R.	P	Label
$sxwh$	0.500	0.045	11.020	***	par_22
e_55	0.159	0.017	9.480	***	par_23
e_51	0.002	0.016	0.145	0.885	par_24
e_53	0.187	0.023	8.108	***	par_25
e_54	1.463	0.106	13.766	***	par_26
e_57	0.091	0.018	4.937	***	par_27
e_58	0.008	0.020	0.419	0.675	par_28
e_52	0.056	0.021	2.602	0.009	par_29
e_1	1.341	0.048	28.162	***	par_30
e_2	1.404	0.046	30.278	***	par_31
e_3	1.961	0.067	29.474	***	par_32
e_4	1.649	0.055	29.932	***	par_33
e_5	2.407	0.078	30.687	***	par_34
e_6	0.922	0.033	28.228	***	par_35
e_7	1.172	0.042	28.234	***	par_36
e_8	1.424	0.052	27.363	***	par_37
e_9	1.007	0.037	27.562	***	par_38

续表

变量	Estimate	S.E.	C.R.	P	Label
e_{10}	1.190	0.048	24.669	***	par_39
e_{12}	1.098	0.048	23.060	***	par_40
e_{13}	1.102	0.046	23.851	***	par_41
e_{14}	1.775	0.093	19.039	***	par_42
e_{15}	1.068	0.054	19.643	***	par_43
e_{16}	0.810	0.036	22.670	***	par_44
e_{11}	1.047	0.041	25.397	***	par_45
e_{30}	0.736	0.030	24.838	***	par_46
e_{32}	0.767	0.030	25.763	***	par_47
e_{33}	0.728	0.030	24.336	***	par_48
e_{34}	0.771	0.027	28.499	***	par_49
e_{35}	0.742	0.031	24.317	***	par_50
e_{31}	0.619	0.027	23.056	***	par_51

表 6-63 是模型适配指数统计表。除 CMIN/DF 与 RMR 稍大于临界值，RFI值稍低于 0.9 临界值，其他统计指标都在临界值内，模型适配较好。

表 6-63　数学文化与个体兴趣模型拟合指数统计表

适配指数	CMIN/DF	RMR	GFI	AGFI	NFI	RFI	IFI	TLI	CFI	RMSEA
数值	4.606	0.067	0.956	0.945	0.906	0.892	0.925	0.914	0.925	0.043

由此可以得出结论：数学文化对个体兴趣的影响是正向的、积极的。

第四节　数学文化对小学生数学学习兴趣影响的测评模型

一、数学文化对数学学习兴趣的影响模型

综合分析数学文化各维度对情境兴趣和个体兴趣的影响，所要验证的模型如图 6-15 所示。

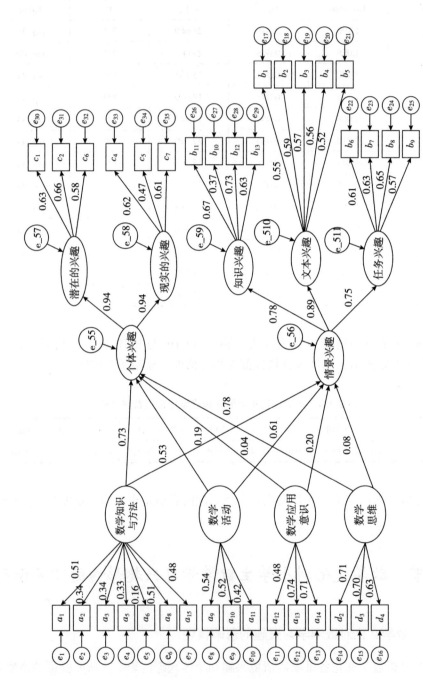

图6-15 数学文化对数学学习兴趣的影响模型

表 6-64 是数学文化各维度对情境兴趣和个体兴趣回归系数统计表。从表 6-64 可以看出，回归系数都为正值，在给定 0.01 显著水平下，除了 *sxsw* 对 *gtxq* 即数学思维对个体兴趣回归系数没有达到显著性水平外，其余都具有显著性影响。

表 6-64　数学文化对数学学习兴趣的影响回归系数统计表

变量	路径	变量	Estimate	S.E.	C.R.	P	Label
gtxq	<---	*sxzsyff*	0.675	0.045	15.137	***	par_30
qjxq	<---	*sxzsyff*	0.652	0.043	15.139	***	par_31
gtxq	<---	*sxhd*	0.451	0.036	12.512	***	par_32
qjxq	<---	*sxhd*	0.472	0.036	13.099	***	par_33
gtxq	<---	*sxyyys*	0.198	0.029	6.835	***	par_34
qjxq	<---	*sxyyys*	0.188	0.025	7.509	***	par_35
gtxq	<---	*sxsw*	0.017	0.012	1.367	0.172	par_36
qjxq	<---	*sxsw*	0.036	0.010	3.491	***	par_37
wbxq	<---	*qjxq*	1.017	0.058	17.478	***	par_13
rwxq	<---	*qjxq*	0.904	0.053	17.045	***	par_14
zsxq	<---	*qjxq*	1.000				
qzdxq	<---	*gtxq*	1.000				
xsdxq	<---	*gtxq*	0.998	0.051	19.579	***	par_15
a_1	<---	*sxzsyff*	1.000				
a_2	<---	*sxzsyff*	0.619	0.054	11.453	***	par_1
a_3	<---	*sxzsyff*	0.769	0.067	11.494	***	par_2
a_5	<---	*sxzsyff*	0.668	0.059	11.226	***	par_3
a_6	<---	*sxzsyff*	0.369	0.063	5.870	***	par_4
a_8	<---	*sxzsyff*	0.831	0.055	15.167	***	par_5
a_{15}	<---	*sxzsyff*	0.907	0.061	14.877	***	par_6
a_9	<---	*sxhd*	1.000				
a_{10}	<---	*sxhd*	0.804	0.059	13.638	***	par_7
a_{11}	<---	*sxhd*	0.762	0.063	12.146	***	par_8
a_{12}	<---	*sxyyys*	1.000				

· 195 ·

变量	路径	变量	Estimate	S.E.	C.R.	P	Label
a_{13}	<---	sxyyys	1.692	0.107	15.765	***	par_9
d_2	<---	sxsw	1.000				
d_3	<---	sxsw	0.759	0.039	19.687	***	par_10
d_4	<---	sxsw	0.555	0.028	19.637	***	par_11
a_{14}	<---	sxyyys	1.597	0.100	15.997	***	par_12
c_1	<---	qzdxq	1.000				
c_2	<---	qzdxq	1.020	0.046	22.165	***	par_16
c_6	<---	qzdxq	0.922	0.046	20.117	***	par_17
c_7	<---	xsdxq	0.995	0.048	20.592	***	par_18
c_4	<---	xsdxq	1.000				
c_5	<---	xsdxq	0.683	0.041	16.750	***	par_19
b_1	<---	wbxq	1.000				
b_2	<---	wbxq	1.038	0.055	18.806	***	par_20
b_3	<---	wbxq	1.071	0.058	18.348	***	par_21
b_4	<---	wbxq	0.977	0.054	18.263	***	par_22
b_5	<---	wbxq	0.948	0.055	17.159	***	par_23
b_6	<---	rwxq	1.000				
b_7	<---	rwxq	0.843	0.042	20.046	***	par_24
b_8	<---	rwxq	0.966	0.047	20.367	***	par_25
b_9	<---	rwxq	0.803	0.043	18.703	***	par_26
b_{11}	<---	zsxq	1.000				
b_{10}	<---	zsxq	0.573	0.042	13.756	***	par_27
b_{12}	<---	zsxq	1.073	0.044	24.188	***	par_28
b_{13}	<---	zsxq	0.923	0.042	22.107	***	par_29

表6-65是模型标准化回归系数统计表。标准化后回归系数大小可以进行比较，如 sxzsyff 对 gtxq 的回归系数是 0.726，对 qjxq 的回归系数是 0.777，后者大于前者。从表6-65还可以看出，sxsw 对 gtxq 的回归系数是 0.035，对 qjxq 的回

归系数是 0.084，不如其他几个维度对情境兴趣和个体兴趣影响大。分析情况可能是测试题的原因，如在测试思维时，要求学生看图后根据前面题目的计算结果猜一猜"$1+2+3+\cdots+n$"值，同时要求学生把自己如何猜的过程写出来，这可能超出了学生的认知水平。在进行预测时，学生对该问题回答也不好，区分度较小，但专家建议保留，认为该题可以较好地反映学生的数学思维，因此，题目的不太合理可能影响了最后结果。

表 6-65　数学文化对数学学习兴趣的影响标准化回归系数统计表

变量	路径	变量	Estimate
gtxq	<---	sxzsyff	0.726
qjxq	<---	sxzsyff	0.777
gtxq	<---	sxhd	0.529
qjxq	<---	sxhd	0.614
gtxq	<---	sxyyys	0.192
qjxq	<---	sxyyys	0.202
gtxq	<---	sxsw	0.035
qjxq	<---	sxsw	0.084
wbxq	<---	qjxq	0.887
rwxq	<---	qjxq	0.750
zsxq	<---	qjxq	0.777
qzdxq	<---	gtxq	0.940
xsdxq	<---	gtxq	0.941
a_1	<---	sxzsyff	0.507
a_2	<---	sxzsyff	0.341
a_3	<---	sxzsyff	0.343
a_5	<---	sxzsyff	0.333
a_6	<---	sxzsyff	0.160
a_8	<---	sxzsyff	0.509
a_{15}	<---	sxzsyff	0.493
a_9	<---	sxhd	0.543

续表

变量	路径	变量	Estimate
a_{10}	<---	sxhd	0.522
a_{11}	<---	sxhd	0.423
a_{12}	<---	sxyyys	0.480
a_{13}	<---	sxyyys	0.742
d_2	<---	sxsw	0.710
d_3	<---	sxsw	0.704
d_4	<---	sxsw	0.632
a_{14}	<---	sxyyys	0.714
c_1	<---	qzdxq	0.626
c_2	<---	qzdxq	0.662
c_6	<---	qzdxq	0.579
c_7	<---	xsdxq	0.612
c_4	<---	xsdxq	0.623
c_5	<---	xsdxq	0.470
b_1	<---	wbxq	0.555
b_2	<---	wbxq	0.590
b_3	<---	wbxq	0.568
b_4	<---	wbxq	0.564
b_5	<---	wbxq	0.515
b_6	<---	rwxq	0.606
b_7	<---	rwxq	0.631
b_8	<---	rwxq	0.648
b_9	<---	rwxq	0.568
b_{11}	<---	zsxq	0.669
b_{10}	<---	zsxq	0.365
b_{12}	<---	zsxq	0.725
b_{13}	<---	zsxq	0.632

表 6-66 是模型方差统计表。从表 6-66 可以看出，误差项方差都为正，这说明模型比较好地拟合样本数据。在 0.01 显著水平下，误差项 e_56，e_58 不具有显著性差异，但 e_58 统计显示的概率值为 0.003，小于 0.01，应该是系统输出问题。

表 6-66　数学文化对数学学习兴趣的影响方差统计表

变量	Estimate	S.E.	C.R.	P	Label
$sxzsyff$	0.473	0.047	10.177	***	par_38
$sxhd$	0.563	0.058	9.707	***	par_39
$sxyyys$	0.384	0.041	9.390	***	par_40
$sxsw$	1.790	0.128	13.954	***	par_41
e_55	0.063	0.013	5.022	***	par_42
e_56	0.010	0.009	0.064	0.287	par_43
e_57	0.054	0.016	3.443	***	par_44
e_58	0.053	0.018	2.961	0.003	par_45
e_59	0.218	0.020	10.928	***	par_46
e_510	0.093	0.014	6.566	***	par_47
e_511	0.212	0.020	10.325	***	par_48
e_1	1.370	0.050	27.219	***	par_49
e_2	1.375	0.046	29.598	***	par_50
e_3	2.104	0.071	29.583	***	par_51
e_4	1.695	0.057	29.678	***	par_52
e_5	2.463	0.080	30.743	***	par_53
e_6	0.934	0.034	27.170	***	par_54
e_7	1.212	0.044	27.491	***	par_55
e_8	1.346	0.058	23.294	***	par_56
e_9	0.970	0.040	24.107	***	par_57
e_{10}	1.495	0.055	27.062	***	par_58
e_{12}	0.899	0.066	13.563	***	par_59
e_{13}	0.941	0.061	15.369	***	par_60

变量	Estimate	S.E.	C.R.	P	Label
e_{14}	1.756	0.099	17.744	***	par_61
e_{15}	1.048	0.058	18.168	***	par_62
e_{16}	0.831	0.037	22.644	***	par_63
e_{11}	1.281	0.047	27.302	***	par_64
e_{17}	0.988	0.036	27.538	***	par_65
e_{18}	0.886	0.033	26.804	***	par_66
e_{19}	1.057	0.039	27.278	***	par_67
e_{20}	0.899	0.033	27.358	***	par_68
e_{21}	1.092	0.039	28.213	***	par_69
e_{22}	0.836	0.033	25.488	***	par_70
e_{23}	0.521	0.021	24.688	***	par_71
e_{24}	0.626	0.026	24.084	***	par_72
e_{25}	0.656	0.025	26.486	***	par_73
e_{29}	0.708	0.028	25.351	***	par_74
e_{28}	0.573	0.027	21.413	***	par_75
e_{26}	0.681	0.028	24.050	***	par_76
e_{27}	1.176	0.040	29.741	***	par_77
e_{30}	0.720	0.028	25.510	***	par_78
e_{32}	0.780	0.029	26.812	***	par_79
e_{33}	0.727	0.030	24.568	***	par_80
e_{34}	0.758	0.027	28.464	***	par_81
e_{35}	0.761	0.030	24.998	***	par_82
e_{31}	0.617	0.026	24.145	***	par_83

表 6-67 是数学文化各个维度对情境兴趣和个体兴趣模型适配指数统计表。除 CMIN/DF、RMR、RMSEA 稍大于临界值，AGFI、RFI 值稍低于 0.9 临界值，其他统计指标都在临界值内，模型适配较好。

表 6-67 数学文化对数学学习兴趣的影响模型拟合指数表

适配指数	CMIN/DF	RMR	GFI	AGFI	NFI	RFI	IFI	TLI	CFI	RMSEA
数值	5.606	0.087	0.906	0.895	0.901	0.892	0.915	0.901	0.900	0.051

由以上分析可知，数学文化各维度对情境兴趣和个体兴趣的影响模型比较合理。由此，可以得出以下结果：

数学知识与方法对数学学习情境兴趣的影响是积极的，正向的；

数学活动对数学学习情境兴趣的影响是积极的，正向的；

数学应用意识对数学学习情境兴趣的影响是积极的，正向的；

数学思维对数学学习情境兴趣的影响是积极的，正向的；

数学知识与方法对数学学习个体兴趣的影响是积极的，正向的；

数学活动对数学学习个体兴趣的影响是积极的，正向的；

数学应用意识对数学学习个体兴趣的影响是积极的，正向的；

数学思维对数学学习个体兴趣的影响是积极的，正向的；

从而本书的五个具体假设成立：数学知识对数学学习兴趣有积极影响；数学方法对数学学习兴趣有积极影响；数学思维对数学学习兴趣有积极影响；数学应用意识对数学学习兴趣有积极影响；数学活动对数学学习兴趣有积极影响。

数学文化对个体兴趣和情境兴趣的影响具有以下关系式：

数学文化对个体兴趣的影响关系式：$gtxq = 0.73sxzsyff + 0.53sxhd + 0.19sxyyys + 0.40sxsw + \varepsilon$，其中 ε 为误差项。

数学文化对情境兴趣的影响关系式：$qjxq = 0.78sxzsyff + 0.61sxhd + 0.20sxyyys + 0.08sxsw + \delta$，其中 δ 为误差项。

运用公式 $\dfrac{k_i}{\sum_{i=1}^{4} k_i}$ 可以把影响关系式中的系数进行归一化处理，其结果如下：

数学文化对个体兴趣的影响关系式：$gtxq = 0.39xzsyff + 0.29sxhd + 0.10sxyyys + 0.22sxsw + \varepsilon$，其中 ε 为误差项。

数学文化对情境兴趣的影响关系式：$qjxq = 0.47sxzsyff + 0.36sxhd + 0.12sxyyys + 0.05sxsw + \delta$，其中 δ 为误差项。

二、数学文化对数学学习兴趣影响的假设验证

前面已经实证了数学文化是数学知识与方法、数学活动、数学应用意识以及数学思维的可以测量的高阶构念，对数学文化和数学学习兴趣进行二阶模型检验，模型如图 6-16 所示。

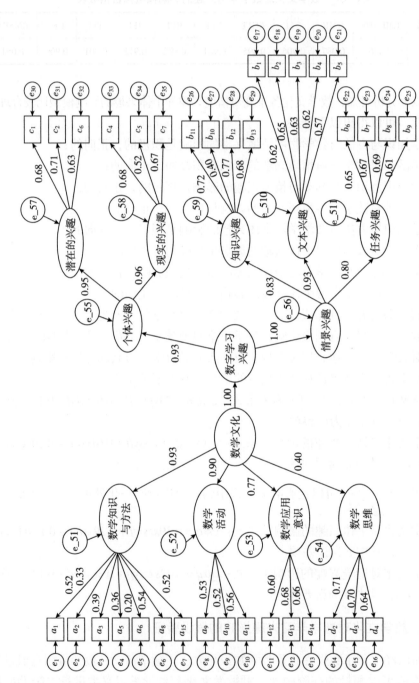

图 6-16 数学文化与数学学习兴趣的二阶模型

表 6-68 是模型的回归系数统计表。从表 6-68 可以看出，在给定 0.01 显著性水平下，统计结果显著，回归系数都为正，如 *sxwh* 对 *sxxxxq* 的回归系数为 1.058，统计显示具有显著性差异。

表 6-68　数学文化与数学学习兴趣的二阶模型回归系数统计表

变量	路径	变量	Estimate	S.E.	C.R.	P	Label
sxxxxq	<---	*sxwh*	1.058	0.057	18.619	***	par_33
qjxq	<---	*sxxxxq*	1.000				
gtxq	<---	*sxxxxq*	0.994	0.045	22.097	***	par_34
sxhd	<---	*sxwh*	0.991	0.061	16.168	***	par_1
sxzsyff	<---	*sxwh*	1.000				
sxyyys	<---	*sxwh*	0.900	0.055	16.353	***	par_14
sxsw	<---	*sxwh*	0.800	0.067	11.929	***	par_15
wbxq	<---	*qjxq*	1.027	0.048	21.584	***	par_16
rwxq	<---	*qjxq*	0.889	0.043	20.553	***	par_17
zsxq	<---	*qjxq*	1.000				
qzdxq	<---	*gtxq*	1.000				
xsdxq	<---	*gtxq*	1.010	0.043	23.737	***	par_18
a_1	<---	*sxzsyff*	1.000				
a_2	<---	*sxzsyff*	0.587	0.048	12.134	***	par_2
a_3	<---	*sxzsyff*	0.857	0.062	13.862	***	par_3
a_5	<---	*sxzsyff*	0.696	0.054	12.843	***	par_4
a_6	<---	*sxzsyff*	0.450	0.058	7.734	***	par_5
a_8	<---	*sxzsyff*	0.854	0.049	17.384	***	par_6
a_{15}	<---	*sxzsyff*	0.938	0.055	17.082	***	par_7
a_9	<---	*sxhd*	1.000				
a_{10}	<---	*sxhd*	0.816	0.050	16.380	***	par_8
a_{11}	<---	*sxhd*	1.031	0.060	17.214	***	par_9
a_{12}	<---	*sxyyys*	1.000				
a_{13}	<---	*sxyyys*	1.233	0.060	20.642	***	par_10

变量	路径	变量	Estimate	S.E.	C.R.	P	Label
d_2	<---	sxsw	1.000				
d_3	<---	sxsw	0.757	0.036	20.865	***	par_11
d_4	<---	sxsw	0.567	0.028	20.478	***	par_12
a_{14}	<---	sxyyys	1.176	0.058	20.352	***	par_13
c_1	<---	qzdxq	1.000				
c_2	<---	qzdxq	1.023	0.039	26.498	***	par_19
c_6	<---	qzdxq	0.923	0.039	23.947	***	par_20
c_7	<---	xsdxq	0.998	0.040	24.941	***	par_21
c_4	<---	xsdxq	1.000				
c_5	<---	xsdxq	0.676	0.034	19.921	***	par_22
b_1	<---	wbxq	1.000				
b_2	<---	wbxq	1.044	0.045	23.108	***	par_23
b_3	<---	wbxq	1.068	0.048	22.377	***	par_24
b_4	<---	wbxq	0.975	0.044	22.281	***	par_25
b_5	<---	wbxq	0.942	0.045	20.839	***	par_26
b_6	<---	rwxq	1.000				
b_7	<---	rwxq	0.843	0.036	23.502	***	par_27
b_8	<---	rwxq	0.968	0.040	23.930	***	par_28
b_9	<---	rwxq	0.802	0.037	21.835	***	par_29
b_{11}	<---	zsxq	1.000				
b_{10}	<---	zsxq	0.569	0.035	16.040	***	par_30
b_{12}	<---	zsxq	1.070	0.037	28.995	***	par_31
b_{13}	<---	zsxq	0.920	0.035	26.212	***	par_32

表6-69是模型的标准化回归系数统计表，在标准化条件下，可以对回归系数进行比较，如数学学习兴趣对情境兴趣的路径系数为0.997，大于数学学习兴趣对个体兴趣的路径系数0.935。

表 6-69　数学文化与数学学习兴趣的二阶模型标准化回归系统统计表

变量	路径	变量	Estimate
sxxxxq	<---	sxwh	1.000
qjxq	<---	sxxxxq	0.997
gtxq	<---	sxxxxq	0.935
sxhd	<---	sxwh	0.897
sxzsyff	<---	sxwh	0.934
sxyyys	<---	sxwh	0.766
sxsw	<---	sxwh	0.397
wbxq	<---	qjxq	0.928
rwxq	<---	qjxq	0.796
zsxq	<---	qjxq	0.830
qzdxq	<---	gtxq	0.950
xsdxq	<---	gtxq	0.960
a_1	<---	sxzsyff	0.520
a_2	<---	sxzsyff	0.332
a_3	<---	sxzsyff	0.392
a_5	<---	sxzsyff	0.356
a_6	<---	sxzsyff	0.200
a_8	<---	sxzsyff	0.538
a_{15}	<---	sxzsyff	0.524
a_9	<---	sxhd	0.528
a_{10}	<---	sxhd	0.515
a_{11}	<---	sxhd	0.557
a_{12}	<---	sxyyys	0.601
a_{13}	<---	sxyyys	0.677
d_2	<---	sxsw	0.707
d_3	<---	sxsw	0.699
d_4	<---	sxsw	0.642
a_{14}	<---	sxyyys	0.658

变量	路径	变量	Estimate
c_1	<---	$qzdxq$	0.677
c_2	<---	$qzdxq$	0.714
c_6	<---	$qzdxq$	0.633
c_7	<---	$xsdxq$	0.668
c_4	<---	$xsdxq$	0.676
c_5	<---	$xsdxq$	0.517
b_1	<---	$wbxq$	0.615
b_2	<---	$wbxq$	0.654
b_3	<---	$wbxq$	0.626
b_4	<---	$wbxq$	0.623
b_5	<---	$wbxq$	0.572
b_6	<---	$rwxq$	0.650
b_7	<---	$rwxq$	0.674
b_8	<---	$rwxq$	0.692
b_9	<---	$rwxq$	0.612
b_{11}	<---	$zsxq$	0.716
b_{10}	<---	$zsxq$	0.404
b_{12}	<---	$zsxq$	0.766
b_{13}	<---	$zsxq$	0.677

表 6-70 是误差项方差统计表。从表 6-70 可以看出，误差项都为正，在给定 0.01 显著 e_56 没有达到显著性水平，误差项 e_58 统计显示的 P 值为 0.006，小于 0.01，但未显示具有显著性，应该是输出结果有误。

表 6-70　数学文化与数学学习兴趣的二阶模型方差统计表

变量	Estimate	S.E.	C.R.	P	Label
$sxwh$	0.436	0.040	10.913	***	par_35
e_55	0.069	0.012	5.809	***	par_36

续表

变量	Estimate	S.E.	C.R.	P	Label
e_56	0.003	0.008	0.347	0.728	par_37
e_51	0.064	0.015	4.147	***	par_38
e_53	0.249	0.025	10.039	***	par_39
e_54	1.492	0.107	13.902	***	par_40
e_57	0.060	0.016	3.838	***	par_41
e_58	0.048	0.018	2.725	0.006	par_42
e_59	0.221	0.019	11.541	***	par_43
e_510	0.083	0.013	6.232	***	par_44
e_511	0.224	0.020	11.249	***	par_45
e_52	0.104	0.023	4.482	***	par_46
e_1	1.344	0.047	28.317	***	par_47
e_2	1.384	0.046	30.211	***	par_48
e_3	2.018	0.068	29.804	***	par_49
e_4	1.664	0.055	30.064	***	par_50
e_5	2.427	0.079	30.761	***	par_51
e_6	0.896	0.032	28.016	***	par_52
e_7	1.163	0.041	28.266	***	par_53
e_8	1.378	0.051	26.877	***	par_54
e_9	0.980	0.036	27.200	***	par_55
e_{10}	1.257	0.048	26.007	***	par_56
e_{12}	1.083	0.048	22.538	***	par_57
e_{13}	1.088	0.047	23.370	***	par_58
e_{14}	1.776	0.093	19.035	***	par_59
e_{15}	1.063	0.054	19.523	***	par_60
e_{16}	0.813	0.036	22.733	***	par_61
e_{11}	1.063	0.042	25.436	***	par_62
e_{17}	0.987	0.036	27.790	***	par_63
e_{18}	0.878	0.032	27.009	***	par_64

续表

变量	Estimate	S.E.	C.R.	P	Label
e_{19}	1.060	0.038	27.582	***	par_65
e_{20}	0.901	0.033	27.649	***	par_66
e_{21}	1.098	0.039	28.471	***	par_67
e_{22}	0.836	0.033	25.683	***	par_68
e_{23}	0.522	0.021	24.913	***	par_69
e_{24}	0.624	0.026	24.282	***	par_70
e_{25}	0.657	0.025	26.669	***	par_71
e_{29}	0.709	0.028	25.658	***	par_72
e_{28}	0.573	0.026	21.878	***	par_73
e_{26}	0.677	0.028	24.327	***	par_74
e_{27}	1.178	0.040	29.820	***	par_75
e_{30}	0.722	0.028	25.647	***	par_76
e_{32}	0.780	0.029	26.896	***	par_77
e_{33}	0.725	0.029	24.783	***	par_78
e_{34}	0.762	0.027	28.660	***	par_79
e_{35}	0.756	0.030	25.120	***	par_80
e_{31}	0.615	0.025	24.213	***	par_81

表 6-71 是数学文化与数学学习兴趣影响模型适配指数统计表。除 CMIN/DF 与 RMR 稍大于临界值，NFI 值与 RFI 值稍低于 0.9 临界值，其他统计指标都在临界值内，模型适配较好。

表 6-71　数学文化与数学学习兴趣二阶模型适配指数表

适配指数	CMIN/DF	RMR	GFI	AGFI	NFI	RFI	IFI	TLI	CFI	RMSEA
数值	4.333	0.066	0.928	0.918	0.883	0.873	0.907	0.900	0.907	0.042

由此可以得出结论：数学文化对数学学习兴趣的影响是正向的、积极的，这说明本书研究总的假设成立。

第七章　数学文化对小学生数学学习兴趣影响的实验

前面采用问卷调查、访谈等方法研究了小学生对数学文化呈现方式的接受度，构建了数学文化对小学生数学学习兴趣影响的模型，要深入认识数学文化对学生数学学习的影响，则必须深入课堂进行观察和实验。实验是一种研究情境，①通过实验可以从另一个角度去认识数学文化对小学生数学学习兴趣的影响。

第一节　实 验 设 计

一、实验目的和模式

1.实验目的

国内数学学习中存在死记硬背、机械学习、高分低能等现象，使得不少学生即使取得了良好的成绩，却对数学缺乏积极的情感，解决这些问题的关键是激发学生的数学学习兴趣。前面已经证实了数学文化对小学生数学学习兴趣的影响是积极的、正向的。本书实验的目的为：一是在一定程度上对模型进行验证；二是要想说明教师以适当形式的数学文化引导参与能提升小学生数学学习的兴趣；三是在一定程度上探索数学文化整合于课堂的教学方式。研究的最终目的在于促进小学数学文化实践活动，探索数学文化教学实践的策略，培养小学生的数学学习兴趣。

---

① 袁振国.教育研究方法［M］.北京：高等教育出版社，2014.

2. 实验模式

本实验的构想是教师在实验班引导学生进行数学文化学习会促进小学生对数学学习的兴趣，也就是说通过实验试图证实这一假设：教师对学生数学文化学习的引导参与会提高学生对数学学习的兴趣。实验具体模式为：$\dfrac{Q_1 X Q_3}{Q_1 Q_4}$。

实验设计中符合的意义参考了杨小微主编的《教育研究的原理与方法》一书。[①] 具体如下：

（1）实验设计中 Q 表示进行测试，也就是实验班和对比班都进行前测与后测；

（2）X 表示进行数学文化学习的引导参与；

（3）为了表示方便，实验模式中的实线段表示研究对象不相等；

（4）由左到右表示时间先后顺序。

3. 变量的控制

本书采用等组控制前后测实验模式，自变量是教师对学生数学文化学习的引导参与，因变量是学生的数学学习兴趣，无关变量是数学文化课程资料。课程资源是《小学数学文化丛书》，参与实验学校条件比较好，该校二年级也正在参加西南大学组织的数学文化实践活动，图书室有《小学数学文化丛书》可以借阅，实验班和对比班教室后面设置有图书角，为了方便阅读，给实验班和对比班每个学生准备 1 本，对比班把丛书放置在图书角，要求学生课外自行阅读，要求教师在图书角放置图书的时候说这一句话：同学们，这是某学校捐赠给班级的书籍，现在都同意放在图书角，同学们一次只能拿一本，看完还回来或者是与其他同学交换看，希望大家在期末复习期间抽时间进行阅读。实验班人手一册，实验教师数学文化学习引导的要求是：第一，每次课结束要求学生课外阅读数学文化丛书；第二，5 分钟课前引导交流，所提的问题是：同学们课外阅读了数学文化吗？阅读了什么内容？并让学生分享课外阅读材料；第三，要求实验教师在实验期间两个数学早自习时间里开展数学文化交流活动。实验尽可能在不改变原有学习环境下实施，实验中让两名大四考上数学教育方向研究生的学生以实习教师的身份深入课堂，以保证实验教师按实验要求开展课堂教学活动。

实验进行了前测，前测的目的是证明实验班和对比班在学习兴趣上无差异，或者更广泛而言，不但说明在学习兴趣上无差异，而且在其他方面也无差异，这

---

① 杨小微. 教育研究的原理与方法 [M]. 上海：华东师范大学出版社，2007.

样论证对象实验前的一致性，实验使用《数学文化与小学生数学学习兴趣调查表》（见附录二）进行前测。实验结束后进行后测，后测测试工具为《小学生数学学习兴趣调查表》（见附录三），它是《数学文化与小学生数学学习兴趣调查表》删去了原来的第一部分，同时根据预测问卷结果删去第三部分的部分题项而成。

二、实验时间和被试者的选择

1. 时间的选择

通过实验，希望能深入认识数学文化对小学生数学兴趣的影响，特别是对这一问题的认识：何以知道学生学习兴趣的提升是由于数学文化学习的缘故？在新课学习过程中，学生可能随着新知识的学习变得对数学学习更有兴趣。考虑到这一因素，实验时间选择到四年级下学期期末复习阶段。之所以选择这一时段的学生进行试验是基于以下原因：其一，虽然重庆地区普遍实施划片招生，相比以往升学压力有所减轻，但不少优质中学可以组织小升初单独招生考试，社会和家长"望子成龙"的心态依旧，六年级学生面临升学压力，因此，不适合在六年级进行实验。其二，研究对象是第二学段学生，四年级对升学的压力感觉还不太紧迫。其三，之所以选择在四年级第二学期新课结束后进行实验，从学习角度看已经完成了新知识的学习，这是一个过渡时期，学生就要进入五年级学习，同时，这一时段学生具有了一定的阅读能力。其四，在不影响新课的条件下，教师愿意进行试验，实验学校在5月中旬就完成了新课教学，为实验提供了方便，本实验时间为1个月。

2. 被试的选取

实验选择对象是四年级学生。为了便于实施，选择在重庆市永川区小学校进行实验，被试的选择考虑到以下因素：第一，该年级至少有两个平行班，城乡教育的差异和农村经济的发展使得很多农村家长把小孩送到城市上学，不少农村学校和乡镇小学一个年级只有一个班，这样的学校不符合条件。第二，部分生源较好的城市小学设置有特长班，这样的班级不作为被试。第三，通常情况下，小学数学教师会当班主任，如果一位教师同时上两个班并且是其中一个班的班主任，不选取这样的教师作为实验教师，换言之，研究中的实验教师必须是两个平行班的上课教师，并且不能是其中一个班的班主任，同时实验教师愿意参加实验。按照实验设计和上述要求，最后选择了重庆市永川区A小学进行实验。

第二节 实验过程

一、实验的准备

在设计好实验模式，确定了实验学校、班级和实验参与教师后，为使研究者和教师对实验有统一认识，在准备阶段进行了有关数学文化实验学习与讨论，以明确实验目的和要求。实验教师参与了教育部西南基础教育课程研究中心倡导的"小学数学文化实践"有关活动，并在参加的数学文化课比赛中获奖，对数学文化有深入的认识。数学文化内容非常丰富，讨论后认为西南师范大学出版社出版的《小学数学文化丛书》比较适合学生阅读。该套丛书有 10 分册，为每个学生准备 1 分册，阅读完后学生之间相互借阅（见图 7-1）。

图 7-1 《小学数学文化丛书》

资料来源：宋乃庆，等.小学数学文化丛书［M］.重庆：西南师范大学出版社，2014.

二、实验的要求

（1）学生课外阅读。实验准备阶段讨论了实验班数学文化学习形式，参与实验的一线教师认为，虽然基础教育数学课程改革强调要把数学文化有效整合于课堂教学中，但由于教师关注教材中知识的学习，现实情况是学校和教师普遍都未充分重视。实验班和对比班都要求学生进行数学文化的课外阅读，但实验教师对对比班不进行引导。

（2）教师参与。方式一，课前5分钟提问。要求实验教师实验期间在实验班数学课开课前5分钟进行提问：同学们课外阅读数学文化了吗？在第一个问题后，教师可以追问或者是抽问，阅读的什么内容？阅读了几本？追问或不追问由教师灵活处理，提问的主要目的是要反馈课外阅读情况。方式二，进行数学文化活动。复习期间每周有两个早自习，早自习时间是20分钟，教师组织学生进行数学文化活动，其形式是教师讲述有关内容或者让学生在课堂上分享自己阅读的内容。

（3）团队参与。团队参与实验目的是希望实验能按预期的方式进行。团队一共3人，另外2人是数学师范专业本科生，已经完成毕业各项准备，同时考入某高校攻读数学教育硕士研究生。因实验学校经常接收实习和见习学生，为了减少研究者深入课堂观察对学生的影响，团队成员以见习教师或带队教师的身份深入课堂，并在实验正式开始的前几天到课堂与学生接触，实验准备阶段完成了前测。

三、实验的实施

实验于2019年5月17日（星期五）正式实施，要求学生利用周末阅读数学文化丛书，星期一到班上进行分享，5月20日（星期一），实验教师按照制定的计划上课。

1.课前五分钟教学实录

在完成师生课堂礼仪后，实验教师正式开始上课，并呈现一张幻灯片：数学文化知多少。图7-2教师呈现的第一张PPT，投影布的右边是黑板，学校多媒体设备能够较好配合板书，设计较合理。

图7-2　实验教师上课内容

在呈现如图7-2所示的PPT后，教师开始上课。

教师：同学们回家阅读发给大家的数学文化书籍了吗？

学生：阅读了。

教师：看完了吗？

部分学生回答看完了，有的学生回答没有看完。

教师：看完了的同学可以相互交叉看，没有看完的同学课外要抓紧时间阅读。

教师：A同学，阅读的是哪一本书？

学生A：《生活与数学》。

教师：看完了吗？

学生：还没有。

教师：好的，课外继续阅读。课外同学们要抓紧阅读，争取把这10本书阅读完，一方面可以扩展知识面，另一方面可以了解数学的应用，明天早自习老师要让同学们分享你们的阅读体会。

教师：数学与生活紧密联系，现代科技的发展离不开数学，大家要努力把数学学好，回报国家、回报社会……

教师：今天的数学文化知多少就到这里，下面进行期末复习……

2.第一次数学文化活动

在该教学周第一次数学早自习时，教师按要求进行数学文化活动，以下是教师上课的基本过程。在完成课堂上师生之间课堂礼仪问候之后，教师开始上课。

教师：同学们回家阅读了发给大家的数学文化书籍了吗？

学生：阅读了。

教师：看完了吗？

与上次课前问候一样，部分学生回答看完了，有的学生回答没有看完。

教师：几千年来，人类积累了丰富的数学文化，阅读这些数学文化可以帮助我们了解数学的应用，认识数学的发生发展过程，也可以拓宽我们的知识面，与人类积累的数学文化知识相比较，书本上介绍的知识是有限的，所以希望同学们课外要认真阅读。

教师接下来打开第一张PPT，也就是图7-2的数学文化知多少，并接着说。

教师：今天，咱们利用这个早自习来学习一点书本以外的知识，好不好？

学生：好！

教师：希望同学们积极、主动参加下面的活动。教师接着开始上课……

从课堂听课来看，实验教师完全按照实验设计要求进行，并没有因为要面对期末考试就不进行数学文化活动，而是主动引导学生参与，并且保证了时间。

第一次课后，随机抽 3 名学生进行了访谈。访谈围绕以下几个问题进行：你课外阅读数学文化读物了吗？阅读的什么内容？你对阅读的内容感兴趣吗？访谈对象都回答阅读了数学文化读物，1 人阅读的是《生活与数学》、2 人阅读的《健康与数学》。访谈对象都表示对阅读的内容感兴趣，感兴趣的原因是很多东西数学课本上没有。

3. 数学文化内容

在后续课堂教学中，除了六一儿童节班上参加庆祝活动没有上课以外，实验教师都按实验要求上课，即 5 分钟的提问和每周两次早自习的数学文化活动。数学文化活动具体内容如表 7-1 所示。

表 7-1　数学文化活动内容统计表

时间	内容	方式	备注
5 月 21 日（星期二）	起床后的学问、风险投资	学生讲述	2 位学生讲述后，教师引导讨论
5 月 22 日（星期三）	π 的传奇	教师讲授	讲述后师生讨论
5 月 28 日（星期二）	蒙娜丽莎之美	教师讲授	讲述后师生讨论
5 月 29 日（星期三）	奇妙的太阳光、细胞分裂	学生讲述	2 位学生讲述相关故事
5 月 31 日（星期五）			参加六一儿童节活动，没有上课
6 月 4 日（星期二）	闪电与雷鸣 高斯等差数列的故事 埃菲尔铁塔	学生讲述	
6 月 5 星期三）	人脑细胞 图灵的故事	学生讲述	
6 月 5 日（星期三）	数学家华罗庚	教师讲授	
6 月 11 日（星期二）	阿基米德能撬动地球吗	教师讲授	
6 月 12 日（星期三）	数学家笛卡尔 数学家欧拉	教师提问，学生回答	前一天教师讲述了阿基米德的故事后，要求学生了解古今中外的数学家
6 月 17 日（星期一）			后测验

为了从数学文化课堂情境中收集资料，对实验教师上述课堂教学都进行了课堂观察，课后随机抽取 5 位学生进行了访谈。

第三节　实验结果

就教育实验而言理想的情况是对实验对象随机分组，本实验是在不改变正常教学情况下进行的，不可能做到随机分组。虽然，从实验教师反馈的情况看这两个平行班学习情况差不多，但这毕竟只是经验反馈，必须进行检验。实验问卷调查的结果包括了前测结果与后测结果，前测主要统计报告两组学生实验前在数学文化和学习兴趣上是否存在差异，后测主要统计报告两组学生学习兴趣各维度上的改变是否有差异。

一、前测结果

与前面一样对问卷进行相应编码，然后把问卷输入 SPSS。研究中数学文化和学习兴趣各维度都以潜变量存在，不可直接测量。如何计算潜变量的值？在传统的统计方法中，通常是计算潜变量因子所对应的题项的总分，或者是计算潜变量因子所对应题项的平均分，把它作为该潜变量因子的值。[①] 把各维度题项均值作为该变量的值，对实验班和对比班前测结果进行 t 检验，统计结果如表 7–2 所示。

从表 7–2 可以看出，实验前实验班和对比班在数学文化各维度上无显著性差异，在数学学习兴趣各维度上也无显著性差异，两个班具有一致性。表 7–3 是实验前数学文化各维度的均值。

将实验班和对比班数学文化各维度均值代入影响式：

数学文化对个体兴趣影响式：$gtxq = 0.73sxzsyff + 0.53sxhd + 0.19sxyyys + 0.40sxsw + \varepsilon$，其中 ε 为误差项。

数学文化对情境兴趣影响式：$qjxq = 0.78sxzsyff + 0.61sxhd + 0.20sxyyys + 0.08sxsw + \delta$，其中 δ 为误差项。

实验班 $gtxq$ 的值为 4.93，$qjxq$ 的值为 5.03；对比班 $gtxq$ 的值为 5.02，$qjxq$ 的值为 5.17。实验班和对比班 $gtxq$ 值相差 0.09，实验班和对比班 $qjxq$ 的值相差 0.14，相差不大。

如果把数据代入归一化处理后的影响式，如下式子：

数学文化对个体兴趣影响式：$gtxq = 0.39xzsyff + 0.29sxhd + 0.10sxyyys + 0.22sxsw + \varepsilon$，其中 ε 为误差项。

数学文化对情境兴趣影响式：$qjxq = 0.47sxzsyff + 0.36sxhd + 0.12sxyyys + 0.05sxsw + \delta$，其中 δ 为误差项。

实验班 $gtxq$ 的值为 2.66，$qjxq$ 的值为 3.01；对比班 $gtxq$ 的值为 2.71，$qjxq$ 的值为 3.09。实验班和对比班 $gtxq$ 的值相差 0.05，实验班和对比班 $qjxq$ 的值相差 0.08。

---

① 侯杰泰，温忠麟，成子娟. 结构方程模型及其应用［M］. 北京：教育科学出版社，2012.

表 7-2　前测检验统计结果

项目		方差方程的 Levene 检验		均值方程的 t 检验					差分的 95% 置信区间	
		F	Sig.	t	df	Sig.（双侧）	均值差值	标准误差值	下限	上限
数学知识与方法	假设方差相等	0.024	0.876	-0.344	131	0.732	-0.20879	0.60718	-1.40994	0.99237
	假设方差不相等			-0.343	129.424	0.732	-0.20879	0.60798	-1.41165	0.99408
数学活动	假设方差相等	1.590	0.210	-0.758	131	0.450	-0.53034	0.69970	-1.91452	0.85383
	假设方差不相等			-0.735	76.315	0.464	-0.53034	0.72109	-1.96641	0.90573
数学应用意识	假设方差相等	5.066	0.026	-0.273	131	0.786	-0.11934	0.43775	-0.98532	0.74664
	假设方差不相等			-0.271	123.762	0.787	-0.11934	0.44053	-0.99129	0.75262
数学思维	假设方差相等	0.431	0.513	0.302	131	0.763	0.07790	0.25828	-0.43304	0.58884
	假设方差不相等			0.301	130.041	0.764	0.07790	0.25838	-0.43327	0.58907
文本兴趣	假设方差相等	3.301	0.072	-0.386	131	0.700	-0.20992	0.54350	-1.28509	0.86525
	假设方差不相等			-0.383	120.671	0.702	-0.20992	0.54802	-1.29490	0.87506
任务兴趣	假设方差相等	0.167	0.684	-0.159	131	0.874	-0.05639	0.35522	-0.75909	0.64632
	假设方差不相等			-0.158	126.749	0.875	-0.05639	0.35667	-0.76219	0.64941
知识兴趣	假设方差相等	0.213	0.645	-0.292	131	0.771	-0.13632	0.46722	-1.06059	0.78795
	假设方差不相等			-0.290	124.607	0.772	-0.13632	0.46991	-1.06636	0.79372
现实的兴趣	假设方差相等	0.308	0.580	-0.940	131	0.349	-0.34692	0.36923	-1.07735	0.38351
	假设方差不相等			-0.940	130.343	0.349	-0.34692	0.36917	-1.07725	0.38341
潜在的兴趣	假设方差相等	0.020	0.888	-0.355	131	0.723	-0.12477	0.35162	-0.82036	0.57081
	假设方差不相等			-0.354	128.395	0.724	-0.12477	0.35251	-0.82226	0.57271

表 7-3　前测数学文化各维度均值

班级	数学知识与方法	数学活动	数学应用意识	数学思维
实验班	3.0103	3.3961	2.6425	1.0676
对比班	3.0402	3.5729	2.6823	1.0416

二、后测结果

将后测问卷输入 SPSS，学习兴趣各维度都以潜变量存在，不可直接测量，研究中计算外显题项的总分作为各潜变量值。实验班和对比班学习兴趣各维度的结果如表 7-4 所示。

表 7-4　后测检验统计结果

兴趣	班级	N	均值	标准差	均值的标准误
文本兴趣	实验班	69	21.7681	4.02253	0.48426
	对比班	65	19.1385	4.13399	0.51276
任务兴趣	实验班	69	19.0000	6.87707	0.82790
	对比班	65	16.4462	2.22928	0.27651
知识兴趣	实验班	69	16.8116	3.13085	0.37691
	对比班	65	15.1846	3.60508	0.44716
现实兴趣	实验班	69	12.7826	2.33811	0.28148
	对比班	65	11.6154	2.19867	0.27271
潜在兴趣	实验班	69	12.6812	2.17940	0.26237
	对比班	65	11.1846	2.47419	0.30689

从表 7-4 可以看出，实验班在各维度上的得分高于对比班。对后测结果进行 t 检验，结果如表 7-5 所示。

双侧 t 检验结果显示存在显著性差异，也即是说实验班和对比班在学习兴趣各维度均值存在显著差异，由此可以得出，实验结果是显著的。传统上通常把因子对应的题项总分或均值作为潜变量的值，表 7-6 中计算的是各因子对应的题项总分的均值，考虑到各因子对应的题项数量不一样，如果把该值除以各因子对应的题项，就得到各因子的均值。

表 7-5 后测独立样本检验

| | | 方差方程的 Levene 检验 | | 均值方程的 t 检验 | | | | | 差分的 95% 置信区间 | |
		F	Sig.	t	df	Sig.（双侧）	均值差值	标准误差值	下限	上限
文本兴趣	假设方差相等	0.048	0.827	3.732	132	0.000	2.62965	0.70470	1.23568	4.02363
	假设方差不相等			3.729	130.998	0.000	2.62965	0.70528	1.23443	4.02487
任务兴趣	假设方差相等	0.567	0.453	2.855	132	0.005	2.55385	0.89438	0.78468	4.32301
	假设方差不相等			2.926	82.920	0.004	2.55385	0.87286	0.81774	4.28995
知识兴趣	假设方差相等	2.341	0.128	2.794	132	0.006	1.62698	0.58236	0.47502	2.77894
	假设方差不相等			2.782	126.940	0.006	1.62698	0.58482	0.46973	2.78423
现实兴趣	假设方差相等	0.349	0.556	2.973	132	0.004	1.16722	0.39264	0.39054	1.94391
	假设方差不相等			2.978	132.000	0.003	1.16722	0.39192	0.39197	1.94248
潜在兴趣	假设方差相等	0.930	0.337	3.721	132	0.000	1.49654	0.40222	0.70091	2.29218
	假设方差不相等			3.707	127.593	0.000	1.49654	0.40375	0.69763	2.29546

表 7-6 后测均值表

班级	文本兴趣	任务兴趣	知识兴趣	现实兴趣	潜在兴趣
实验班	4.3536	4.7500	4.2029	4.2609	4.2271
对比班	3.8277	4.1116	3.7961	3.8718	3.7287

从表 7-6 可以看出，实验班数学学习兴趣各维度上的得分都高于对比班，从上述实验班和对比班的统计结果很容易得到结论：教师数学文化引导参与提升了学生的数学学习兴趣。

三、课堂观察和访谈结果

（一）课堂观察结果

（1）实验班课堂观察结果。在实验设计时考虑到了要进行课堂观察，课堂观察的目的一方面是观察实验教师是否按照实验设计进行教学，而并非对其教学进行评价或者是提供改进的办法，如果教师按照实验要求上课，课后就不与教师讨论，如果教师没有按照要求进行 5 分钟的交流引导，则课后提醒教师；另一方面是观察学生课堂学习情况，对学生课堂学习情况的观察不是要讨论学生对某一课程内容应该如何学习，也不是要研究学生课堂学习目标的达成以及课堂学习的效果怎么样。研究团队在实验前的讨论中认为，由于实验班每一位学生都有一册数学文化书，课堂上学生可能会翻阅，因此，对学生的课堂观察主要是观察正常听课以外的其他课堂学习行为。课堂观察并没有编制严格的课程观察表，因为不能预测学生是否会出现什么样的其他课堂学习行为。课堂观察要求研究团队成员每一个人负责两个小组，以免重复记录，在观察学生课堂学习情况时主要记录学生课外阅读情况。

在实验班第 1 次听课过程中发现有 7 位学生在教师讲课过程中看课外书，其中 6 位学生在阅读数学文化读物，1 位学生在阅读其他课外书籍。从实验正式实施开始，连续 2 周对数学课堂上学生看课外书的情况进行了观察，统计结果如表 7-7 所示。

表 7-7 实验班课堂上课外阅读情况

时间	星期一	星期二	星期三	星期四	星期一	星期二	星期三	星期四	星期五
人数	7	6	5	5	6	4	5	5	5

实验要求尽可能在不改变原有学习环境下实施，也就是说实验情境中要不影响学生的课堂学习，尽可能尊重课堂"原生态"情况。在第1次听课过程中发现有的学生课堂上没有认真听课，作为这次实验的课堂观察及研究者之一，非常矛盾是否要将这种情况告诉实验教师，在与另外两个观察者讨论后，决定还是遵循原有设计思路，只进行课堂客观观察。考虑到观察者是以"见习教师"身份进入实验课堂，而教师的身份又必须对学生课堂上没听课情况进行了解，因此，课后访谈了其中1位学生以了解情况。

研究者：刚才数学课上教师讲授的内容是什么？

学生：复习四则混合运算。

研究者：课堂上你好像在看课外书，是吗？

学生：嗯，看了一会儿？

研究者：看的什么书呢？

学生：《健康与数学》，前几天把《科学与数学》看完了。

研究者：为什么上课不听教师讲课呢？

学生：是复习，讲的内容都知道，也不是没有听讲，是一边听课，一边看书。

研究者：课堂上还是要认真听课，积极思考，争取期末考出好成绩。

学生：嗯。

从第二天课堂观察来看，该学生把数学文化读本放在课桌里，课堂上没有翻阅课外书，而是积极配合教师进行学习。

（2）对比班课堂观察结果。实验团队成员是以见习教师和带队教师的身份参与实验，因此，实验期间对比班的数学课照样深入课堂听课，这样的目的一是保证实验按照设计正常进行，如果有偏差以便在课后与教师交流；二是对对比班学习进行观察。由于实验要求尽量保证在常态化教学环境中进行，因此，在对比班也一样，只进行观察而不对学生的学习行为进行任何干预。

下面是实验开始后实验教师第1次课在对比班的课堂教学活动过程，教师在教学铃声响起后走入课堂，组织教学，然后上课。

教师：同学们好！

学生：老师好！

教师：今天我们复习小数的有关知识，在总结知识的时候大家一定要弄清概念，注意前后知识之间的联系，同时要多做题，这样在期末考试的时候就不容易犯错，明白了吗？

学生：（齐答）明白了。

接下来教师出示教学内容，并结合板书进行讲解。图7-3（a）是教师开始讲课堂教学的第一张幻灯片，教师最开始是对小数的有关知识进行梳理，图7-3（b）是最后呈现于黑板上的知识结构图，从该图片可以了解教师这一节课展开的逻辑，同时可以看出本节课主要复习了小数的意义、性质、大小比较、小数点的移动、单位换算以及小数的加减法等内容，教师按照平常要求进行教学，丝毫没有受到听课人员以及实验活动的影响。对比班后续的课程都是按照这样的程序进行，在此就不过多叙述。

（a） （b）

图 7-3 对比班教师课堂内容展示图

进入对比班听课发现，放置在图书角上的数学文化丛书整齐地摆放着，还有51本，对比班人数是65人，也就是说只有14人可能在课外阅读，虽然给学生都准备了一分册，但由于没有作要求，所以大部分图书并没有动。与实验班一样，对比班学生的课堂观察同样是分组记录学生课堂学习情况时的课外阅读情况。表7-8记录的是数学课堂上学生外阅课外书的情况，阅读的也是数学文化丛书。

表 7-8 对比班课堂上课外阅读情况

时间	星期一	星期二	星期三	星期四	星期一	星期二	星期三	星期四	星期五
人数	3	2	2	2	3	0	1	1	2

从课堂观察来看，实验教师严格根据实验的要求进行上课，保证了实验的有效性。从实验班与对比班学生的课堂观察来看，如果没有教师的引导参与，很难保证让全体学生自觉地、主动地进行数学文化课外阅读学习。

（二）访谈结果

为了深入了解学生数学文化学习的状况，每次数学文化活动课前或课后访谈3位学生。之所以选择3位学生访谈，一方面是学生需要准备后续的课，不可能有更多的时间接受访谈，另一方面是研究团队共3人深入课堂进行观察，每人每次抽取1个学生进行访谈便于实施。

访谈主要围绕这几个问题展开：你课外阅读数学文化读物了吗？你对阅读的

数学文化读物感兴趣吗？你对老师和同学课堂讲述的数学文化感兴趣吗？对后面两个问题实行选择性提问。如果学生回答感兴趣，追问一个问题：为什么感兴趣？对这几个问题的访谈结果整理如表7-9所示。

表7-9　实验班学生访谈结果

访谈问题	访谈结果	备注
你课外阅读数学文化读物了吗？	27人都回答课外阅读了数学文化	第1次访谈时对3位学生追加提问：看完了吗？有2位学生回答看完了
你对阅读的数学文化读物感兴趣吗？	14人回答感兴趣，2人回答比较感兴趣	提问该问题的有16人
你对老师和同学课堂讲述的数学文化感兴趣吗？	8人回答感兴趣，3人回答比较感兴趣	提问该问题的有11人

在学生回答对阅读或是教师讲授的数学文化感兴趣之后，追问问题"为什么感兴趣？"对这一问题的回答不尽相同，学生感兴趣的原因主要集中在以下几个方面：很多知识数学书上没有，这里学生是指阅读的数学文化内容书上没有；教师讲的故事很有趣，比如撬动地球的故事，启发人；对数学文化读物上的内容好奇。

由于实验要求尽量在常态化教学环境中进行，所以，在对比班听课以后并没有对学生进行访谈，目的是不改变学生常态的学习情况。但在后测以后，团队成员每一个人访谈3人，对对比班学生进行了访谈。访谈仍然是3个问题：你课外阅读数学文化读物了吗？如果学生回答没有阅读，则要求访谈人员说希望你课外抽空阅读，访谈结束；如果学生回答阅读了，则进行追问问题：你对阅读的数学文化读物感兴趣吗？为什么感兴趣？访谈结果如表7-10所示。

表7-10　对比班学生访谈结果

访谈问题	访谈结果	备注
你课外阅读数学文化读物了吗？	4人回答课外阅读了数学文化	5人回答没有阅读
你对阅读的数学文化读物感兴趣吗？	3人回答感兴趣	1人回答比较感兴趣
为什么感兴趣？	有故事，可以了解很多知识，知道很多数学的应用	

小学生对于未知领域都是好奇的，数学文化拓展了数学教材内容，课堂观察和访谈结果再次表明，以适当的形式把数学文化融于课程，可以激发学生的数学学习兴趣。

第八章　结论与思考

数学文化对小学生数学学习兴趣有什么样的影响？如何测评？本书以此为主线，采用文献法、调查法、观察法、访谈法、实验法等多种方法，对三个方面的内容进行了研究：数学文化的形态与特点研究；小学生对数学文化呈现方式接受度研究；数学文化对小学生数学学习兴趣影响的测评模型构建。现对研究结论、研究中存在的不足等总结如下。

第一节　主要结论与不足

一、主要结论

（1）构建了数学文化原始形态、课程形态、学习形态的关系模型图。本书采用文献法对数学文化的形态特点进行了研究，通过文献的分析、归纳与总结，阐述了原始形态、课程形态、学习形态这三种数学文化的形态、特征，构建了这三种数学文化形态关系的模型图。原始形态数学文化具有真实特性、客观性和严谨性，其共同体是数学家群体；课程形态数学文化具有教育特性、理解性和接受性，其共同体是课程专家群体；学习形态数学文化具有动态特性、开放性和情境性。

认识清楚数学文化形态的特征与关系，对于数学教育教学非常重要。把数学家研究的数学转变成课程教材里的数学涉及数学文化形态的转化，必须处理好两者之间的度，同时充分考虑使用情况，以便易教利学，也就是考虑再次从课程形态到学习形态的转化。再次回到本书提及的怀尔斯的例子，最先听到这个故事是研究过程中对我国著名的群论数学专家施武杰教授的访谈，访谈中他认为数学文化对小学生数学学习非常重要，举例时，他随口说出怀尔斯的例子来，并说这是怀尔斯在解决了费马大定理后接受采访时亲自说出来的，后来在一些演讲中也有提到。为了查实这一例子，翻阅了吴文俊（1995）《世界著名数学家传记》，没有找到相关叙述，在胡作玄和梅荣照主编的《数学辞海》第六卷630页有怀尔斯解决了费马大定理的记载，在佩捷等编著的《从费马到怀尔斯——费马大定理的历史》中也记载了怀尔斯对费马大定理的解决，但这些记载都不适合于小学生这一特定对象阅读，如何把原始形态的数学文化转化成便于学生阅读的对象，这需要数学家群体、课程专家和数学教师的共同努力。

（2）小学生对数学文化的接受度较高。本书采用问卷法、访谈法对小学生对数学文化呈现方式接受度进行了研究，研究过程中遵循定量与定性相结合的原则，在对问卷进行定量统计的基础上，采用等距原则对接受度进行等级评定，就小学生对数学文化的呈现方式接受度而言，连环画呈现方式的接受度等级评定为D，情境图呈现方式和纯文本呈现方式等级评定为C，小学生对连环画呈现方式的接受度高于另外两种形式。调查研究过程中还发现，兴趣性、形象性、可读性和连贯性是影响小学生接受数学文化的主要因素，阅读时能读懂数学文化的内容是学生选择呈现方式的关键因素。

到底应该怎样把知识呈现给学生，以避免如弗赖登塔尔所说的"冰冷的美丽与火热的思考"的现象。[1][2] 阿普尔说要思考"谁的知识最有价值？"这一问题，他说："尽管一些知识和组织这种知识的方式都来自可能的巨大知识体，它们被看作是合法的和官方的，但也会涉及如何选择、如何组织以及如何教的问题。"[3]教材编写很少关注知识呈现这一问题，或是说我们经常从成人的角度出发认为应该怎样呈现，很少倾听学生的声音。对小学生对数学文化呈现方式接受度的调查告诉我们，在教程编写时要充分考虑学生的可接受性，兴趣性、形象性、可读性和连贯性影响着学生对教材的认同。

（3）构建了数学文化对小学生数学学习兴趣影响的测评模型。借鉴已有数学教育研究领域中测评模型构建的思路和方法，编制问卷对小学生数学文化和数学学习兴趣进行了调查，构建了数学文化对小学生数学学习兴趣影响的测评模型。实证研究了数学文化对小学生数学学习兴趣有积极的影响：数学知识与方法对小学生数学学习兴趣的影响是积极的，正向的；数学活动对小学生数

① 许卫兵.简约：数学课堂教学的理性回归［J］.课程·教材·教法，2009，29（5）：42-46.
② 蒲淑萍，汪晓勤.弗赖登塔尔的HPM思想及其教学启示［J］.数学教育学报，2011，20（6）：20-24.
③ 阿普尔，等.国家与知识政治［M］.黄忠敬，刘世清，王琴，译.上海：华东师范大学出版社，2007.

学学习兴趣的影响是积极的，正向的；数学应用意识对小学生数学学习兴趣的影响是积极的，正向的；数学思维对小学生数学学习兴趣的影响是积极的，正向的。

通过研究，我们希望能引起对小学生数学学习兴趣的关注。我国数学教育教学是强调熟能生巧的，现在依然如此。柯朗和罗宾在《什么是数学》一书的序言里说："今天，数学教育的传统陷入了危机之中，数学教学有时演变成空洞的解题训练，这种训练虽然能提高形式推导的能力，但却不能导致真正的理解与深入的独立思考。"[1] 基础数学课程改革就是要改革传统中的弊端。课程理念变革过程，就是数学文化创生的过程。[2] 帕梅拉·博洛廷·约瑟夫说："把课程看成文化。"[3] 理念本身是文化的重要内容，数学课程改革的过程本质而言是数学文化建设的过程，那么，我们需要建设一种什么样的小学数学课程文化呢？如果是要构建以发展学生学习兴趣为主的课程文化，还需要做些什么？

（4）教师对数学文化学习的引导参与会提高学生的数学学习兴趣。通过实验不但在一定程度上对所构建的模型进行了验证，而且探索了数学文化促进小学生数学兴趣的策略。对比班的课堂观察说明，同样把数学文化丛书放置在图书角，如果教师不主动引导参与，则只有少部分学生关注，至少不会是所有的学生都会关注，实验结果表明，教师对数学文化学习的引导参与会提高学生的数学学习兴趣。

在参与西南大学组织的数学文化促进小学生数学学习的实践活动中，一位研究生说他把他参与编写讨论的数学文化分册拿回家，他读小学三年级的妹妹非常感兴趣，利用周末就读完了，于是他买了这套丛书，在他的引导参与下，利用周末不到一学期就阅读完了。整合于小学数学课程的数学文化经常是学生自学或阅读，教师的引导参与非常重要，他们是课程改革的最终执行者，课程改革必须通过教师的参与去体现。为实现发展学生数学核心素养的课程改革目标，实现全面发展人的育人目的，必须从以知识为中心的传统人才培养模式转向以学生发展为中心的人才培养模式，在这个转变的过程中，所有数学教师都应该主动思考应该如何去做，如何主动地去培养学生的数学学习兴趣。

---

① R.柯朗，H.罗宾.什么是数学：对思想和方法的基本研究 [M].左平，张饴慈，译.上海：复旦大学出版社，2006.

② 李红婷，宋乃庆.变革课程理念 创生课程文化——对我国新一轮基础教育数学课程改革的回顾与思考 [J].中国教育学刊，2005（10）：32–35.

③ 帕梅拉·博洛廷·约瑟夫，等.课程文化 [M].余强，译.杭州：浙江教育出版社，2008.

二、创新与不足

本书围绕数学文化对小学生数学学习兴趣有什么样的影响这一主要问题，从4个方面系统地对该问题进行了研究。

研究创新之处在于：一是构建了数学文化对小学生数学学习兴趣影响的模型，从已收集的文献来看，这在相关研究中尚属首次；二是编制了数学文化和小学生数学学习兴趣问卷调查工具，采用测量的方式研究了数学文化对小学生数学学习兴趣的影响。

研究不足之处在于：一是问卷调查只限于重庆市，调查范围有待扩大；二是受人力物力的影响，实验只在四年级进行，需要扩大实验范围；三是通过实验和访谈，在一定程度上反映出数学文化对小学生数学理解的影响，但研究还不够深入，需要进一步地思考。

在调查、访谈过程中，教师都认为数学文化有利于学生数学的理解。数学文化是否促进了学生的数学理解？基于这样的逻辑推理：如果数学文化促进了学生的数学兴趣，数学活动中学生会主动参与、乐于学习，从而可以判定数学文化学习能促进学生的数学认知，促进学生对数学的理解，但这毕竟是推理，需要验证。

第二节　加强兴趣视域下的小学数学课程建设

学校必须提高教学质量，促使学生更好地学习，不断提高学生的素养，从而实现全面发展的培养目标。教学质量的落脚点是学生的学习质量，而学习质量的提升离不开数学兴趣的培养，离不开课程建设。小学数学课程建设必须遵循兴趣原理，从小学生数学兴趣的需要出发，考虑学生的数学经验和兴趣。如果学生对课程兴趣不浓，就只会被动接受，而不会主动地探索和积极地思考；如果学生对课程没有兴趣，没有学习的意愿，就会厌恶课堂，抗拒学习。Mcmurry（1893）认为，兴趣原理是西方教育理论史中最引人瞩目的情感理论，它给学校教育提供了一种新的判断标准，开拓了一个新天地。[1] 小学数学课程建设要把兴趣观念贯

---

① Mcmurry C A. The Elements of General Method Based on the Principles of Herbart[M]. Bloomington, Illions: Public-School Publishing Co. Publishers, 1893.

穿于课程目标、内容选择和课程实施整个过程，以保证学生对课程的持续的积极的情感投入。

一、课程目标取向：小学生数学兴趣

教育目标是教育教学活动的出发点和归宿，它的实现必须以课程为中介。数学课程是教学活动的基本资源，它既是教师从教的依据，也是学生接触的主要学习资源，是学生获取数学知识的主要渠道。因此，小学数学教育改革必须构建反映改革理念的课程文化，建设与之相应的课程体系。受课程文化传统的影响，小学数学课程的建设与课程改革的要求并非同步或一致发展，课程建设滞后于通常改革的要求，所以，不少研究者在研究我国教育改革时，认为教育改革的难处是课程。

我国传统小学数学课程的取向是让学生获得继续学习和适应社会生活需要的数学知识和技能，是以知识为中心的课程体系。数学教材注重知识的严谨性，强调知识间的逻辑；课程内容繁、难、偏、旧，表现形式单一；课堂教学注重讲授，要求把知识讲深、讲精、讲透；数学学习注重训练，熟能生巧成为数学学习的重要方式。尽管在国际数学教育测试中成绩十分优秀，但普遍认为我国中小学生解题能力强，但创新思维不足，学生数学课业负担重，学习时间长，过度的训练和接受式的学习，使得学生数学兴趣不浓厚，存在数学学习的"中国学习者悖论"现象。

兴趣视域下的小学数学课程认为，教育的目的是兴趣的生成和培养，而不是灌输给学生可能今后有用的知识。《国家中长期教育改革和发展规划纲要（2010—2020年）》特别强调在义务教育阶段要"激发学习兴趣""促进学生生动活泼学习、健康快乐成长"。《义务教育数学课程标准（2011年版）》也明确指出"课堂教学应激发学生兴趣，调动学习的积极性，引发学生的数学思考，鼓励学生的创造性思维"。课程是为学生提供的一种认知环境，这种环境应能引起小学生的数学学习兴趣，激发学生持久的数学情感，为此，必须实现课程价值取向的转变，从以知识为中心转向以数学兴趣培养为目的，构建以数学兴趣培养为目的的小学数学课程体系，从小学生数学兴趣为出发点促进学生的成长。

二、课程内容选择：小学生数学经验

小学数学课程内容的选择必须依据学生的经验，有助于学生数学经验积累。数学是逻辑性非常强的一门学科，数学概念、判断和推理是依据一定逻辑进行，数学知识之间也常常表现出有序性，如数系的扩充：从自然数集扩充到整数集，从整数集扩充到有理数集，再从有理数集扩充到实数集和复数集；又如自然数的学习，从小学生认知结构来看，必须首先认识自然数，其次学习自然数的运算，必须先学习自然数的加、减运算，最后学习自然数的乘、除运算。整体而言，教材的组织和学生的学习必须符合这种逻辑顺序。以知识为中心的小学数学课程强调知识的学习掌握，在课程内容选择和组织上虽然也考虑小学生的情况，但更关注知识间的先后顺序和逻辑关系，学生的学习服从于这种逻辑关系。数学源于生活，其研究对象是现实世界的数量关系和空间形式。要把生活内容转变为数学课程内容，必须经过数学抽象。由于小学阶段学生数学思维处于形象思维时期，抽象思维还很弱，数学知识相对而言不够丰富，数学思考必须借助实物、图形、图表等直观形象完成，因此，小学数学课程内容选择要考虑学生的生活经验和可接受性。虽然教材内容整体上也必须符合数学内容间的逻辑关系，但课程内容的选择和组织主要考虑小学生的数学经验，是一种经验课程。

正因为小学数学课程是经验课程，因此其课程内容组织必须符合儿童认知特点。我国地域辽阔，区域差异大，因此课程内容选择和组织应符合区域特色，多样化发展。依据义务教育数学课程标准编写的、正在实施的小学数学课程标准教材有人教版、北师版、西师版、青岛版、苏教版、冀教版等，这打破了传统以一套小学数学教材为主的习惯。新的小学数学教材都充分考虑小学生的阅读特点，在小学低年级主要以图画、漫画形式描述问题；为了便于学生理解，选择与学生生活密切联系的情境呈现数学问题；资源选取充分考虑地方特色，大量的农村题材被编入小学数学教材。

以学生经验为基础进行课程内容选择，必须打破传统课程边界，实现学科互涉。数学具有广泛应用的特点，随着科学技术的发展，数学在生产和生活的各个方面都得到了广泛应用。信息技术的发展使小学生较早地接触到有关信息，积累起有关经验，这种现实要求在选择课程内容时，必须打破传统"数与代数""几何""统计与概率"的学科边界，实现课程内容选择的学科互涉和借鉴。课程改革要求建立国家、地方和学校三级课程体系，从而实现课堂教学与课外自主学习、学校教育、社区教育和家庭教育整合，这为打破学科边界创造了条件。近年来，一些地方和学校编写了小学数学课外读物和校本教材，在这方面进行了有益的探索。

三、课程实施取向：小学生数学活动

以知识为中心的小学数学课程的价值取向是让学生获得继续学习和适应社会

生活需要的数学知识和技能，这实际上是以成人经验为中心，也就是让儿童学习我们认为在今后有用的知识。这一价值取向下的小学数学课程实施重智轻德，存在单纯追求分数和升学率的现象，教学中以教师为中心，重知识传授轻能力培养，重讲授练习轻方法创新，容易忽视学生学习习惯和数学素养的培养，忽视学生创新精神和实践能力的培养。义务教育阶段课程总目标有四个方面：知识技能、数学思考、问题解决、情感态度。这四个方面是密切联系的有机整体，不能相互独立、割裂开来，不能只强调一方面而忽略其他方面。只有改变课程实施中过于偏向知识传授的倾向，注重数学兴趣的培养，强调学生形成积极主动的学习态度和习惯，才能实现培养模式的转变。

兴趣视域下的小学数学课程实施强调学生的活动。在小学阶段数学知识的积累、数学兴趣的培养、数学思维的发展、数学习惯的养成，对学生学习数学非常关键。小学数学教学必须强调学生的数学活动，通过游戏和活动引导学生课堂参与。现代课程理论认为，课程具有层次性。呈现于教材的课程内容是理想课程，教师根据自身经验，通过领会与教学设计，理想的课程成为领悟课程，由于课堂教学具有生成性，领悟课程和教师课堂实施课程也会存在差异，教师会根据课堂情况对教学内容进行适时的调整，因为只有学生理解的课程才有助于知识的学习建构。从理想课程到实施课程，常常是基于知识学习和教师教学角度出发，是应然的设计，但对学生而言，只有学生体验的课程才是实然的。由于每个学生经历不同，对特定数学对象的理解可能不一样，因此，要让学生经历数学活动的过程，强调过程性知识的学习，帮助学生数学基础知识、基本技能、基本数学经验和数学思想方法的积累。

数学学习不局限于数学课堂，课外活动和阅读也是数学学习的重要形式。数学课外活动是学生在教师指导下所进行的以培养数学兴趣、拓展数学知识、培养数学能力、提高数学素养为目的的数学学习活动。小学数学课外活动形式主要有数学兴趣小组、数学游戏、数学故事等。重庆一些小学校依托《小学数学文化丛书》，根据不同年级学生情况开展了形式多样的课外活动，如在小学低年级阶段让家长给学生讲述数学家的故事、家长和学生共同完成数学游戏等；在小学高年级阶段组织兴趣小组，让学生阅读文化丛书，并组织学生进行交流讨论；或是结合教材开展数学文化教学活动。活动把学校教育和家庭教育、课堂学习和课外学习有效结合起来，更好地让学生认识到数学与现实世界的联系，不仅巩固了课堂所学的数学知识，同时拓展了学生的数学视野，激发了学生的数学兴趣。

第三节 走向数学文化自觉

数学文化指导着人们对数学的价值判断和数学教育教学的价值选择，决定着人们的数学行为活动。基础教育数学课程改革是课程理念、数学内容、教学方式、学习评价的系统改革，数学课程改革的过程本质上是一个文化自觉活动过程，改革的最终目的是建设起适应新时代发展需要的先进的数学文化。为此，必须充分认识数学文化价值和积极进行数学课程建设，走向数学文化自觉。

一、什么是数学文化自觉

所谓文化自觉，费孝通先生认为它是指生活在一定文化中的人对其文化的"自知之明"，明白它的来历，形成过程，所具有的特色和它发展的倾向，不带任何"文化回归"的意思，不是要"复旧"，同时也不主张"全盘西化"或"全盘他化"。①定义明确了文化自觉的主体是处于一定文化环境中的人，明确了文化自觉的对象是"其文化"即自文化，明确了文化自觉的途径是"明白它的来历，形成过程"，明确了文化自觉的目的不是"复旧"和"他化"，而是通过实践走向文化的发展和繁荣。以此理解，数学文化自觉是从事数学活动的个人和群体理解其所处数学文化的价值，明白其所具有的优势和特点，知晓其存在的问题和不足，认识其发展的方向和趋势。

二、为什么要走向小学数学文化自觉

1.小学数学教学中数学文化价值的偏离

文化具有遗传性，在一定时期形成的文化价值观影响着后续相继时期人们对文化的认识和文化行为，同时，文化又具有鲜明的时代性，时代的新风气、新气象、新要求必然通过文化凸显。如果传统文化观念不能及时反映时代的要求，就会出现文化价值的偏离。数学文化也如此，以考试为中心的传统数学文化观念，导致了小学数学文化价值的偏离。

（1）突出数学文化的功利性。数学文化是一个发展开放的系统。数学文化一旦被创造出来，就变成了一个相对独立的系统，并一代一代积累和传承，一直伴随着人类生活。无论是过去还是现在，数学都广泛地应用于日常生活，与人类生活实践密切联系，与社会的进步和发展息息相关。在当代，信息技术的快速发展，使得数学应用更加广泛，无论是物理还是化学，抑或是生物；无论是理学还

---

① 费孝通.重建社会学与人类学的回顾和体会［J］.中国社会科学，2000（1）：37–51.

是工学，抑或是管理学；无论是天文学还是地理学，或是海洋科学；从浩瀚无垠的宏观宇宙到细小入微的分子原子；从快速多变的社会生活到错综复杂的国际交往，离开数学都寸步难行。数学已渗透到自然科学各学科，深入到社会科学各领域，数学在生产实践和社会生活中取得了广泛应用，使其工具性价值获得充分的展示。数学的工具性价值体现于课堂，使得数学教学和学习具有强烈的经验特征和实用特征，形成功利性的数学文化。

（2）忽视数学文化的人文性。几千年积淀而成的博大精深的数学文化给数学学科提供了丰富的资源，使得数学在帮助小学生形成正确的人生观、价值观、世界观等方面发挥着独特的作用，这正是数学文化人文价值的集中体现。数学不仅是认识世界的一种工具，也是一种语言。人们常说，世界上有两种语言不需要翻译，一种是数学，而另一种就是音乐。聆听音乐，与音乐为伴，可以感受大师们发自内心的情感体验；阅读数学，与数学为伴，可以感受数学家孜孜不倦的追求精神。"教数学是教一种文化"。[①]这即是说数学教学是数学文化的教学，数学学习是数学文化的学习。但现实是中小学数学课堂仍然是以知识训练为中心的，一位基础数学专业博士在辅导其孩子小学数学时遇见某地区升学考试最后的"压轴题"，解了两天还不能全对，他感叹"学生要学会解决这样的问题不知道平时需要多少时间去训练"。在小学阶段，培养学生的数学兴趣、数学情感尤为重要，只有学生真正喜欢数学、热爱数学，对数学有着浓厚的兴趣，才会逐渐培养起吃苦耐劳的习惯和主动探索的精神。数学学习不能忽视其人文价值，数学文化的根本意义应是超越经验和实用特征的，最终在于通过数学文化的熏陶使学生获得对人生价值的理解，在于它对学生健全人格的作用。

2.数学课程改革深入发展的需要

长期以来，考试文化影响着我国的基础教育，数学教育尤为突出，受其影响，升学成为数学学习的目标，练习是到达目标的主要方法，成绩被作为衡量学习的唯一结果。尽管我国学生在国际数学测试中取得了不错的成绩，但普遍认为学生数学课业负担过重，成绩是在不断训练基础上获得，存在高分低能和创新思维不足现象，学生数学学习有着负面的情感态度与价值观。"双基"（基础知识和基本技能）教学和"三大能力"（运算能力、逻辑思维能力和空间想象能力）培养是我国数学教学的特点，它们是几代数学教育工作者从我国数学教育实践中总结出的经验，对于当前小学数学课程教学仍然具有积极意义，知识技能是基础，绝对不能淡化，但数学学习不仅在于知识的学习，更在于数学文化对学生的熏陶。德国物理学家冯·劳厄所说："教育无非是一切已学过的东西都忘掉时所

---

① 张楚廷.作为文化的数学教学［J］.当代教育论坛，2014（5）：125-128.

剩下的东西。"①哲学家怀特海也曾表达过相似的观点:如果你忘掉了课堂上的内容,也忘掉了考试的内容,剩下的东西才是教育的真正结果。②就数学而言"剩下的东西"是什么?对此,日本数学家米山国藏从自身经验出发有过一段精彩论述:"毕业一两年后,若不经常使用数学,我们很快就把所学的数学知识给忘掉了。然而,无论我们从事什么领域的工作,那些已经习得的数学思想与数学精神却一直铭记于心,令我们终身受益。"③

新一轮数学课程改革提出"四基"(基础知识、基本技能、基本活动经验、基本数学思想)和"四能"(发现问题、提出问题、分析问题和解决问题),这是"双基"和"三大能力"教学理论的发展,目的正是要建设起适应时代发展的小学数学文化体系。数学课程在关注学生知识与技能的同时,更要关注数学学习过程中所体现出的数学情感态度与精神,关注数学的思想和方法。数学的思想方法是数学的灵魂,也是数学文化的核心。数学教育的目的在于提高公民的数学素养,使学生掌握适应未来社会发展和生活需要的必须的数学知识、数学思想和数学方法,让学生"会用数学眼光观察世界,会用数学思维思考世界,会用数学语言表达世界"。④小学阶段是学生接受系统教育的开始,是学生人生观、数学观形成和发展的重要时期,要发展学生的数学核心素养,深入推进素质教育,就必须改变考试文化对数学教学的影响。必须具有文化自觉意识,从数学文化层面去认识、反思、改善长期以来形成的数学观念、教学观念以及形成的数学习惯、思维定式和行为方式,同时进行创造性文化实践活动。走向数学文化自觉,建设新时代先进的数学文化是义务教育数学课程改革的需要。

三、如何走向小学数学文化自觉

文化是一种集体人格的表现形态,数学教师教学自觉或不自觉地受数学文化的影响。小学数学容易忽视学生良好数学学习习惯的养成、实践创新能力的培养、数学精神的培养。要发展学生的素养,实现全面发展的人的培养目标,教师必须充分认识和理解数学文化的价值,践行先进的文化理念,从数学知识中心走向数学学习习惯自觉、创新意识自觉、科学精神自觉。

1.走向数学学习习惯自觉

数学学习习惯是指不容易改变的数学学习行为方式和行为倾向。良好的数学

① 刘凯年.数学思想方法与高师学生数学素养的提高[J].数学教育学报,1998(3):97-99.
② 牛翠萍,牛长松.让教育回归本质:科学教育与人文教育并重[J].西南农业大学学报(社会科学版),2011,9(11):154-158.
③ 米山国藏.数学的精神思想和方法[M].毛正中,吴素华,译.成都:四川教育出版社,1986.
④ 教育部.普通高中数学课程标准(2017年版)[M].北京:人民教育出版社,2018:2.

学习习惯表现为乐学善学、勤于反思、主动探究等。学生必须学会学习，要理解学习内容，掌握学习方法，能适时对自己的学习进行自我评价和调控，最后养成良好的数学学习习惯和意识。传统的数学课堂教学受考试文化的影响，忽视了数学文化和课堂的联系，主要体现在以下几个方面：第一，教学目标上重视数学知识的传授、技能的达成，忽视数学文化的人文性，忽视情感、态度、价值观的教育，也忽视对学生实践能力、创新精神的培养。第二，教学内容上过分拘泥于知识的逻辑性，思维的抽象性，忽视将数学知识与学生的生活有机结合，忽视数学学习与情感体验的有机融合。第三，学习方式上被动接受、机械操练，缺少动手实践、自主探索、合作交流的机会。学生对数学学习兴趣不浓，没有养成良好的数学学习习惯，存在高分低能现象，这严重阻碍了学生的自主发展。

　　数学文化的价值判断决定着人们的数学行为。郑毓信等（2000）认为数学文化的价值体现在宏观和微观两个方面，从宏观角度来看，数学对人类理性精神的形成和发展有着十分重要的作用，从微观的角度分析，数学对于人们养成良好的思维习惯有着十分重要的意义。研究表明，小学生并非一开始就对数学学习不感兴趣，只是由于过度的训练和被动的学习，才使得学生对数学逐渐失去了兴趣。受考试文化的影响，一直以来，我们认为数学学习就是数学知识的学习，目的是升学。在相当长的时间里，我们缺乏对小学数学文化建设的反思，忽视了小学数学文化的自觉建设，小学阶段学生能接触的数学书籍除了教材就只有配套的练习册；我们缺乏对小学生数学阅读习惯和阅读特点的研究，忽视了学生学习的需要，没有建设适合于小学生阅读的数学读物，影响了学生的良好数学学习习惯的养成。

　　要改变小学数学学习的现状，必须加强数学课程建设，关注数学文化对学生学习习惯的养成。发达国家非常重视小学数学文化课程开发，如英国的《可怕的数学》、美国的《美国经典幼儿数学游戏》、日本的《数学游戏绘本》、韩国的《数学绘本》等儿童读物，它们采用漫画形式将艰深的数学知识轻松直观地呈现于读者面前，使其成为最受家长和儿童喜欢的读物。让学生在游戏中亲近数学，在阅读中理解数学，培养学生良好的数学思维习惯和数学表达能力，这正是数学文化育人功能的体现。教育部西南基础教育课程研究中心组织实施了"数学文化在小学数学素质教育中的实践"的教育实验，取得良好的效果。实验学校教师普遍反映，参与实验的班级学生数学课堂上能主动参与和积极投入。一位教师在班上建设了数学文化之窗，把相应的书籍陈列于班上，课堂上教师可以使用，课外学生可以阅读，针对低年级学生识字较少的特点，学生还可以把书籍带回家，让家长每天给学生讲述一个丛书中的故事或是家长与学生一起阅读。这样把课内学习与课外学习、学校教育与家庭教育有效结合起来，构建起良好的学习文化，促进了学生的良好学习习惯的养成。

2.走向创新意识自觉

社会的进步和发展，主要是通过不断的实践创新去实现的。社会要进步，国家要发展，民族要富强，就必须积极实践和创新劳动。一个国家和民族如果失去了创新能力，就无法在激烈的竞争中处于有利地位，终究会被淘汰。正是在此意义上，我们说创新是一个民族进步的灵魂，是一个国家兴旺发达的不竭动力。实践创新素养主要包括劳动意识、问题解决、技术应用。[①]数学作为人类文明中一种重要的文化力量，对于学生理性思维、创新意识和问题解决能力的培养起着不可替代的作用。义务教育数学课程标准把问题解决作为具体的课程目标，目的就是要培养学生发现问题、提出问题、分析问题和解决问题的能力。

文化是创新的环境，数学文化环境决定了学生的数学活动方式。数学文化不仅是承载于书籍的数学符号和内容，更多的文化形式是通过数学活动得以体现。数学教育不应仅仅关注数学知识，更应关注数学活动里学生的观察能力和想象能力，要让学生在数学活动里学会思考和探索，学会猜想和归纳，学会类比和比较，从而逐渐培养学生的创造性思维。受传统知识本位和教师中心教学观的影响，数学课堂侧重于对学生的行为进行控制，忽视了学生创造性个性的培养。严士健先生认为，数学仍然没有融入我国的文化传统，数学的人文层面所起的作用没有被人们所重视。[②]必须改变传统落后的数学教育观念和教学方式，重视学生创新意识和创新精神的培养。

3.走向科学精神自觉

科学精神是科学认识和实践中形成的价值观念体系，它是科学文化的精髓，对社会的影响持久而巨大。科学探索活动伴随着人类发展的整个过程，在现代社会发展过程中，科学技术取得了第一生产力的地位，正因为如此，科学探索受到特别的重视。作为一种思想方式存在的科学精神，起源于古希腊。"所谓科学精神，首先指的是一种特殊的思想方式，这种特殊的思想方式并不普遍存在于各个文明之中，它特别地属于古希腊人……没有一种文明像希腊文明一样，超越了知识的实用性功能，而对知识本身感兴趣……这就是希腊版本的科学精神"。[③]也就是说，科学精神并不会必然存在于各种文化中。"在中国近代科学教育中，科学生长和发展的灵魂科学精神一直处于缺失状态……科学精神在中国还没有坚实的根据"。[④]教育是文化传承的手段，必须注重科学精神的培养。

---

①　核心素养研究课题组.中国学生发展核心素养［J］.中国教育学刊，2016（10）：1–3.

②　严士健.让数学融入我国的文化传统［J］.湖南教育，2007（11）：4–6.

③　吴国胜.科学精神的起源［J］.科学对社会的影响，2011，1（1）：95–103.

④　曲铁华，李娟.中国近代科学教育中科学精神的缺失及启示［J］.东北师范大学学报（哲学社会科学版），2005，218（6）：123–129.

　　小学阶段是学生科学精神萌芽的时期，必须重视学生科学精神的培养。科学精神的实质是求真的精神，是求知过程中的理性精神。作为文化的数学，其本质并非在于具体数学知识的求解，而是知识学习和问题解决过程中学生求真的意识和理性精神的培养。数学是一种精神，一种理性的精神，正是这种精神，激发、促进、鼓舞并驱使人类的思维得以运用到最完善的程度，亦正是这种精神，试图决定性地影响人类的物质、道德和社会生活。① 数学作为一种文化，最根本的认知就是它表现为一种理性的科学探索精神，它追求的不是一种感官所及的简单的表达，而是思维所及的深层的抽象表示。数学理性精神的实质就是追求真理，表现为求知过程中的怀疑与批判，问题解决中的不断探索与进取。

　　理性精神的培养是数学教育的重要任务。在小学数学教学中，不仅要重视数学知识，更要重视数学知识所蕴含的数学思想、方法和精神。要充分挖掘教材，渗透数学文化，比如让学生阅读有关数学家的故事，了解数学家们发现问题和解决问题的过程，感受数学家不断进取、不断探索的精神。教学中要让学生用数学的观点观察、用数学的方法思考、用数学的语言交流，让学生经历通过对感性材料进行抽象与概括的认识过程，让学生逐步经历概念、判断、推理的理性认识活动，初步培养学生的科学精神。

　　总之，必须深入理解数学文化对小学生的影响，认识现有小学数学文化的特点和存在的问题，具有文化自觉意识，走向小学数学文化自觉；必须关注数学文化对小学生数学学习兴趣的影响，关注数学文化对小学生人生的意义，认识其对小学生科学精神、学习习惯和创新能力的作用，主动进行数学文化实践，建立符合新时代要求的先进的数学文化。

第四节　研究展望

　　本书研究过程中为了对所研究的问题有深入的认识，参加了重庆大学举办的"实证社会科学研究方法"培训班，深受培训课程文化传播学内容分析研究与应用的启发。数学文化测量极具挑战性，本书研究中在对数学文化教育专家进行访谈时，不少专家都指出数学文化是一个多维概念，这也就说明其测量可以在不同维度上进行，本书只是选择了其中几个便于操作的维度进行了大胆尝试，更深入细致的研究只能希望后续继续探讨，教育研究的数据通常抽样到班级，数据具有

---

① M.克莱因.西方文化中的数学［M］.张祖贵，译.上海：复旦大学出版社，2005.

嵌套性，可以采用阶层线性模型对数据进行进一步挖掘与分析，这方面也希望后续研究能更深入。

本书在一定程度上证实了数学文化对小学生数学理解的作用。实验中前测问卷与后测问卷主要就是对学生数学思维的测量。特别地，对该题项进行统计检验，其前测与后测结果如表 8-1 和表 8-2 所示。

实验前统计结果显示没有显著性差异，实验后统计结果显示差异显著，数学文化是如何促进学生数学理解的？希望有兴趣的研究者能深入研究。本书研究过程中深深地感受到数学学习兴趣反过来也影响数学文化学习，它们之间构成一个循环，数学以数学兴趣为逻辑起点研究数学文化，其结果又会是怎样的呢？所有这些问题都希望有后续更深入的研究。

本书研究前后历时七年，研究过程中才深深体会到自己理论欠缺和经验的不足。为了学习数据处理，先后参加了南京师范大学和西南大学举办的现代统计分析方法与应用高级研修班，了解了数据处理的方法，即使如此，还是不得其要领。不过，研究的过程终究是不断学习、不断积累、不断提高、不断思索的过程。

数学文化指导着人们对数学的价值判断和数学教育教学的价值选择，决定着人们的数学行为活动，数学课程改革的过程本质上是一个文化自觉活动过程。本书研究从"中国学习者悖论"出发，反思了数学教育中存在的问题，证明了数学文化对小学生数学兴趣培养有积极作用。研究目标虽已完成，但思考并没有结束。齐民友说："一种没有相当发达的数学的文化是注定要衰落的，一个不将数学作为一种文化的民族也是注定要衰落的。"① 藤田英典认为，许多国家在教育改革中都会面临这样一个问题："21 世纪的教育应该是什么样的？"② 在此也提出一个相似的问题，21 世纪的数学教育应该是怎么样的？这是所有数学和数学教育工作者都必须认真思考的问题，要深入地反思我们究竟要建设一种什么样的数学文化？如何走向这样一种数学文化自觉？展望未来，希望并一定能建设起符合新时代要求的我国先进的数学文化。

---

① 齐民友. 数学与文化 [M]. 大连：大连理工大学出版社，2016.
② 藤田英典. 走出教育改革的误区 [M]. 张琼华，许敏，译. 北京：人民教育出版社，2001.

表 8-1　前测独立样本检验结果

		方差检验		t 检验						差分的 95% 置信区间	
		F	Sig.	t	df	Sig.（双侧）	均值差值	标准误差值		下限	上限
d_1	假设方差相等	4.125	0.044	5.048	132	0.000	1.27402	0.25236		0.77482	1.77322
	假设方差不相等			5.084	128.204	0.000	1.27402	0.25062		0.77814	1.76991

表 8-2　后测独立样本检验结果

		方差检验		t 检验						差分的 95% 置信区间	
		F	Sig.	t	df	Sig.（双侧）	均值差值	标准误差值		下限	上限
数学思维	假设方差相等	1.177	0.280	4.896	132	0.000	1.48963	0.30424		0.88783	2.09144
	假设方差不相等			4.939	125.389	0.000	1.48963	0.30162		0.89271	2.08655

参考文献

［1］Ainley M, Hillman K, Hidi S. Gender and interest processes in response to literary texts: Situational and individual interest［J］. Learning and Instruction, 2002, 12（4）: 411–428.

［2］Alexander P. A, Murphy P K. Profiling the differences in students' knowledge, interest, and strategic processing［J］. Jouranl of Educational Psychology, 1998, 90（3）: 435–447.

［3］Ardana I M, Ariawan I P W, Divayana D G H. Measuring the effectiveness of BLCS model（bruner, local culture, scaffolding）in mathematics teaching by using expert system–based CSE–UCLA［J］. International Journal of Education and Management Engineering（IJEME）, 2017, 7（4）: 1–12.

［4］Arnold F. Attention and interest: A study in psychology and education［M］. New York. NY: Macmillan, 1901.

［5］Biggs J B, Watkins D A. Insight into teaching the Chinese learner［M］// Watkins D A, Biggs J B. Teaching the Chinese learner: Psychological and pedagogical perspectives. Hong Kong: CERC and ACER Publication, 2001.

［6］Burnham W H. Attention and interest［J］. The American Journal of Psychology, 1908: 19（1）: 14–18.

［7］Cheng Q, Wang J, Shiqi H et al. Mathematics performance of immigrant students across different racial groups: An indirect examination of the influence of culture and schooling［J］. Journal of International Migration and Integration, 2014, 15（57）: 589–607.

［8］Garner R. Learning from school tests［J］. Educational Psychologist, 1992, 27（1）: 53–63.

［9］Ginsberg E. Not just a matter of English［J］. HERDSA News, 1992, 14（1）: 6–8.

［10］Greenberg J R, Michell S A. Object relations in psychoanalytic theory cambridge [M]. M A: Harvard University Press, 1983.

[11] Harackiewicez J M, Barron K E, Tauer J M, et al. Predicting success in collEge: A longitudinal study of achievement goals and ability measures as predictions of interest and performance from freshman year through graduation [J]. Jouranl of Educational Psychology, 2002, 94 (3): 562–575.

[12] Jens Hogrup, Albany. In measure, Number, and Weight: Studies in mathematics and culture [M]. New York: State University of New York Press, 1994.

[13] Jetton T, Alexander P A. Interest assessment and the content area literacy environment for research and practice [J]. Educational Psychology Review, 2001, 13 (3): 303–318.

[14] Jones P S. The history of mathematics as a teaching tool [J]. Mathematics Teacher, 1957, 50 (1): 59– 64.

[15] Kintsch W. Learning from test, levels of comprehension, or: Why anyone would read a story anyway [J]. Poetics, 1980, 9 (1): 87–89.

[16] Krapp A. Structural and dynamic aspects of interest development: Theoretical considerations from an onto genetic perspective [J]. Learning and Instruction, 2002, 12 (4): 383–409.

[17] Kroeber A L, Kluckhohn C. Culture: A critical review of concepts and definitions [M]. New York: Kraus Reprint Co, 1952.

[18] Lapointe A E, Others A. Learning mathematics [Z]. Center for the Assessment of Educational Progress, Educational Testing Service, 1992.

[19] Leung F. Chinese culture, Islamic culture, and mathematics education [J]. Critical Issues in Mathematics Education, 2008 (1): 135–147.

[20] Molland G. Measure, number, and weight: Studies in mathematics and culture [J]. The British Journal for the History of Science, 1996, 29 (2): 229–230.

[21] Renninger K A, Hidi S, Krapp A. Interest, learning, and development in the role of interest in learning and development [M]. Hillsdale NJ: Lawrence Erlbaum, 1992.

[22] Schraw G, Bruning R, Svoboda C. Sources of situational interest [J]. Jouranl of Reading Behavior, 1995, 27 (1): 1–17.

[23] Schraw G. Dennison R S. The effect of purpose on interest and recall [J]. Journal of Literacy Research, 1984, 26 (1): 1–18.

[24] Smith D E. History of mathematics (Vol1 I) [M]. Boston: Ginn & Company, 1923.

［25］Stathopoulou C, Kalabasis F. Language and culture in mathematics education: Reflection on observing a romany class in greek［J］. Educational Studies in Mathematics, 2006 (64): 231–238.

［26］Swetz F. seeking relevance? Try the history of mathematics［J］. Mathematics Teacher, 1984, 77 (1): 54– 62.

［27］Thorndike E L. The interests of adults I. The permanence of interests［J］. Jouranl of Educational Psychology, 1935 (26): 401–410.

［28］Tobias S. Interest, prior knowledge, and learning［J］. Rev Ed Res, 1994, 64 (1): 37–54.

［29］Wade S E, Buxton W M, Kelly M, et al. Using think–alouds to examine reader–test interest［J］. Reading Res Quart, 1999, 34 (2): 194–216.

［30］A. 阿德勒 . 自卑与超越［M］. 黄光国，译 . 北京：作家出版社，1986.

［31］B. 赫森，池田 . 牛顿《原理》的社会经济根源（一）［J］. 山东科技大学学报（社会科学版），2008，10（1）：6–17.

［32］B. 赫森，宋芝业 . 牛顿《原理》的社会经济根源（二）［J］. 山东科技大学学报（社会科学版），2008，10（2）：1–7.

［33］B. 赫森，王彦雨 . 牛顿《原理》的社会经济根源（三）［J］. 山东科技大学学报（社会科学版），2008，10（3）：1–9.

［34］M. 克莱因 . 西方文化中的数学［M］. 张祖贵，译 . 上海：复旦大学出版社，2005.

［35］R. 柯朗，H. 罗宾 . 什么是数学：对思想和方法的基本研究［M］. 左平，张饴慈，译 . 上海：复旦大学出版社，2006.

［36］W.F. 康内尔 . 二十世纪世界教育史［M］. 张法琨，万能达，李乐天，等译 . 北京：人民教育出版社，1990.

［37］W. 阿普尔，等 . 国家与知识政治［M］. 黄忠敬，刘世清，王琴，译 . 上海：华东师范大学出版社，2007.

［38］阿伦·C. 奥恩斯坦，琳达·S. 贝阿尔—霍伦斯坦，爱德华·F. 帕荣克 . 当代课程问题［M］. 余强，译 . 杭州：浙江教育出版社，2004.

［39］彼得罗夫斯基 . 普通心理学［M］. 朱智贤，伍常棣，卢盛忠，等译 . 北京：人民教育出版社，1981.

［40］蔡庆有，邝孔秀，宋乃庆 . 小学数学教材难度模型研究［J］. 教育学报，2013，9（5）：97–105.

［41］蔡永红，林崇德，肖丽萍 . 中学生职业兴趣的结构及其特点［J］. 心理发展与教育，2002，18（1）：80–85.

［42］曹锡仁．中西文化比较导论：关于中国文化选择的再检讨［M］．北京：中国青年出版社，1992.

［43］程广文．数学课堂提问研究［D］．上海：华东师范大学，2003.

［44］代钦．释数学文化［J］．数学通报，2013，52（4）：1-4.

［45］单中惠．西方教育思想史［M］．北京：教育科学出版社，2007.

［46］邓东皋，孙小礼，张祖贵．数学与文化［M］．北京：北京大学出版社，1999.

［47］杜子方．抽样技术［M］．北京：中国统计出版社，2004.

［48］范涌峰，宋乃庆．学校特色发展测评模型构建研究［J］．华东师范大学学报（教育科学版），2018，36（2）：68-78+155-156.

［49］方延明．数学文化导论［M］．南京：南京大学出版社，1999.

［50］菲利普·W.杰克森．什么是教育［M］．吴春雷，马林梅，译．合肥：安徽人民出版社，2012.

［51］冯振举．数学史与数学教育整合的研究［D］．西安：西北大学，2007.

［52］冯忠良，伍新春，姚梅林，等．教育心理学［M］．北京：人民教育出版社，2010.

［53］弗朗索瓦—玛丽·热拉尔，易克萨维耶·罗日叶．为了学习的教科书编写、评估、使用［M］．汪凌，周振平，译．上海：华东师范大学出版社，2009.

［54］巩子坤，宋乃庆．论数学教育学的范畴［J］．西南师范大学学报（自然科学版），2005，30（4）：755-759.

［55］顾非石，顾泠沅．诠释"中国学习者悖论"的变式教学研究［J］．课程·教材·教法，2016，36（3）：86-91.

［56］顾泠沅，易凌峰，聂比凯．寻找中间地带——国际数学教育改革的大趋势［M］．上海：上海教育出版社，2003.

［57］顾沛．数学文化［M］．北京：高等教育出版社，2008.

［58］郭戈．关于兴趣教学原则的若干思考[J]．教育研究，2012（3）：119-124.

［59］郭戈．关于兴趣若干基本问题的研究［J］．中国教育科学，2016（2）：154+193+217.

［60］郭明鹤．现代教学法通论［M］．北京：北平文化学社，1931.

［61］哈贝马斯．认识与兴趣［M］．郭官义，李黎，译．上海：学林出版社，1999.

［62］韩进之．教育心理学纲要［M］北京：人民教育出版社，2003.

［63］何伟，孙晓天，贾旭杰．关于民族地区数学双语教学问题的研究与思考［J］．数学教育学报，2013，22（6）：16-19.

［64］何旭明.西方关于兴趣的界定与分类研究述评［J］.大学教育科学, 2010（4）：49-55.

［65］核心素养研究课题组.中国学生发展核心素养［J］.中国教育学刊, 2016（10）：1-3.

［66］赫尔巴特.普通教育学·教育学讲授纲要［M］.李其龙, 译.北京：人民教育出版社, 1989.

［67］侯杰泰, 温忠麟, 成子娟.结构方程模型及其应用［M］.北京：教育科学出版社, 2012.

［68］胡潇.文化现象学［M］.长沙：湖南出版社, 1991.

［69］怀特.文化科学——人和文明的研究［M］.曹锦清, 等译.杭州：浙江人民出版社, 1988.

［70］怀特海.教育的目的［M］.徐汝舟, 译.北京：生活·读书·新知三联书店, 2014.

［71］黄希庭.普通心理学［M］.兰州：甘肃人民出版社, 1982.

［72］黄秀兰.维果茨基心理学思想精要［M］.广州：广东教育出版社, 2014.

［73］黄毅英.数学观研究综述［J］.数学教育学报, 2002（1）：1-8.

［74］黄毅英, 林智中, 黄家鸣, 等.香港教师数学观的研究［J］.数学教育学报, 2003（2）：2-9.

［75］吉尔特·霍夫斯泰德, 格特·扬·霍夫斯泰德.文化与组织：心理软件的力量（第二版）［M］.李原, 孙健敏, 译.北京：中国人民大学出版社, 2010.

［76］吉世印, 刘红, 魏明, 等.中学生物理学习兴趣量表编制与分析［J］.黔南民族师范学院学报, 2008（4）：55-59.

［77］嘉仓, 梁广交.论授课语言对阿坝牧区藏族学生数学学习的影响［J］.数学教育学报, 2011, 20（4）：71-74.

［78］教育部.普通高中数学课程标准（2017 年版）［M］.北京：人民教育出版社, 2018.

［79］杰夫·刘易斯.文化研究基础理论［M］.郭镇之, 任丛, 秦洁, 郑宇虹, 等译.北京：清华大学出版社, 2013.

［80］金容国, 金荣云.有趣的数学旅行［M］.杨竹君, 译.北京：中国城市出版社, 2012.

［81］金瑜.心理测量［M］.上海：华东师范大学出版社, 2007.

［82］靳晓燕."钱学森之问"引发的思考［N］.光明日报, 2009-12-05（1）.

［83］卡佳坦·波斯基特.可怕的科学：经典数学系列［M］.刘阳, 张乐, 曹飞, 等译.北京：北京少年儿童出版社, 2010.

[84] 康德. 道德形而上学原理 [M]. 苗力田，译. 上海：上海人民出版社，2002.

[85] 康世刚. 中国西部地区中学生数学素养现状调查研究 [J]. 数学教育学报，2014，22（5）：36-41.

[86] 康世刚，张辉蓉. 数学文化对小学生数学学习的影响研究 [J]. 基础教育，2018（119）2：1-10.

[87] 克里斯托夫·武尔夫. 教育人类学 [M]. 张志坤，译. 北京：教育科学出版社，2013.

[88] 李改杨，罗德斌，吴洁，等. 数学文化赏析 [M]，北京：科学出版社，2011.

[89] 李红婷，宋乃庆. 变革课程理念 创生课程文化——对我国新一轮基础教育数学课程改革的回顾与思考 [J]. 中国教育学刊，2005（10）：32-35.

[90] 李化侠，辛涛，宋乃庆，等. 小学生统计思维测评模型构建 [J]. 教育研究与实验，2018（2）：77-83.

[91] 李铁安，孔玥. 数学文化与教学设计（1年级）[M]. 重庆：西南师范大学出版社，2017.

[92] 李学良，曾峥. 测量与分析 HPM 教学方式对学生数学成就动机的影响 [J]. 数学学习与研究，2017（17）：152-154.

[93] 林崇德. 21世纪学生发展核心素养研究 [M]. 北京：北京师范大学出版社，2016.

[94] 林晖. 康德的实践理性中的兴趣问题 [D]. 上海：复旦大学，2003.

[95] 刘坚，孔企平，张丹. 义务教育教科书：数学 [M]. 北京：北京师范大学出版社，2014.

[96] 刘凯年. 数学思想方法与高师学生数学素养的提高 [J]. 数学教育学报，1998（3）：97-99.

[97] 刘青. 中学生文本阅读兴趣的结构和特点研究 [D]. 重庆：西南大学，2009.

[98] 刘应明. 惠及子孙，功德无量的大胆尝试——评宋乃庆主编《小学数学文化丛书》[J]. 数学教育学报，2015，24（4）：2.

[99] 卢江，杨刚. 义务教育教科书：数学（四年级上册）[M]. 北京：人民教育出版社，2014.

[100] 卢江，杨刚. 义务教育教科书：数学（四年级下册）[M]. 北京：人民教育出版社，2010.

[101] 卢梭. 爱弥儿：论教育（上卷）[M]. 李平沤，译. 北京：商务印书馆，2003.

［102］吕传汉，张洪林.民族数学文化与数学教育［J］.数学教育学报，1992（1）：101-104.

［103］吕世虎.汉、藏、回族中小学生数学思维能力发展差异性及其根源的跨文化研究［J］.民族教育研究，1993（2）：39-47.

［104］罗长青，李仁杰.数学文化［M］.重庆：重庆大学出版社，2010.

［105］罗素.人类的知识——其范围与限度［M］.张金言，译.北京：商务印书馆，2003.

［106］马克思·范梅南.教学机智——教学智慧的意蕴［M］.李树英，译.北京：教育科学出版社，2001.

［107］美国经典幼儿教学游戏［M］.张元哲，译.南宁：接力出版社，2012.

［108］孟昭兰.情绪心理学［M］.北京：北京大学出版社，2005.

［109］米山国藏.数学的精神思想和方法［M］.毛正中，吴素华，译.成都：四川教育出版社，1986.

［110］莫里兹.数学的本性［M］.朱剑英，译.大连：大连理工大学出版社，2008.

［111］牛翠萍，牛长松.让教育回归本质：科学教育与人文教育并重［J］.西南农业大学学报（社会科学版），2011，9（11）：154-158.

［112］帕克.普通教学法［M］.俞子夷，译.上海：商务印书馆，1924.

［113］帕梅拉·博洛廷·约瑟夫.课程文化［M］.余强，译.杭州：浙江教育出版社，2008.

［114］庞维国，刘树农.现代心理学的自主学习观［J］.山东教育科研，2000（3）：54-55+59.

［115］彭聃龄，高玉祥.心理学学习指导书［M］.北京：中央广播电视大学出版社，1989.

［116］蒲淑萍，汪晓勤.弗赖登塔尔的HPM思想及其教学启示［J］.数学教育学报，2011，20（6）：20-24.

［117］亓玉慧，李森.课堂教学中的边缘人现象研究［J］.教育探索，2014（5）：62-64.

［118］齐民友.数学与文化［M］.大连：大连理工大学出版社，2016.

［119］钱珮玲.数学思想方法与中学数学［M］.北京：北京师范大学出版社，2008.

［120］邱皓政.量化研究与统计分析［M］.重庆：重庆大学出版社，2013.

［121］曲铁华，李娟.中国近代科学教育中科学精神的缺失及启示［J］.东北师范大学学报（哲学社会科学版），2005，218（6）：123-129.

［122］邵瑞珍.教育心理学［M］.上海：上海人民出版社，2001.

［123］施良方.课程理论：课程的基础、原理与问题［M］.北京：教育科学出版社，1996.

［124］石中英.教育哲学［M］.北京：北京师范大学出版社，2013.

［125］数学课程标准研制组.全日制义务教育数学课程标准（实验稿）解读［M］.北京：北京师范大学出版社，2003.

［126］斯基·德夫林.数学：新的黄金时代［M］.李文林，袁向东，李家宏，等译.上海：上海教育出版社，2001.

［127］宋乃庆.义务教育教科书（五年级下册）［M］.重庆：西南师范大学出版社，2013.

［128］宋乃庆.义务教育教科书：数学（五年级上册）［M］.重庆：西南师范大学出版社，2014.

［129］宋乃庆，等.数学文化读本［M］.重庆：西南师范大学出版社，2015.

［130］宋乃庆，等.小学数学文化丛书［M］.重庆：西南师范大学出版社，2014.

［131］宋乃庆，张渝，陈婷.数学文化与教学设计（2年级）［M］.重庆：西南师范大学出版社，2017.

［132］孙杰远.现代数学教育学［M］.桂林：广西师范大学出版社，2004.

［133］孙丽谷，王林.义务教育教科书：数学［M］.浙江：江苏教育出版社，2014.

［134］孙卫红."数学文化"在小学数学新教材中的编写设计与实验调查研究［D］.重庆：西南师范大学，2004.

［135］藤田英典.走出教育改革的误区［M］.张琼华，许敏，译.北京：人民教育出版社，2011.

［136］汪晓勤，方匡雕，王朝和.从一次测试看关于学生认知的历史发生原理［J］.数学教育学报，2005（3）：30-33.

［137］汪晓勤，林永伟.古为今用：美国学者眼中数学史的教育价值［J］.自然辩证法研究，2004（6）：73-77.

［138］王桂.当代外国教育——教育改革的浪潮与趋势［M］.北京：人民教育出版社，2001.

［139］王国维.教育学［M］.福州：福迪教育出版社，2008.

［140］王继楠.小学数学文化主题式教学研究［D］.重庆：西南大学，2017.

［141］王林全.2021：对我国义务教育数学课程及数学教育的展望［J］.中学数学月刊，2014（7）：1-3.

［142］王晓杰.数学文化教学对小学生数学抽象素养的影响研究［D］.重庆：西南大学，2017.

［143］吴福平.文化测量：原理与方法［M］.杭州：浙江大学出版社，2014.

［144］吴国胜.科学精神的起源［J］.科学对社会的影响，2011，1（1）：95-103.

［145］吴明隆.结构方程模型——AMOS 的操作与应用［M］.重庆：重庆大学出版社，2010.

［146］吴明隆.问卷统计分析实务——SPSS 操作应用［M］.重庆：重庆大学出版社，2016.

［147］吴文俊.世界著名数学家传记（上集）［M］.北京：科学出版社，2003.

［148］熊妍茜.数学文化在小学数学课堂教学中的实践探索［D］.重庆：西南大学，2016.

［149］徐斌艳，等.数学文化与教学设计［M］.北京：教育科学出版社，2012.

［150］徐利治，郑毓信.略论数学真理及真理性程度——兼评怀特海的《数学与善》［J］.自然辩证法研究，1988（1）：22-27.

［151］徐冉冉.数学文化对小学生数学学习兴趣的影响研究［D］.重庆：西南大学，2017.

［152］许卫兵.简约：数学课堂教学的理性回归［J］.课程·教材·教法，2009，29（5）：42-46.

［153］严士健.让数学融入我国的文化传统［J］.湖南教育，2007（11）：4-6.

［154］杨清.心理学概论［M］.长春：吉林人民出版社，1983.

［155］杨树成.应用统计学［M］.成都：西南交通大学出版社，2017.

［156］杨小微.教育研究的原理与方法［M］.上海：华东师范大学出版社，2007.

［157］伊瓦斯·彼得逊.数学巡礼［M］.裘光明，译.长沙：湖南教育出版社，2002.

［158］衣俊卿.文化哲学十五讲［M］.北京：北京大学出版社，2004.

［159］易南轩，王芝平.多元视角下的数学文化［M］.北京：科学出版社，2007.

［160］优丽吐孜·阿力木.数学文化在南疆初中数学教学中的现状及对策研究［D］.重庆：西南大学，2019.

［161］于波.高中数学模块课程实施的阻抗研究——基于十省市的调查［J］.课程·教材·教法，2013，33（2）：40-43+49.

［162］袁振国.教育研究方法［M］.北京：高等教育出版社，2014.

［163］约翰·杜威.杜威教育文集第 1 卷：学校与社会［M］.任钟印，译.北京：人民教育出版社，2001.

［164］约翰·杜威.民主主义与教育［M］.王承序，译.北京：人民教育出版社，2001.

［165］约翰·杜威.学校与社会·明日之学校［M］.赵祥麟，任钟印，吴志宏，译.北京：人民教育出版社，2004.

［166］臧雷.数学教育改革的国内透视［J］.数学教师，1994（2）：1-3+13.

［167］展涛.义务教育教科书：数学［M］.山东：青岛出版社，2014.

［168］张楚廷.数学文化［M］.北京：高等教育出版社，2000.

［169］张楚廷.作为文化的数学教学［J］.当代教育论坛，2014（5）：125-128.

［170］张大松.科学确证的逻辑与方法［M］.武汉：武汉出版社，1999.

［171］张奠宙.学科教育：教育发展的战略重点［J］.教育科学研究，2011（8）：5-9.

［172］张奠宙.中国数学教育在改革与反思中前进［J］.人民教育，2008（22）：33-37.

［173］张奠宙，梁绍君，金家梁.数学文化的一些新视角［J］.数学教育学报，2003，12（1）：37-40.

［174］张广祥，张奠宙.代数教学中的模式直观［J］.数学教育学报，2006，15（1）：1-4.

［175］张红霞，吕林海.如何走出"中国学习者悖论"——中西方教育哲学的双重价值及其统合［J］.探索与争鸣，2015（10）：87-93.

［176］张华，石伟平，马庆发.课程流派研究［M］.济南：山东教育出版社，2001.

［177］张佳，彭新强.上海 PISA 夺冠与课程改革之间的关系［J］.复旦教育论坛，2015，13（2）：25-31.

［178］张景中，彭翕成.数学哲学［M］.武汉：湖北科学技术出版社，2016.

［179］张俊青，郭燕霞.数学：开放的文化系统——怀尔德论数学发展的动力和规律［J］.长治学院学报，2006，23（2）：22-25.

［180］张林，李玉婵，刑方.兴趣发展四阶段模型的研究评述［J］.宁波大学学报（教育科学版），2010，32（2）：25-29.

［181］张维忠.论数学的文化价值［J］.西北师范大学学报（社会科学版），1998（3）：36-41.

［182］张维忠.数学教育中的数学文化［M］.上海：上海教育出版社，2011.

［183］张维忠，徐晓芳．基于数学文化的教学案例设计述评［J］．浙江师范大学学报（自然科学版），2008，31（3）：247-250.

［184］张维忠，徐晓芳．基于数学文化的教学模式构建［J］．课程·教材·教法，2009，29（5）：47-50+70.

［185］章志光．心理学［M］．北京：人民教育出版社，2004.

［186］赵杏梅．义务教育教科书：数学［M］．石家庄：河北教育出版社，2014.

［187］郑强，郑庆全．三种形态数学文化研究的回顾及启示——文化视野下数学教育理论与实践研究之一［J］．山东教育学院学报，2008，23（6）：107-110.

［188］郑庆全，邱忠华．数学教育文化理念的提出、实践与认识——文化视野下数学教育理论与实践研究之二［J］．山东教育学院学报，2010，25（6）：4-8.

［189］郑延京，朴在姬．从小爱数学［M］．白丽娜，李丹妮，王伟，等译．长沙：湖南少年儿童出版社，2011.

［190］郑毓信．中国学习者悖论［J］．数学教育学报，2001，10（1）：6-10.

［191］郑毓信，王宪昌，蔡仲．数学文化学［M］．成都：四川教育出版社，2000.

［192］中国社会科学院语言研究所词典编辑室．现代汉语词典（第7版）［M］．北京：商务印书馆，2016.

［193］中华人民共和国教育部．普通高中数学课程标准（2017年版）［M］．北京：人民教育出版社，2018.

［194］中华人民共和国教育部．全日制义务教育数学课程标准（实验稿）［M］．北京：北京师范大学出版社，2001.

［195］中华人民共和国教育部．义务教育数学课程标准（2011年版）［M］．北京：北京师范大学出版社，2012.

［196］重庆市统计局，国家统计局重庆调查总队．重庆统计年鉴2016［M］．北京：中国统计出版社，2016.

［197］周彦池．数学文化教学与小学生几何直观能力的相关性研究［D］．重庆：西南大学，2018.

［198］朱哲．基于"数学史融入数学课程"的教科书编写［J］．数学教育学报，2013，22（5）：9-13.

［199］朱哲，宋乃庆．数学史融入数学课程［J］．数学教育学报，2008，17（4）：11-14.

附　录

附录一　小学生数学文化接受度问卷调查表

亲爱的同学：

你好！非常感谢您参加本次问卷调查。由于研究的需要，需要对小学数学实施的情况进行调查。本问卷只用于研究，不记名，也不涉及个人和学校的具体评价，请不必有任何顾虑。答案没有正确与错误之分，请您根据实际情况进行回答。谢谢您的合作！

西南大学基础教育课程研究中心

一、您的个人信息（请在符合您的情况的选项前面画勾）

1. 您的年龄：A. 9 岁以下　B. 9~10 岁　C. 10~11 岁　D. 11 岁以上
2. 所在年级：A. 一年级　B. 二年级　C. 三年级
　　　　　　D. 四年级　E. 五年级　F. 六年级
3. 学校性质：A. 乡村学校　B. 乡、镇中心学校　C. 城市小学

二、请阅读下面的材料。

（一）下面方式一、方式二、方式三都是小学教材中叙述的高斯的故事
方式一：

高斯是德国数学家，是近代数学奠基者之一，他和牛顿、阿基米德被誉为有史以来的三大数学家，有"数学王子"之称。高斯学习非常勤奋，11 岁时发现了二项式定理，17 岁时发明了二次互反律，18 岁时发明了用圆规和直尺作正 17 边形的方法，解决了两千多年来悬而未决的难题。21 岁大学毕业，22 岁时获博士学位。

高斯出生于德国的一个贫苦家庭。7 岁那年，高斯第一次上学，在全世界广为流传的一则故事中说，高斯最出名的故事就是在他 10 岁时，小学老师出了一道算

术难题："计算 $1 + 2 + 3 + \cdots + 100 = ?$" 这可难住了初学算术的学生，但是高斯却在几秒后将答案解了出来。小朋友，您知道高斯是怎么算出来的吗？请试一试。

方式二：

方式三：

聪明的高斯

❶ 高斯（1777~1855 年）是德国伟大的数学家。

❷ 高斯 10 岁时，他的老师出了这样一道题。

❸ 其他学生还在思考时，高斯抢先说出了答案。

❸ 高斯告诉大家，他用 1+100，2+99、3+98…一共有 50 个 101，用 50×101 就知道得数是 5050 了。

❺ 这道题还可以这样想，用 100×101÷2，也可以知道结果是 5050。总之，利用数的一些规律，可以使运算变得简便。

链接活动

听了这个故事后你有什么感想？你还知道高斯的哪些故事？

（二）下面是小学教材中叙述的陈景润与哥德巴赫猜想的故事

方式一：

哥德巴赫猜想是世界数学难题。1742年德国数学家哥德巴赫在给大数学家欧拉的信中提出了一个数学猜想，这个猜想现在通常这样叙述：任一大于2的偶数都可写成两个质数之和。但是哥德巴赫自己无法证明它，于是就写信请教数学家欧拉帮忙证明，但是一直到死，欧拉也无法证明。

我国数学家陈景润在极其艰难的条件下花费了10年的时间证明哥德巴赫猜想，取得了举世瞩目的成绩，他的证明在国际上被誉为"陈氏定理"，这距摘取哥德巴赫猜想这顶皇冠上的明珠只是一步之遥，据说，陈景润证明这一猜想仅演算的稿子就有6麻袋之多。

方式二：

 哥德巴赫猜想

从上面的游戏我们看到：4=2+2，6=3+3，8=5+3，10=7+3，12=7+5，14=11+3……那么，是不是所有大于2的偶数，都可以表示为两个质数的和呢？

这个问题是德国数学家哥德巴赫最先提出的，所以被称作哥德巴赫猜想。世界各国的数学家都想攻克这一难题，但至今还未解决。我国数学家陈景润在这一领域取得了举世瞩目的成果。

哥德巴赫猜想看似简单，要证明却非常困难，成为数学中一个著名的难题，被称为"数学王冠上的明珠"。

方式三：

陈景润与哥德巴赫猜想

1.陈景润（1933~1996年）是我国现代享誉世界的著名数学家。他在中学时就对哥德巴赫猜想产生了浓厚的兴趣。

2.哥德巴赫是德国数学家，在200多年前提出了一个猜想：每个大于4的偶数是两个奇质数的和。

3.陈景润在极其艰苦的条件下，花费了10多年时间，来证明这一猜想，仅演算的稿纸就有6麻袋之多。

4.1966年陈景润终于取得了令人瞩目的成就，他的证明在国际上被誉为"陈氏定理"，这距摘取哥德巴赫猜想这顶皇冠上的明珠只是一步之遥。

（三）下面是小学教材中叙述的祖冲之与圆周率的故事

方式一：约 2000 年以前，我国古代数学著作《周髀算经》中就有"周三径一"的说法，意思是说圆的周长是它的直径的 3 倍。约 1500 年前，中国伟大的数学家祖冲之计算出圆周率应该在 3.1415926 和 3.1415937，成为世界上第一个把圆周率的值精确到 7 位小数的人。他的成就比国外至少要早 1000 多年，现在用计算机计算圆周率，小数点后已经达到上亿位。

方式二：

约 2000 年前，中国的古代数学著作《周髀（bì）算经》中就有"周三径一"的说法，意思是说圆的周长是它的直径的 3 倍。

约 1500 年前，中国有一位伟大的数学家和天文学家祖冲之，他计算出圆周率应在 3.1415926 和 3.1415927，成为世界上第一个把圆周率的值精确到 7 位小数的人。他的这项伟大成就比国外数学家得出这样精确数值的时间至少要早 1000 年。现在人们用计算机算出的圆周率，小数点后面已经达到上亿位。

方式三：

❶ 祖冲之（公元 429~500 年），南北朝时期范阳郡遒县（今河北涞水县）人。他是我国古代杰出的天文学家、数学家，同时还是一位在机械制造方面卓有成就的人。

❷ 祖冲之从小勤奋好学，阅读了大量天文、数学方面的著作。他研究历代历法，亲自观测并进行了大量计算，发现了过去在历法上的错误。他 33 岁时，编制的《大明历》被收录在历史著作——《宋书》中，一直流传到现在。

祖冲之重造铜制指南车

指南车复原模型

刘徽的"割圆术"。

❸ 祖冲之在数学上著有《缀术》，其中有关精密圆周率的计算，是在三国时代的刘徽"割圆术"基础上，求出圆周率的值介于 3.1415926 和 3.1415927，并得出圆周率的分数形式的近似值，为约率 $\frac{22}{7}$ 和密率 $\frac{355}{113}$，成为世界上最早把圆周率的数值推算到小数点后 7 位的科学家。1960 年，苏联科学家将月球背面的一座环形山，命名为"祖冲之山"。

三、请根据第二题的三种方式回答以下问题

1. 在阅读时我喜欢方式一

A. 反对　　　　　B. 稍微反对　　C. 中立　　　　　D. 稍微赞同　　E. 赞同

2. 在阅读时我喜欢方式二

A. 反对　　　　　B. 稍微反对　　C. 中立　　　　　D. 稍微赞同　　E. 赞同

3. 在阅读时我喜欢方式三

A. 反对　　　　　B. 稍微反对　　C. 中立　　　　　D. 稍微赞同　　E. 赞同

4. 按最喜欢、第二喜欢、第三喜欢的次序对编写方式排序，您的排序是：

您能简单说一说原因吗？

5. （可以多选）请在您认为的选项上打"√"。作出上面的选择，阅读时我

觉得内容具有（　　　　　　　　　　　　　）

A. 兴趣性　　　B. 形象性　　　C. 可读性　　　D. 连贯性　　　E. 其他

选择其他，请具体说说是什么原因＿＿＿＿＿＿＿＿＿＿＿。

附录二　数学文化与小学生数学学习兴趣调查表

亲爱的同学：

您好！非常感谢您参加本次问卷调查。由于研究的需要，需要了解您学习数学文化的情况。本问卷只用于研究，不涉及个人和学校的具体评价，请不必有任何顾虑。答案没有正确与错误之分，请您根据实际情况进行回答。谢谢您的合作！

西南大学基础教育课程研究中心

特别说明：这里的数学文化指教材或课外读物里以"数学家的故事""数学的由来与发展""你知道吗""数学广角""数学的应用""数学经纬""数学文化"等形式出现的内容。

第一部分

一、您的个人信息（请在符合您的情况的选项前面画勾）

1. 你的性别：A. 男　B. 女
2. 所在年级：A. 一年级　B. 二年级　C. 三年级
　　　　　　　D. 四年级　E. 五年级　F. 六年级
3. 学校性质：A. 乡村学校　B. 乡、镇中心学校　C. 城市小学

二、请根据自己的实际情况答题，填写您同意或者不同意的程度

	完全不同意	比较不同意	中立	比较同意	完全同意
1. 我能列举出古今中外至少 3 个数学家的姓名	①	②	③	④	⑤
2. 我知道田忌赛马这个故事	①	②	③	④	⑤
3. 我知道 1 米这个单位的来历	①	②	③	④	⑤
4. 音乐书中有 $1 = C\frac{2}{4}$ 的表示，我觉得这里的 $\frac{2}{4}$ 和数学中的 $\frac{2}{4}$ 意思一样	①	②	③	④	⑤
5. 在买东西的时候，我经常会估一估	①	②	③	④	⑤

续表

	完全不同意	比较不同意	中立	比较同意	完全同意
6. 在数学学习中我有时会先猜想答案，然后再计算	①	②	③	④	⑤
7. 古代有这样一句话"一尺之棰，日取其半，万世不竭"。意思是说一尺的东西今天取其一半，明天取其剩下一半，如此下去，永远也取不尽。我觉得这句话有道理	①	②	③	④	⑤
8. 我会认真阅读教材中数学文化的内容	①	②	③	④	⑤
9. 老师在数学课上经常讲述有关数学的故事	①	②	③	④	⑤
10. 老师会经常介绍数学在生活中的应用	①	②	③	④	⑤
11. 除了数学教材，我阅读过其他数学文化读物	①	②	③	④	⑤
12. 如果有书籍，我会主动阅读有关数学家和数学的故事	①	②	③	④	⑤
13. 在科学课中我会用数学的方法去思考问题	①	②	③	④	⑤
14. 在科学课课外实践中我会主动思考数学的应用	①	②	③	④	⑤
15. 在解数学问题时，有时我会主动运用数学文化中介绍的方法	①	②	③	④	⑤

第二部分

该部分的主要目的在于了解您对小学数学文化的兴趣，请根据自己的实际情况填写您同意或者不同意的程度。请您仔细看清楚题，请注意不要错行！

	完全不同意	比较不同意	中立	比较同意	完全同意
1. 我喜欢阅读数学教材中的"数学文化"和"数学广角"	①	②	③	④	⑤
2. 我课外喜欢阅读有关数学文化的丛书	①	②	③	④	⑤
3. 教材中"你知道吗""数学的由来与发展"的形式多样	①	②	③	④	⑤
4. 教材中"你知道吗""数学的由来与发展"的内容丰富多彩	①	②	③	④	⑤
5. 教师课堂中介绍数学文化时呈现形式吸引人	①	②	③	④	⑤
6. 阅读数学文化可以了解很多数学的逸闻趣事	①	②	③	④	⑤

	完全不同意	比较不同意	中立	比较同意	完全同意
7. 阅读数学文化可以学到很多知识	①	②	③	④	⑤
8. 阅读数学文化的内容可以了解数学的由来与发展	①	②	③	④	⑤
9. 阅读数学文化的内容可以知道数学在实际生活中的应用	①	②	③	④	⑤
10. 阅读数学文化的内容有助于考试	①	②	③	④	⑤
11. 我对数学文化中介绍的内容感到好奇	①	②	③	④	⑤
12. 我对数学文化中的数学知识感到好奇	①	②	③	④	⑤
13. 我对数学文化中的数学方法有好奇心	①	②	③	④	⑤

第三部分

　　该部分的主要目的在于了解您对数学的兴趣，请根据自己的实际情况填写您同意或者不同意的程度。请您仔细看清楚题，请注意不要错行！

	完全不同意	比较不同意	中立	比较同意	完全同意
1. 数学文化使数学变得很有趣	①	②	③	④	⑤
2. 数学文化让我对数学更好奇	①	②	③	④	⑤
3. 老师介绍数学文化时我的注意力非常集中	①	②	③	④	⑤
4. 阅读数学文化后，数学家探索数学的精神会鼓舞我	①	②	③	④	⑤
5. 阅读数学文化后，我认识到数学非常有用	①	②	③	④	⑤
6. 了解数学文化后，与以往相比我更加喜欢上数学课	①	②	③	④	⑤
7. 了解数学文化后，与以往相比，我会主动解书上和练习册中的思考题	①	②	③	④	⑤
8. 了解数学的广泛运用后，我会花更多的时间去学习数学	①	②	③	④	⑤
9. 我认为数学文化的学习提高了我解决数学问题的能力	①	②	③	④	⑤
10. 数学文化的学习加强了我学好数学的信心	①	②	③	④	⑤
11. 小学数学文化加重了我学习的负担	①	②	③	④	⑤

第四部分

1. 请列举出你所知道的古今中外的数学家的名字
2. 先阅读然后回答下面的问题

（1）$2 + 4 + 6 + \cdots + 196 + 198 + 200 =$

您是如何计算的？说说您的具体计算过程。

（2）猜一猜：$1 + 2 + 3 + \cdots + n =$

您是怎么猜的，请写一写。

（3）计算 $1 - 1 + 1 - 1 + 1 - 1 \cdots =$

您是如何计算的？

附录三　小学生数学学习兴趣调查表

亲爱的同学：

您好！非常感谢您参加本次问卷调查。由于研究的需要，需要了解您学习数学文化的情况。本问卷只用于研究，不涉及个人和学校的具体评价，请不必有任何顾虑。答案没有正确与错误之分，请您根据实际情况进行回答。谢谢您的合作！

西南大学基础教育课程研究中心

特别说明：这里的数学文化指教材或课外读物里以"数学家的故事""数学的由来与发展""你知道吗""数学广角""数学的应用""数学经纬""数学文化"等形式出现的内容。

第一部分

一、您的个人信息（请在符合你的情况的选项前面画勾）

1. 您的性别：A. 男　B. 女
2. 所在年级：A. 一年级　B. 二年级　C. 三年级
　　　　　　　D. 四年级　E. 五年级　F. 六年级
3. 学校性质：A. 乡村学校　B. 乡、镇中心学校　C. 城市小学

二、请根据自己的实际情况答题，填写您同意或者不同意的程度

该部分的主要目的在于了解您对小学数学文化兴趣，请根据自己的实际情况填写您同意或者不同意的程度。请您仔细看清楚题，请注意不要错行！

	完全不同意	比较不同意	中立	比较同意	完全同意
1. 我喜欢阅读数学教材中的"数学文化"和"数学广角"	①	②	③	④	⑤
2. 我课外喜欢阅读有关数学文化的丛书	①	②	③	④	⑤
3. 教材中"你知道吗""数学的由来与发展"的形式多样	①	②	③	④	⑤
4. 教材中"你知道吗""数学的由来与发展"的内容丰富多彩	①	②	③	④	⑤

续表

	完全不同意	比较不同意	中立	比较同意	完全同意
5. 教师课堂中介绍数学文化时呈现形式吸引人	①	②	③	④	⑤
6. 阅读数学文化可以了解很多数学的逸闻趣事	①	②	③	④	⑤
7. 阅读数学文化可以学到很多知识	①	②	③	④	⑤
8. 阅读数学文化的内容可以了解数学的由来与发展	①	②	③	④	⑤
9. 阅读数学文化的内容可以知道数学在实际生活中的应用	①	②	③	④	⑤
10. 阅读数学文化的内容有助于考试	①	②	③	④	⑤
11. 我对数学文化中介绍的内容感到好奇	①	②	③	④	⑤
12. 我对数学文化中的数学知识感到好奇	①	②	③	④	⑤
13. 我对数学文化中的数学方法有好奇心	①	②	③	④	⑤

第二部分

该部分的主要目的在于了解您对数学的兴趣，请根据自己的实际情况填写您同意或者不同意的程度。请您仔细看清楚题，请注意不要错行！

	完全不同意	比较不同意	中立	比较同意	完全同意
1. 数学文化使数学变得很有趣	①	②	③	④	⑤
2. 数学文化让我对数学更好奇	①	②	③	④	⑤
3. 阅读数学文化后，数学家探索数学的精神会鼓舞我	①	②	③	④	⑤
4. 阅读数学文化后，我认识到数学非常有用	①	②	③	④	⑤
5. 了解数学文化后，与以往相比我更加喜欢上数学课	①	②	③	④	⑤
6. 了解数学文化后，与以往相比，我会主动解书上和练习册中的思考题	①	②	③	④	⑤

第三部分

1. 请列举出你所知道的古今中外的数学家的名字

2. 先阅读然后回答右边的问题

（1）$2 + 4 + 6 + \cdots + 196 + 198 + 200 =$

您是如何计算的？说说您的具体计算过程。

（2）猜一猜：$1 + 2 + 3 + \cdots + n =$

您是怎么猜的，请写一写。

3. 计算 $1 - 1 + 1 - 1 + 1 - 1 \cdots =$

您是如何计算的？

附录四　访谈提纲

（一）构建研究框架中的专家访谈提纲

（1）您认为数学文化包括哪些内容？

（2）您认为数学文化对小学生的数学学习有什么影响？

（3）这些影响主要体现在哪些方面？

（二）数学文化呈现方式中学生访谈提纲

（1）你读懂有关内容了吗？

（2）你最喜欢哪一种编写方式？

（3）你为什么喜欢这种编写方式？

（三）实验中学生访谈提纲

（1）你课外阅读了数学文化读物了吗？

（2）你对阅读的数学文化读物感兴趣吗？

（3）你对老师和同学课堂讲述的数学文化感兴趣吗？（实验班）

（4）为什么感兴趣？（对比班）

后 记

　　本书是在博士论文基础上补充修改而成，记得博士论文成稿时正逢一夜秋雨，平添了几分思绪和万千感慨。我来自重庆偏远农村山寨，是地地道道的农民的儿子，家里弟兄姊妹七人，排行第五，有两个哥哥、两个姐姐和两个弟弟。20世纪70年代，山寨还很落后，很多人读完小学或是初中就开始在家务农了，也有不少人根本就没有踏入过学堂。父亲上过私塾，明白读书的重要性，现在还记得他对我们说过的一句话："社会是发展的，多读一点书以后在社会上不吃亏。"正因如此，父母总是尽最大可能让我们多读书，大哥和两个姐姐都初中毕业，二哥更是16岁都重点高中毕业了，只是为了生存，他们不得不把继续学习的机会留给我和两个弟弟。最终，我成为山寨里第一个本科大学生，两个弟弟也都取得本科学历，小弟还先于我考上西南师范大学硕士研究生，成为寨里的佳话。遗憾的是，长期的辛苦劳作使得父亲积劳成疾，在我大学毕业那一年去世了，没能赶上好日子。

　　人的一生该如何走？孔子说：十有五而志于学，三十而立，四十而不惑，五十而知天命，六十而耳顺，七十而从心所欲，不逾矩。在不同的阶段达到不同的目标，这是人生的理想状态。但我却相信，很多人和我一样的没有目标。读初中时，我从没有想过会有机会上大学，更没有想过读硕士博士之事，每天上完学，更多的是到田间地头帮忙，耕田犁地、插秧打谷这些农活，现在也没能忘，即便是在上大学的时候，也只是想尽快毕业工作，帮忙减轻家里负担。本科毕业后工作并非如自己所想，所以，在工作了近十年才又决定去攻读硕士研究生，幸运的是遇到了导师宋老师，他改变了我人生价值取向。曾经，有不止一位朋友问过我为什么都过了不惑之年了还要去攻读博士，我想有很多原因吧，一是了却自己的心愿，二是给家里、族里和山寨做一个示范，让他们知道要不断学习进取。博士一读又是7年，期间母亲也于2014年去世了，我相信母亲是不带任何遗憾离世的，但我还是自责，因为很少有时间陪伴母亲，大概上苍是要让我有所获，就必然会有所失吧。

我的博士论文从选题、开题、问卷的编制、实验方法的选择、论文框架的确定等都离不开宋老师的关心、帮助、支持和指导，七年来，已记不清多少个夜晚聆听老师的悉心教诲，只记得他的腰身越不如从前，没有宋老师的悉心指导，论文根本不可能完成，在此，特别感谢宋老师！也祝福宋老师身体健康，万事如意！

研究过程中，西南大学张辉蓉老师、李忠如老师、陈婷师妹、重庆教育科学研究院康世刚师弟等对研究的问题和范围都提出了宝贵的建议，在此一并感谢！研究过程中，遇到建模问题总是请教学院统计专业的同事杨树成老师，他总是耐心讲解，成稿后对相应部分进行了通读，并进行排版校对，非常感谢他的支持！研究过程中，兴龙湖小学李一清校长对实验开展和实施提供了巨大方便和支持，西南大学数学教育团队和同门师兄师弟、师姐师妹提供了许多帮助，非常感谢！

一直以来，家里对我的学习总是报以最大的理解和支持，非常幸运自己出生在这样一个和睦团结的大家庭里，感谢哥哥姐姐和弟弟们的支持，家里很多事情都是他们帮我担当，我才有机会继续学习；感谢岳母的支持，感谢爱人杜娟的无私付出，没有她们的支持，我不可能完成博士学业，也就不可能有该书的出版，特别感谢女儿傅兮对我的鼓励！